금지된 신의 문명 1

인류 최초의 문명은 이집트 이전에 시작되었다

금지된 신의 문명 1

도서출판 사람과사람

From the Ashes of Angels by Andrew Collins
Copyright ⓒ Penguin Books Ltd. 1996
Korean Translation Copyright ⓒ People & People Publishing Co., 2000

This Korean edition was published by arrangement with PenguinBooks Ltd.
through Shinwon Agency Co., Seoul

이 책의 한국어판 저작권은 신원 에이전시를 통해
저작권자와의 독점계약으로 도서출판 사람과 사람에 있습니다.
저작권법에 의해 한국내에서 보호를 받는 저작물이므로
무단전제와 무단복제를 금합니다.

금지된 신의 문명 1

프롤로그 나에겐 기이한 아들이 있다
기이한 아들의 출생 11 | 하느님의 아들 13 | 실화와 신화 18 | 타락천사에 대한 두려움 20

제1장 잃어버린 문명의 출처
두 개의 기둥 25 | 하느님과 함께 걷다 27 | 에녹서를 찾아서 29 | 유럽의 타락천사 열풍 34

제2장 악마적 교리의 충격
읽을수록 오싹한 내용 39 | 천상의 비밀 43 | 타락천사들의 최후 44 | 신화인가 사실인가 48 | 노아의 자손들 50

제3장 신성모독의 이단자들
시리아 교회의 해석 55 | 마니교의 이단 57 | 걷는 뱀들 60 | 변장한 악마 68

제4장 독사 같은 얼굴들
성서의 천사들 73 | 아무람의 증거 77 | 날개 없는 천사 79 | 나무만큼 크고 태양처럼 80 | 하얀 머리털 84 | 샤먼적 해답 87 | 주시자의 얼굴 92

제5장 거인들이 지상을 거닐던 때
대홍수에서 살아 남은 사람들 97 | 구약 시대의 거인족 99 | 바산 옥왕의 출생 비밀 102 | 네피림의 근원 106 | 아자젤을 위한 염소 108 | 천사처럼 행동하는 날 111

제6장 추방된 타락천사들
구약성서의 주시자들 117 | 느부갓네살의 꿈 118 | 다니엘의 환영 122 | 외경 토비트서 130 | 마기들의 영향 134 | 조로아스터교의 천사들 142 | 진실과 거짓말 144 | 에녹서가 쓰여진 곳 145

제7장 무서운 거짓
런던의 사원 151 | 불을 숭배하는 민족 155 | 이란 신화와 유대 신화 158 | 조로아스터교의 창조 신화 164 | 조로아스터와 마니의 악연 168 | 야스나 축제 172

제8장 악마의 종족으로 태어나다
불후의 명작 '샤나마' 177 | 노아와 닮은 잘의 출생 178 | 콘도르 시무르그 181 | 신화 속의 제왕절개 184 | 혈통의 진실 187 | 신의 영광을 지닌 존재 189 | 빛나는 얼굴들 192

제9장 죽음의 끝에서
성스러운 은둔자 197 | 불멸의 영약 199 | 콘도르와 조장 203 | 콘도르의 의식 208 | 사탈 휘익의 콘도르 벽화 212 | 콘도르 샤먼들 216

제10장 불멸자들의 왕국에서
콘도르의 신비한 능력 221 | 대천사 가브리엘의 깃털 224 | 이란 광원 226 | 마다이의 산 229 | 천사들 사이에서 232

제11장 동방의 에덴동산에서
에덴의 어원 237 | 에녹의 천국 여행 241 | 천국의 실체 248 | 낙원의 강들 249 | 내림의 장소 아라랏산 253 | 인류의 요람 258 | 거인들의 자손 님로드 260 | 화산을 주목하는 이유 263

제12장 쿠르디스탄의 공작천사
예지드족의 첫 유럽 손님 267 | 천사족 269 | 예지드족의 근원 271 | 검은 뱀들 275 | 사악한 눈의 힘 279 | 잠 축제 281 | 최고천사 285 | 노아의 후손들 287 | 비밀의 동굴 289

제13장 마귀의 자식들
야레산족 295 | 술탄 사하크의 자취 297 | 용왕의 후손 300 | 티그라네스의 이상도시 303 | 야레산족의 창조 신화 307 | 마귀에게서 태어나다 310 | 체인지링에 대한 두려움 315

금지된 신의 문명 2

제14장 하늘과 땅이 만나는 곳
에쿠르의 니푸르판 | 신성한 종족 아난나쥐 | 크하르삭의 멸망 | 오브린은 옳았을까 | 크하르삭을 찾아서 | 영웅 길가메시 | 헤르몬산 논쟁 | 딜문을 찾아서 | 붉은 머리의 종족

제15장 신들과 함께 자다
에타나의 신화 | 신성한 결혼의 수수께끼 | 임두구드의 죄 | 콘도르 기념비 | 새의 몸통 | 우트나피쉬팀의 선물 | 에딤무의 영역 | 므두셀라만큼 오래 살다 | 씨를 보존한 사람

제16장 주시자들의 발자취에서
신석기 혁명 | 반 호수의 검은유리 | 천사의 동굴 | 샤먼의 날개 | 주시자들의 염소의식 | 자르모 공동체

제17장 샤먼 같은 악마
우바이드의 소입상 | 인간 형태의 뱀 | 수사의 염소-사람 | 사악한 눈에 대한 두려움 | 네피림의 머리

제18장 불에서 태어나다
터키의 요정굴뚝 | 빙하 시대의 아나톨리아 | 최초의 대장장이들 | 프리지아의 카비리 | 정령들의 집 | 지하의 세계 | 데린쿠유 아래 깊은 곳 | 어둠의 집

제19장 지옥불과 대홍수
이마의 이야기 | 마지막 빙하기 | 햅굿의 해답 | 하늘에서 내리는 불 | 지옥의 불 | 두 번의 홍수?

제20장 이집트의 기원
이집트로 향하는 상상 | 예리고의 근원 | 물로써 멸망하다 | 이집트의 선대문화 | 두상이 긴 종족 | 주시하는 신들 | 플라톤의 티마이오스

제21장 공포의 아버지
세계 최대의 불가사의 | 기자의 스핑크스 | 호루스의 지평선 | 가장 큰 수수께끼 | 바람인가 물인가 | 사자자리 시대에 만들어지다 | 오시레이온 신전의 비밀

제22장 코스모크라토르
알 마소우디의 기록 | 무시무시한 눈 | 구멍 속의 뱀들 | 무한한 시간의 수호자 | 사자머리의 신 | 운명의 도둑질 | 별들의 수

제23장 몰락의 비극
이집트의 선진문화 | 원시적 창조신화

에필로그 집단적인 기억상실

가타리나 수도원 시나이 반도에 위치한 시나이산 북쪽 이드로 골짜기에 있는 수도원. 서기 530년 유스티니아누스 황제에 의해 건립된 이 수도원의 도서관에는 3천여 점의 귀중한 고대 사본이 보존되어 있다.

프롤로그
나에겐 기이한 아들이 있다

기이한 아들의 출생

며칠 후에, 므두셀라는 자신의 아들 라멕에게 아내를 얻어 주었다. 여인이 임신하여 아들을 낳으니 그 몸이 눈처럼 희고 장미와 같이 붉었다. 머리털은 양털처럼 하얗고 길게 곱슬져서 아름다웠다. 아이가 눈을 뜨면 온 집안이 태양처럼 빛났다. … 라멕은 아들을 두려워한 나머지 아버지 므두셀라를 찾아가 말했다.

"나에겐 기이한 아들이 있습니다. 그 아이는 보통인간 같지 않아서 저에겐 지고한 천사의 아이처럼 보입니다. 그 모습이 우리와 같지 않습니다. 내 아이가 아니라 천사의 아이 같습니다."

한 남자가 어느 여인과 혼인하여 아이를 낳았는데, 태어난 아이가 부모와 전혀 닮지 않았다면…. 아니, 여느 인간과 달리 피부가 희고 붉은 빛이었으며, 길고 곱슬거리는 머리털은

므두셀라 구약성서에 나오는 인물. 노아의 할아버지.

1952년 사해의 쿰란 동굴에서 발견된 사해 두루마리 일부.

네피림 에녹 문헌에서 '주시자'의 후손을 묘사할 때 쓰이는 용어는 기보림과 네피림인데, 이 책에서는 네피림이라는 용어를 사용했다. 이 용어가 '거인' '강한 사람들'이라는 면보다는 어둡고 사려깊은 측면을 잘 표현하고 있기 때문이다.

주시자 신구 공동번역 성서에는 주시자를 감시원으로 표기하고 있다.

헤시오도스 그리스의 서사시인. BC 8세기 인물. 『신통기』 외에 판도라와 프로메테우스 이야기가 실린 작품 『노동과 나날』을 남겼다.

하얀 데다가 두 눈마저 온 집안을 '태양처럼 빛나게' 만든다면, 우리들 역시 이 글의 주인공 라멕처럼 극심한 고뇌와 공포를 느낄 것이다. 어쩌면 아내가 자기 몰래 부정한 짓을 저질렀다고 생각할지 모른다.

라멕 역시 아내에게 진실을 털어놓으라고 말한다.

"보라, 그때 내가 생각하니 그 수태는 주시자 *watcher*와 성스러운 자 … 그리고 네피림 *nephilim*에 의한 것이다. … 이 아이로 인해 내 마음이 무척 괴롭다."

그러나 아내 바테노쉬는 자신의 결백을 주장한다.

"오, 나의 주인, 나의 형제여. 나의 기쁨을 기억해 주세요. 거룩하고 위대한 분, 하늘의 왕에게 걸고 맹세하지만, 이 아이는 당신의 씨앗이요 수태는 당신에게서 온 것입니다. 진실로 나그네나 주시자나 하늘의 아들이 아니라 당신이 심어준 열매의 결실입니다."

라멕이 아내를 의심하지만, 일반적인 의미의 천사와 특별한 관계를 가졌다고 생각한 것은 아니었다. 'watcher'는 히브리어로 '지켜보는 자들' '깨어있는 자들'이란 뜻으로, 어떤 신성한 특정의 종족을 가리키는 말이다. 그리스어로 'egregoris' 혹은 'grigor'라고 하여 '주시자注視者들'이란 말로 번역된다.

히브리 전통에 따르면 그들의 자손은 '떨어진 자들' 혹은 '추락자들'이라는 의미의 히브리어 '네피림'이란 이름으로 불리며, 그리스어로 gigantes, 즉 '거인족'이란 말로 번역된다. 이 거인족은 그리스의 작가 헤시오도스의 『신통기神統記』에도 등장한다. 1천22행으로 된 이 서사시는 천지창조로부터 황금 시대의 흥망, 거인족의 출현, 그리고 마지막으로 전 세계적인 홍수에 대해 기술하고 있다.

오늘날 실존하고 있는 종교 문헌 가운데 가장 놀랍고 두려운 내용의 하나인 이 이야기는 우리들에게 이른바 위서僞書로 알려진 『에녹서』에서 발췌한 것이다. 『에녹서』는 BC 2세기 전반에 단계적으로 수집되어 묶인 것으로 추정되며, 대홍수의 주인공인 노아의 선조 에녹에 대해 언급하고 있다.

만일 이 글이 인류 역사상 실제로 일어난 사건이라면, 분명히 유대교 랍비의 가르침이나 기독교 신앙과는 엄청나게 배치된다. 유대-기독교의 관점에서 보면, 천사는 육신이 없고 형체도 없다. 따라서 수태를 할 수도 없고, 자식을 낳을 수도 없다.

그러나 천상의 존재가 사람의 딸과 관계하여 자식을 낳았다는 사실을 암시하는 기록이 또 있다. 1947년 이스라엘의 사해 북서 연안에 위치한 쿰란 동굴에서 발견된 '사해 두루마리'이다.

BC 6세기경, 바빌론에 포로로 끌려갔던 유대인 학자들이 아람어로 쓴 이 두루마리에는 창세기에 대해 언급하고 있는데, 발견 당시 심하게 파손되어 있어서 라멕의 아들과 노아의 방주 및 성서의 대홍수 기록이 아브라함의 방랑에 대한 기록과 함께 알 수 있을 뿐이다. 이 기록을 정리하여 1954년 네이먼 에이비거드와 이겔 야딘이 예루살렘 히브리대학에서 『창세기 외경』이란 제목으로 출판했다.

위서 이단적 내용이거나 출처가 불분명하여 경전에서 제외된 서적. 가톨릭에서는 위경, 프로테스탄트에서는 외경이라 한다.

랍비 유대교 성직자를 가리키는 말. 신약성서에서는 예수의 제자들이 예수를 가리켜 '선생님'이란 뜻으로 불렀다.

사해 아라비아 반도의 북서쪽에 있는 염호鹽湖. 높은 염분 때문에 사람 몸이 뜨기 쉬운 것으로 유명하다.

바빌론 바그다드 남쪽 80km에 있는 고대도시.

아람어 BC 14세기 초 메소포타미아와 시리아 지방에 살던 유목민 아람족의 언어. BC 8세기경에는 국제통상어였다.

하느님의 아들

바테노쉬가 남편 라멕에게 자신의 결백을 주장하는 감동적인 호소는 상당히 설득력이 있다. 어쩌면 이 기록이 진실일지 모른다는 느낌마저 갖게 한다. 만일 이 이야기가 실제로 일어난 일이라면 누가 혹은 무엇이 인간의 여인과 관계를

쿰란 동굴에서 발견된 사해 두루마리 판독 작업에 열중하는 학자 제임스 비버 크라우트

에녹 구약성서에 의하면, 야렛의 아들로 65세에 므두셀라를 낳은 후 3백 년 동안 하느님과 함께 살다가 세상을 떠났다..

사해 두루마리가 들어있던 항아리. 아마포에 싸여 보존 상태가 양호하다. 오른쪽 사진은 쿰란동굴이 있는 '유다의 황야' 계곡. 반경 1km 이내에 있는 11개의 동굴에서 6백여 편의 사본이 발굴되었다.

맺어 외모로만 보더라도 여느 인간과 전혀 다르게 보이는 아이를 낳을 수 있을까.

보기에 따라서는 대단히 이단적異端的인 이 이야기는 두 종족 사이의 잡혼이 일어나고 있었음을 암시한다. 게다가 그 종족 중 하나가 하늘의 천사였음을 풍기는데, 도대체 그럴 만한 근거라도 있는 것일까. 그렇지 않다면, 이 이야기가 독자들에게 전하고자 하는 메시지는 도대체 무엇일까.

그 해답을 『에녹서』에서 찾아보자.

라멕은 여느 인간과 다른 아이가 태어난 것을 두려워하여 아버지 므두셀라를 찾아간다. 그러나 므두셀라 역시 뾰족한 수가 없는지라 하늘로 불려 올라가 '천사들 사이에서' 살고 있는 아버지 에녹을 찾아 여행을 떠난다. 그가 멀리 떨어진 땅(『창세기 외경』에서는 '파르와인' 혹은 파라다이스라고 언급)으로 에녹을 찾아가 손자의 이야기를 전하자, 에녹은 다음과 같이 말한다.

"나는 이미 이 일을 보았으며 또한 네게 알게 하였느니라. 나의 아버지 야렛의 시대에 그들(천사들)은 주님의 말씀, 곧 하늘의 법칙을 거역하였다. 이제 보아라. 그들은 죄를 짓고 천상의 명을 어겼느니라. 그리하여 사람의 딸들과 혼인하여 자식을 낳았다. 지상에서 그들은 영靈이 아니라 육肉으로 된 거인을 낳을 것이며 큰 재앙이 있을지니라. 그리고 대지는 (대홍수로 인하여) 모든 불의를 깨끗이 씻으리라. 이제 너의 아들 라멕에게 일러 그의 아들은 진실로 온당하니 그 이름을 노아라 하게 하라. 노아는 너의 자취이며, 그와 그의 자손은 온 세상을

뒤덮을 타락에서 구원될 것이다."

이로써 우리는 이 이야기의 골자를 대충 짐작할 수 있다. 하늘의 몇몇 천사가 육신의 죄에 굴하여 고상하고 거룩한 천국을 떠났고, 사람의 딸 중에서 여자(아내)를 취했다는 내용인 것이다. 이 부정한 결합으로 몸집이 거대한 육신과 피의 자손을 낳게 되었고, 그 자손이 바로 바테노쉬의 아들과 외모가 똑같았던 것이다. 신의 천상률에 대한 이 반역은 인간에게 오로지 타락과 해악만을 가져올 죄악으로 간주되었으며, 그에 대한 단죄가 바로 노아가 겪은 대홍수였다는 이야기이다.

정도의 차이는 있지만, 사학자들은 이 구절을 가리켜 하늘에서 떨어진 천사들이 사람의 딸들과 결합했다는 뜻으로 해석하고 있다. 이와 비슷한 이야기는 쿰란 동굴에서 발견된 사해 두루마리를 정리한 『창세기 외경』에도 기록되어 있는데, 학자들은 창세기 6장 2-4절의 이야기는 상상력으로 사실을 부풀린 것이며, 고대 족장들의 계보와 노아의 방주 및 다가올 대홍수에 대한 간략한 기록을 바탕으로 꾸며낸 것이라고 주장한다. 창세기 6장 1-2절을 보자.

창세기 구약성서의 제1권. 창세기라는 명칭은 2장 4절의 '하늘과 땅을 지어내신 순서는 다음과 같다'는 말에서 유래한다.

땅 위에 사람이 불어나면서 그들의 딸들이 태어났다. 하느님의 아들들이 그 사람의 딸들을 보고 마음에 드는 대로 아리따운 여자를 골라 아내로 삼았다.

여기서 '하느님의 아들들'이란 말은 히브리어 원본에 '신들의 아들들 bene ha-elohim'이라고 되어 있지만 하늘의 천사들을 의미한다. 창세기는 이어 "사람은 동물에 지나지 않으니 나의 입김이 사람들에게 언제까지나 머물러 있을 수는 없다"면서 사람의 수명은 '백 이십 년'으로 줄어들 것이라고 말씀하신다(3절). 그러다가 4절에서 다시 거인족의 이야기를 등장시킨다.

그때 그리고 그 뒤에도 세상에는 느빌림이라는 거인족이 있었는데, 그들은 하느님의 아들들과 사람의 딸들 사이에서 태어난 자들로서 옛날부터 이름난 장사들이었다.

나는 이 구절을 수백 번 소리내어 읽으면서 그 의미가 무엇인지를 혼자 되묻곤 했다. 사실 이 구절을 놓고서 지난 2천 년간 학자들과 신비주의자, 호기심 많은 저술가들이 여러 각도로 해석했지만 그 해답은 제각각이었다. 다만 신학자들의 경우, 이 기록은 글자 그대로 역사적 사실이 아니라 노아의 대홍수 이전에 인간이 은혜로운 영적 존재에서 갈등과 불의를 면치 못하는 존재로 전락한 것에 대한 상징적인 표현일 뿐이라는 견해에 동의하고 있다. 이 세상에 죄악과 불의가 만연하게 되면 노아와 그의 가족처럼 순수한 마음과 영혼을 가진 사람들만이 신의 노여움을 면할 수 있다는 가르침의 표현이라는 것이다. 한마디로 사악함이 가져올 불행한 결과를 시사하기 위한 우화적인 교훈이라는 주장이다.

'하느님의 아들들'이 '사람의 딸들에게' 갔다는 표현에 대해서 신학자들은 거룩한 하느님 곁에 가장 가까이 있는 자들조차 어떻게 부패하고 타락할 수 있는가를 보여주는 단적인 예라고 해석한다. 또 종교 지도자들은 하느님의 아들들과 사람의 딸들 사이의 결합은 하느님의 뜻에 어긋나는 것이기에 당연히 기괴한 자식을 낳는 불행한 결과를 초래했다고 믿는다. 특히 초기 교부(敎父)들은 그것은 상상력을 자극하는 하나

쿰란 동굴에서 발견된 출애굽 사본의 단편. BC 2세기 전후의 것으로 추정된다. 예루살렘 이스라엘박물관 소장.

느빌림 신구 공동번역 성서에는 네피림을 느빌림이라 표기하고 있다.

교부 그리스도교 저술가 중에서 정통적인 교의를 신봉하고 성스러운 생활을 했기 때문에 교회에서 신앙의 증인으로 인정한 사람을 가리키는 말.

금지된 신의 문명 1 | 17

의 비유이며, 대홍수 이전에 있었던 천사들의 타락과 인간의 부패를 다루기 위해 여러 외경外經이나 위서들이 만들어졌다고 지적한다.

실화와 신화

일부 학자들은 타락천사들과 그들의 기괴한 자손 네피림(느빌림)에 대한 이야기는 창세기 집필가들(전통적으로는 율법을 제정한 모세가 쓴 것으로 인정되지만)이 메소포타미아 지방의 전설을 바탕으로 썼다는 견해를 표명하고 있다. 역사학자 후크는 저서『중동 신화』에서 다음과 같이 주장하고 있다.

간결하지만 지극히 고의적으로 애매모호하게 표현한 창세기 6장 1-4절의 이면에는 신의 뜻을 어겨서 쫓겨난 반신성半神性의 존재 가운데 어느 한 종족에 관한 신화가 담겨 있다. 야훼 숭배자들이 보존해온 그 신화는 사라진 거인족의 실존을 믿는다는 기원 신화이다.

하느님의 아들과 사람의 딸들, 그리고 거인족 이야기를 적은 창세기가 중동지방 신화의 산물이라는 그의 주장을 받아들인다면, 성서의 땅 어딘가에 매우 뛰어난 문명을 이룬 종족이 살고 있었을 가능성은 높다. 다시 말해서 이들은 불의와 부도덕으로 멸망하기 이전에 고도의 문명을 이루고 있었으며, 비교적 낮은 문명의 종족 여인들을 아내로 삼아 거인의 자손들을 낳았을지 모른다. 그리고 지구의 대지각 변동으로 화재와 홍수, 어둠이 내려 이 '거인족'의 지배가 종말을 고하게 되었을지도 모른다.

지난 2천 년 동안 기독교, 이슬람교, 유대교는 하늘에서 떨

모세 이스라엘의 종교적 영웅. 이집트의 압제 속에서 히브리 민족을 해방시켰고, 시나이산에서 야훼로부터 십계명을 받아 하느님과 이스라엘 백성간의 계약의 중재자가 되었다. 40년간에 걸친 유랑생활 끝에 이스라엘 백성을 '약속의 땅' 가나안으로 인도했다. 모압 땅의 느보산에서 120세로 죽었다.

유대교 모세의 율법을 기초로 BC 4세기경부터 발달한 유대인의 민족종교.

어진 천사들이란 대천사 미카엘에게 쫓겨난 비육신의 존재 그 이상이라는 의미라고 가르쳐 왔다. 그러나 천사들과 타락 천사들이 육신과 피를 가진 존재로서 아주 먼 고대에 살았으며, 인류에게 전해져서는 안 될 지식을 유산으로 남겼다고 믿는 유대인 집단이 있었다.

BC 170년경부터 서기 120년까지 사해 서북 연안에서 공동 생활을 했던 에세네파들이 그들이다. 이들의 존재는 '사해 두루마리' 발견에 뒤이어, 고고학자들이 쿰란 동굴 근처에서 1951년 주거지(쿰란 폐허)를 발굴함으로써 세상에 알려졌다.

사해 두루마리에는 엄격한 계율에 따라 수도원적인 공동 생활을 하고 있던 것으로 보이는 이들이 『에녹서』뿐 아니라 액막이와 치유 의식을 바칠 천사들에 대한 목록까지 작성하고 있었음을 보여준다. 특히 '사해 두루마리'를 연구한 학자들은 이들이 주시자들과 네피림을 특징으로 하는 『에녹서』

대천사 미카엘의 상아판. 시기 6세기경 비잔틴 제국의 수도 콘스탄티노플에서 제작.

예리고 남쪽 12㎞의 사해 서편에 위치한 쿰란 폐허. 1951년에 발굴되기 시작했다. BC 1세기경 건립된 수도원 건물에서 식기류와 화폐 등이 발견되었다.

식의 제재題材에 거의 병적인 관심을 갖고 있었다고 해석하고 있다.

『에녹서』는 BC 2세기경부터 작성된 문헌이다. 그러나 쿰란에 거주하던 에세네파와 초기 카발라 문헌에서 발견되는 비밀스런 교의教義들은 에녹과 노아의 경전들이 에세네파에 의해 기록으로 남겨지기 전까지 수천 년간 구전으로 전해져 왔음을 암시한다.

실제로 기록을 보면, 서기 1~3세기의 초기 교회 지도자들 중 많은 이들이 이 기록을 공공연하게 인용했다. 어느 교회 학자는 천사들이 타락한 것은 사람의 딸들 탓이라고 생각했고, 교부 테르툴리아노는 고린도전서 11장 10절의 "천사들이 보고 있으니 여자는 자기가 남편의 권위를 인정하는 표시로 머리를 가리워야 합니다"라는 구절에 대해, 바오로는 아름다운 머리칼의 여인을 좋아하는 천사들이 부정한 생각을 갖지 못하게 하기 위한 것이었다고 변론했다. 놀라운 사실은 당시 뛰어난 신학자들까지도 타락천사들이 육신을 갖고 있었다고 믿었다는 점이다.

타락천사에 대한 두려움

그러나 교부들의 시대인 4세기 이후부터 상황은 달라졌다. 그리스어로 쓰여진 구약성서가 '하느님의 아들들'이란 말 대신 '천사들 angelos'이란 단어로 표현하고 있음을 애써 무시하면서, 타락천사들은 육신과 피로 된 존재가 아니며, 혹 그럴지도 모른다는 생각조차 이단시되었다. 성 아우구스티노는 『에녹서』가 너무 오래 되어서 경전에 포함될 수 없는 구물舊物이라고까지 주장했다. '너무 오래 되었다'는 그의 주장은 무엇을 의미하는 것일까. 존경받는 교부의 견해라고

에세네파 그리스도 시대의 유대교의 일파. 신비적인 금욕주의를 부르짖고 사해 주변에서 공동체 생활을 했다. 서기 1세기 말에 소멸되었다.

카발라 중세 유대교의 신비주의. 히브리어로 '전승傳承'을 뜻한다.

테르툴리아노 카르타고 출신 법률가로 활약하다가 로마의 그리스도교 박해에서 신자의 영웅적 순교에 감동되어 그리스도교로 개종했다. '불합리하기 때문에 나는 믿는다'는 말을 남겼다(160~230).

아우구스티노 영국의 초대 캔터베리 대주교. 596년 교황 그레고리우스 1세의 명을 받아 잉그랜드에서 선교 활동을 했다(?~604).

하기엔 무척 독특한 발언이 아닐 수 없다.

유대인들 사이에서도 마찬가지였다. 서기 2세기경 랍비였던 시몬 벤 요하이는 창세기 6장에 언급된 하느님의 아들들이 진실로 천사라고 믿는 모든 이들을 파문했는데, 그 이후부터『에녹서』와 관련된 내용은 유대교에서 이단시되었다.

4세기 이후, 기독교 교회는『에녹서』를 금서로 취급했고, 교부들은 수많은 종교 문헌에 등장하는 천사들과 타락천사들의 수백 가지 이름을 사용하는 것조차 이단으로 몰아서 초기 기독교인들 사이에 퍼져있던 타락천사에 대한 매력을 축출해 버리려는 노력을 계속했다.

교회문헌 필사자들은 더 이상『에녹서』를 필사하지 않았으며, 도서관과 교회에 남아있던 필사본들은 사라지거나 폐기되었다. 신학자 역시 타락천사들이 육신을 가진 존재였다는 흔적조차 교회의 가르침에서 완전히 뿌리뽑으려고 노력했다. 그야말로『새 가톨릭백과사전』의 인용이 예시하는 바와 같이 "시간이 지남에 따라 신학은 전통적인 천사관의 모호함과 잘못(즉, 천사들이 육신을 타고 났으며 인간의 여인과 관계했다는 믿음)을 없애고 정화시켰다"는 상황이었다.

쿰란 동굴에서 사해 공동체들이 사용한 것으로 추정되는 필통.

왜 교부와 신학자들은 초대교회의 많은 지도자들이 공공연하게 가르친 '타락천사와 사람의 딸들' 이야기를 숨기려 했을까. 필자가 찾아낸 수많은 자료가 확인해주듯이, 우리 선조들은 하느님이나 삶의 경험으로부터가 아니라 타락천사들, 악마, 마귀, 거인들, 그리고 악령 등으로 기억되는, 잊혀진 종족들에게서 통찰력과 지혜를 얻었다고 믿고 그 종족을 숭배하며 찬미까지 한 부류가 있었다. 만일 그들의 견해가 옳다는 것이 판명되면, 이제껏 인류가 잃어버렸거나 의도적으로 숨겨져 왔던 엄청난 비밀을 밝히는 셈이 된다.

이제부터 잃어버린 문명, 사라진 문명을 찾아 여행을 떠나 보자. 그 열쇠는 『에녹서』라는 문헌의 기원이 어디서 비롯되었는가, 그리고 그 내용이 얼마나 진실하냐에 달려 있다.

이집트 서쪽 리비아 사막의 모래 언덕.

제1장
잃어버린 문명의 출처

두 개의 기둥

『에녹서』와 관련하여 내가 가장 먼저 주목한 인물은 스코틀랜드 귀족 출신인 키나드의 제임스 브루스였다. 비밀결사단체 프리메이슨의 회원이기도 한 그는 아람어, 히브리어, 게즈어 등 고대어에 능통했을 뿐 아니라 고대 문명에 대해서도 관심이 많았다. 특히 에녹에 대해 관심을 쏟았다. 스코틀랜드파派 프리메이슨에서는 전통적으로 성서에 나오는 노아의 증조부 에녹이 바로 프리메이슨의 전설적인 창시자라고 믿어왔기 때문이다.

이들의 교리에 따르면, 에녹은 인류에게 책과 서법에 대한 지식을 전수했으며, 특히 건축 기술을 가르쳐주었다고 한다. 또 에녹은 대홍수가 있을 것을 예상하고 아들 므두셀라의 도움을 받아 9개의 비밀 지하고를 세웠다고 한다.

이 전설에 따르면, 에녹은 지하고 맨 밑에다가 오늘날까지도 전혀 알려지지 않은 신성한 히브리 신의 이름이 새겨진

스코틀랜드 출신 탐험가 제임스 브루스.

게즈어 BC 4~13세기경 에티오피아에서 사용된 고대어.

프리메이슨 근대 유럽에서 활동한 세계시민주의적 단체. 초기에는 정치적 성향으로 비밀 결사단체의 성격을 띠었으나 오늘날 자선, 박애사업을 촉진하는 단체로 바뀌었다. 메이슨이란 석공石工을 뜻한다.

삼각 모양의 금동판(어떤 판본에는 '동양의 흰 반암斑岩'이라고 쓰여 있다)을 넣어 두었는데, 그 판에는 에녹이 천사들에게서 들은 기이한 말들이 새겨져 있다는 것이다.

에녹은 이 비밀 지하고를 완전 봉인한 다음에 기둥 두 개를 세웠는데, 하나는 불에 타지 않도록 대리석으로, 다른 하나는 물에 잠기지 않도록 벽돌로 만들었다고 한다. 그리고 대리석 기둥에는 "값을 매길 수 없는 보물이 가까운 곳에서 발견될 것이다"라는 내용의 비문을 새기고, 벽돌로 만든 기둥에는 '일곱 가지 기술'을 새겼다는 것이다.

에녹이 세웠다는 9개의 비밀 지하고가 정확히 무엇을 의미하는지는 전혀 알려져 있지 않다. 어쩌면 그것은 사해의 쿰란 동굴 근처에서 살던 공동체들이 받아들였던 카발라의 비밀 교의에 포함된 9단계의 신비주의적 입문식을 나타내는 것이 아닐까 싶다. 솔로몬 왕이 궁전을 건설하던 중, 이 비밀 지하고를 발견하여 그 신성한

솔로몬 광산으로 유명한 이스라엘 담나 구리광산 입구에 있는 기묘한 바위. '솔로몬의 기둥'이라 불리는 절벽산 가까이 있다.

비밀을 알게 되었다고 전하는데, 그 뒤 2개의 기둥에 대한 이야기는 프리메이슨에 의해 구전되어 오고 있다.

하느님과 함께 걷다

프리메이슨과 유대교 신비주의에서 에녹에 관한 전설은 성서의 특이한 기록에서 출발한다. 창세기 5장을 보면, 아담부터 시작하여 노아에 이르기까지 족장의 계보를 기술하고 있는데, 여기에 등장하는 10명의 족장에 대해 한결같이 똑같은 패턴으로 기록하고 있다. 이름과 첫아들을 낳은 나이, 그리고 그가 죽은 나이만을 기록하고 있는 것이다.

솔로몬 헤브라이왕국 제3대왕 (BC 961?~922?). 독일 쾰른 대성당의 스테인드 글라스.

다만 한 사람만이 예외인데, 바로 에녹이다. 그의 경우에는 '하느님과 함께 살았다'는 대단히 애매모호한 표현이 두 번이나 나오고 '하느님께서 그를 데려가신 것이다'라는 수수께끼 같은 말로 끝맺고 있다.

왜 창세기의 저자는 에녹을 다른 사람들과 다르게 기술했을까. 일반적인 견해로는 에녹이 다른 족장들과 같이 죽지 않았으며, 천사들의 도움으로 하늘로 승천했다는 것을 의미하는 것으로 여겨져 왔다. 성서를 보면, 이런 인물이 또 하나 있는데, 다름 아닌 예언자 엘리야이다. 유대-기독교 문학에서는 에녹(이 이름은 '시작된'의 뜻임)을 특별한 장소와 동일시하고 있다. 히브리 신비주의자들은 에녹이 하늘로 '승천'하여 천사 메타트론으로 변화했다고까지 주장하기도 한다.

엘리야 BC 9세기경 활약한 예언자. 모세와 더불어 구약시대의 대표적 예언자로 간주된다. 13세기 키프로스 칼로 파나에오티스 요한 람파디스티스 수도원 성당의 벽화.

'하늘로 승천'했다는 말은 무엇을 의미하는가.

누구나 아는 것처럼, 인간은 땅 위에 사는 동안 천사에 의해 하늘로 옮겨질 수 없다. 따라서 이 구절은 하나의 은유적 표현일 가능성이 높다. 그러나 만일 은유적 표현이 아니라면 어떻게 해석할 수 있을까. 혹 에녹이 살던 사회에서 천사라

두 명의 천사에 의해 '승천'되는 에녹. 에녹은 아담과 이브의 추방과 인간의 타락 이후 에덴에 들어간 최초의 인간이라고 한다. 11세기 영국 사본.

고 여겨진 다른 지방의 방문자에 이끌려 에녹이 다른 곳으로 옮겨졌을 가능성은 없을까. 또 하늘(천국)이라고 할 때, 흔히 '구름 안에 있는' 장소로 알려져 있는데, 말 그대로 우리가 살고 있는 물리적인 세상을 넘어섰다는 의미일까.

에녹은 천국이라고 불리는 이 장소에서 적을 만들었던 것 같다. 히브리 전설에 따르면, 아자라는 이름의 천사는 에녹이 메타트론이 되었을 때, 이를 반대했다는 이유로 낙원(천국의 다른 이름)에서 추방되었다고 전하고 있다.

에녹서를 찾아서

1768년 제임스 브루스는 유럽과 북아프리카로 여행을 떠났다. 그리고 2년 뒤, 고대 아비시니아 왕국이었던 에티오피아 북부 고원지대의 이타나호(湖) 호반에 위치한 고도(古都) 곤다르에 도착했다. 이곳에는 아주 오래된 수도원이 있었는데, 브루스는 그 수도원의 어두침침한 도서관에서 먼지에 뒤덮인 낡은 종교서적들을 뒤적이며 오랜 시간을 보냈다. 그가 찾고자 한 것은 이야기만으로 전해져 오던 『에녹서』였다.

당시 유럽에서는 『에녹서』가 있다는 것만 알려졌을 뿐 그 내용에 대해서는 전혀 알려지지 않았다. 16세기 초, 에티오피아를 방문했던 카프친회의 어느 수도자가 그 사본으로 보여지는 게즈어 문헌을 확인하여 유럽 학계를 온통 흥분에 들뜨게 만들었다. 그러나 그 문헌은 1683년 한 에티오피아 학자에 의해 『에녹서』 사본이 아니라 이전까지 알려지지 않았던 『천상과 지상의 신비』라는 문헌인 것으로 밝혀졌다.

그런가 하면, 엘리자베스 여왕 시대(1558~1603년)의 과학자였던 존 디 박사는 수정을 이용하여 천사들을 불러내는 점성가이기도 했는데, 천사들이 가르쳐준 『에녹서』의 내용을 받아 적었다고 하여 화제를 불러일으키기도 했다. 물론 이 책은 실제의 『에녹서』와 전혀 다른 것이다.

『에녹서』에 대한 관심은 17세기 초 플라밍어 학자 스칼리저가 라틴문학을 연구하던 중 서기 808~810년 사이의 학식 있는 수도승 게오르그 신셀리우스가 저술한 『크로노그라피아』에 『에녹서』의 여러 단편들이 인용되어 있음을 알게 되면서부터 그 돌파구가 열렸다.

스칼리저는 이 책에서 신셀리우스가 『에녹서』의 사본을 갖고 있었으며 타락천사들의 끔찍한 죄를 증명하기 위해 그

아비시니아 에티오피아의 옛 칭호. 아라비아에서 이주해온 부족의 이름에서 비롯되었다.

카프친회 아시시의 프란치스코가 창설한 수도단체(작은 형제회)의 한 독립적인 가족. 1525년에 시작되었다.

존 디 영국의 과학자. 마법에 관심을 가져 환상 중에 문양에 새긴 무늬 계시를 봤다고 한다.

플라밍어 인도-유럽어족의 게르만어파에 속하는 언어. 주로 벨기에 남부와 프랑스 북부에서 쓰인다.

오른쪽 사진에서 중세 시대 마녀 사냥의 분위기를 엿볼 수 있다. 1528년에 스트라스부르에서 화형당한 18인. 얀 뤼켄 작. 담채. 파리 국립도서관 소장.

것을 자주 인용했다는 사실을 알아냈다. 그가 필사한 내용에는 하느님의 아들들인 주시자들이 사람의 딸들 중에서 아내를 취했으며, 그 여인들이 네피림, 즉 '거인들'을 낳았다는 이야기가 들어있다. 또 그 주시자들의 우두머리 이름과 타락 천사들이 금지된 비밀을 어떻게 인간들에게 누설했는지, 그리고 이들이 대천사들에 의해 심판의 날이 올 때까지 감금되어 있었다는 내용까지 포함되어 있었다.

나는 스칼리저가 얼마나 흥분했고, 또 공포와 혐오의 모순된 감정을 갖게 되었을까를 잠시 상상해 보았다. 그 시절은 극히 사소한 비난만을 받아도 마녀로 몰려 화형을 당했던 17세기였다. 교회에서 금서로 정한 책을 필사했다는 사실만으로도 악마를 숭배했다는 혐의를 뒤집어 쓸 위험성이 높았다. 그런데도 그가 금서와 관련된 내용을 밝힌 이유는 무엇일까. 아니, 그 책의 나머지 내용이 무엇일까 궁금해졌다.

『신의 지문』의 저자 핸콕은 저서 『암호와 봉인』에서 아디스 아바바의 역사학자 벨라이 게다이가 "브루스의 에티오피아 방문은 보물을 훔치기 위한 것"이라 주장한다고 밝히고 있다.

물론 브루스가 2년여 동안 여행하면서 끊임없이 『에녹서』 사본을 찾아 헤맨 것은 그 엄청난 내용이 궁금했기 때문만은 아니었을 것이다. 앞에서 언급했듯이, 『에녹서』는 프리메이슨에게 대단한 가치를 지닌 작품이다. 그들의 창시자가 에녹이라고 믿고 있었기에 『에녹서』만 있다면 프리메이슨의 정통성을 인정받는 데 유용하리라고 판단하지 않았을까 싶다.

시바 여왕 구약성서에 나오는 인물. BC 1000년경 아라비아 남서부 예멘과 말디브에 살았던 세바족의 여왕.
아래 사진은 유다의 솔로몬왕을 방문하는 그림이다. 피에르 델라 프란체스카 작. 이탈리아 아레초 산 프란치스코 성당의 프레스코 벽화.

어두침침한 수도원 도서관에서 옛 문헌을 뒤적이던 브루스가 처음에 발견한 것은 에티오피아인들이 신성시하던 『케브라 나가스트』(혹은 『왕족의 전성시대』라 번역)의 필사본이었다. 이 책에는 구약성서의 솔로몬왕과 아비시니아 왕국의 시바 여왕간에 있

시바 여왕이 통치하던 아비시니아(사바)왕국의 소조상. 에티오피아 아스마라 박물관 소장.

메넬리크 에티오피아에는 메넬리크가 유다인을 이끌고 에티오피아를 건국했다는 전설이 있다.

콥트교회 이집트에 있는 그리스도교의 일파. 451년 칼게돈 종교회의에서 알렉산드리아 총주교 디오스코로스가 이단이 된데 반발하여 국민적 교회로 독립했다.

었던 로맨틱한 사랑 이야기, 그리고 두 사람 사이에 태어난 아들 메넬리크가 시바 여왕과 공모하여 솔로몬 사원에서 전설적인 율법 궤를 훔쳐 아비시니아 왕국에 숨겨놓았다는 이야기가 기록되어 있다.

『케브라 나가스트』란 문헌 역시 오랫동안 베일에 싸인 채 사람들의 호기심을 자극해온 것 중 하나였다. 사람들은 이 책에 적혀 있는 전설적인 율법 궤에 대해 관심이 많았고, 그것이 에티오피아의 어딘가에 숨겨져 있을 것이라고 믿고 있었다. 물론 대부분의 서양 학자들은 에티오피아의 기독교인들이 아담과 이브 시대로부터 이어진다고 믿는 자기들의 민족 정체성을 만들어 내고자 날조한 것이라고 평가했지만….

『케브라 나가스트』를 발견한 브루스는 용기를 얻어 수도원의 낡은 문헌을 하나 하나 뒤적여 나갔다. 그리고 마침내 『에녹서』의 완전한 필사본을 발견했는데, 하나가 아니라 세 벌씩이나 찾아내는 성과를 거뒀다.

그는 1773년 스코틀랜드로 돌아왔다. 그에 앞서, 프랑스에 먼저 들러 파리 국립도서관에 필사본 한 벌을 기증했고, 이어 영국 옥스퍼드대학의 보들레안 도서관에 또 한 벌의 필사본을 기증했다.

그런데 프랑스를 떠나 영국으로 가기 전에 이상한 일이 발생했다. 이집트 콥트교회를 연구하는 저명한 학자인 칼 곳프리드 워이드가 영국 장관의 서신을 휴대하고 급히 프랑스로 온다는 소식이었다. 프랑스 주재 영국대사 스토먼트 경에게 보내는 그 편지에는 워이드로 하여금 파리 국립도서관을 자유롭게 드나들어 『에녹서』 필사본을 번역할 수 있도록 도와주라는 내용이 적혀 있었다.

참으로 이상한 일이었다. 그는 왜 브루스가 영국에 건너갈 때까지 기다리지 못했을까. 더욱 놀라운 일은 『에녹서』 필사본이 1821년 첫 영문판이 출간될 때까지 48년간 전혀 공개되지 않은 채 갖고 있다는 사실조차 비밀로 되어 있었다는 점이다(브루스는 1794년에 사망했다).

여러분은 당시 이 문헌이 그렇게 오랫동안 무시된 이유가 무엇이라고 생각하는가. 필사본이 한 벌도 아니요 두 벌씩이

이집트 카이로에서 가장 큰 성당인 게오르그 콥트 정교회 성당. 고대 건축양식으로 12개의 창문이 둘러진 돔 위에 세워진 십자가 모양이 독특하다.

브람 스토커 영국의 괴기 소설가(1847~1912).
소설 드라큘라 1897년 출판된 프랑스어판 표지. J. S. 래파뉴의 '카밀라'와 함께 흡혈귀 문학의 고전으로 손꼽힌다.

고딕 양식 18세기 중엽부터 19세기 초에 걸쳐 영국에서 유행한 양식. 중세의 고딕식 고성古城 등을 배경으로 공포, 수수께끼, 괴기, 음모를 주제로 한 어두운 분위기를 보여준다.

나 있는데…. 아마도 워이드가 장관의 편지를 갖고 프랑스로 서둘러 건너왔다는 점과 관련이 있지 않을까. 혹 모종의 조직적인 음모가 뒤에 숨겨져 있는 것은 아닐까. 여러 가지 의문이 꼬리를 문다. 그러나 내가 보기에는 당시의 경제적, 정치적 분위기 때문이 아니었을까 생각된다.

18세기말과 19세기초 유럽 사회는 교회의 힘이 한풀 꺾인 상황이었다. 교회의 숫자도 줄어들었을 뿐더러 예배에 참석하는 신자들의 숫자 또한 감소하는 추세였고, 과학과 산업혁명의 충격 때문에 모든 곳에서 교회의 권위가 외면 당하고 있었다. 이성과 지식의 도래로 말미암아 더 이상 종교가 힘을 못쓰게 되었던 것이다. 대부분의 일반인들에게는 천사가 성스럽든 타락했든 관심이 없었다. 타락천사들이 육신을 가졌는지 갖지 않았는지와 같은 신학적인 논쟁 또한 중요하게 생각하지 않았다.

유럽의 타락천사 열풍

『에녹서』가 세상에 다시 등장한 것은 1821년 옥스퍼드 대학에서 첫 영문판본이 출간되면서부터였다. 번역자는 히브리어 교수이자 캐쉴의 대주교인 리차드 로렌스였다.

1천 년 이상 베일로 덮여 있던 『에녹서』가 일반인들에게 공개되자, 유럽 학계와 문화계는 온통 흥분의 도가니였다. 작가들은 하느님의 아들들이 사람의 딸들에게 내려 왔다는 스토리에 매료되어 자기 작품에다가 타락천사들을 등장시켰다. 빅토리아 시대의 화가들은 똑같은 내용을 캔버스에 담기 시작했다. 암흑에 지나치게 집착하는 『에녹서』의 내용을 반영이라도 하듯 고딕 양식이 부흥하는 경향마저 보였다. 이 경향은 영국의 괴기 작가 브람 스토커가 소설 '흡혈귀 드라

쿨라'를 출판함으로써 최고조에 달했는데, 이 소설에서 시조가 된 이름의 주인공은 다름 아닌 타락천사였다.

『에녹서』에 대한 관심과 반향이 높아지자, 학자들은 유럽 내의 모든 도서관에 소장되어 있는 옛 고문서들을 다시 뒤지기 시작했다. 그 결과, 여기저기서 에티오피아어, 그리스어, 라틴어로 된 단편과 사본들이 발견되었고, 새로운 번역본이 독일어, 영어로 속속 출판되었다. 심지어 『에녹의 비밀』이란 제목의 속편까지 러시아에서 발견되어 1894년에 번역 출판되었다.

1947년 쿰란에서 사해 두루마리가 발견되자, 『에녹서』의 신빙성은 더할 나위 없이 확고해졌다. 서기 100년경 쿰란과 엔 게디 근처에 살던 에세네파 공동체의 마지막 생존자들이 보관해온 것으로 보이는 이 문헌들은 아람어로 쓰여진 것들이었다.

그럼 『에녹서』 필사본이 에티오피아에서 발견된 것은 이유는 무엇일까. 아마도 4세기 후반에 만들어진 그리스어 필사본이 에티오피아에 유입되었을 것이다. 그 뒤 수많은 세대를 거치면서 필사자들이 베끼고 베꼈겠지만, 1천5백 년을 거치는 동안 낡은 사본은 버려졌거나 아비시니아에서 일어났던 수많은 전쟁으로 인해 대부분 소실되고 몇 벌만이 남아 있었을 것이다.

낙원 예로부터 에덴동산에 대해 화가들의 호기심은 높았다. 이 그림은 클레르크(1570?~1629)가 인물을, 알슬푸트(16세기 말~1628)가 풍경을 맡아 공동으로 제작한 낙원도이다. 유채, 판. 독일 뮌헨 알테 피나코테크 소장.

제2장
악마적 교리의 충격

읽을수록 오싹한 내용

내가 처음으로 『에녹서』를 읽은 것은 지금 생각해 봐도 참으로 불안한 경험이었다. 대성당 참사회원 R. H. 찰스가 1912년에 출판한 영문판을 읽으면서, 나는 등골이 오싹하여 깜짝깜짝 놀란 적도 한두 번이 아니었다.

처음에는 그 내용이 무엇이길래 그 옛날 유대교 랍비들과 초기 교회가 그토록 대경실색했을까 의아해 했지만, 막상 다 읽고 난 후에는 왜 이 금서가 수세기 동안 그토록 많은 사람들에게서 거부당해 왔는지를 충분히 이해할 수 있었다. 한 마디로 그것은 매우 혼란스럽고 모순되는 내용으로 가득 차 있었다. 때문에 어떤 일관성 있는 사실을 알아내기 위해서는 복잡하게 얽힌 내용을 하나하나 풀어 나가야 했다.

1백8개 장으로 구성된 방대한 분량의 이 문헌에서 가장 오래된 부분은, BC 167년 유다스 마카베오의 대시리아 항전抗戰이 일어났던 때에 유대 땅을 지배했던 시리아의 왕 안티오

마카베오 유대인의 일족. 시리아에 대한 반란을 주도한 하스몬가의 주교 마타티아스의 셋째아들. 시리아군과의 싸움에서 동생과 함께 전사했다. 그 뒤 이들 일족은 유대에 하스몬 왕조를 탄생시켰다.

안티오쿠스 시리아 셀레우코스 왕조의 왕(재위 BC 175~163). 안티오쿠스 4세를 가리키며, 에피파네스란 현신왕現神王을 뜻한다.

쿠스 에피파네스 시대를 전후하여 쓰여진 듯 했다. 자도키드 하시드파派가 마카베오의 지휘 아래 시리아에 대항하여 싸워 이겼다는 내용도 있고 초대교회를 회고한 부분도 있는데, 대체로 그 시기를 전후하여 쓰여진 것으로 보인다.

『에녹서』는 초반부터 그 내용이 상당히 충격적이다.

야렛의 시대에 2백 명의 주시자들이 헤르몬산 정상의 아르디스란 곳에 내려와서는 먼저 그들이 떨어진 장소에 주어진 이름을 기념하기 위해 맹세와 '상호 저주'를 약속한다. 헤르몬산은 팔레스타인 지방의 가장 북쪽에 위치한 예벨 에쉬 샤이크의 세 봉우리(해발 9천2백 피트)로 여겨지는 가공의 장소이며, 헤르몬이란 히브리어로 '저주'를 뜻한다.

표고 1200m의 골란고원. 오른쪽 사진은 골란고원에서 바라본 헤르몬산. 이스라엘 북부의 안티레바논 산맥이 서남쪽으로 뻗어내리다가 이 산에 이르러 절정을 이룬다. 최고봉은 2950m이다.

셈야자 스코틀랜드 미드로티 안의 로실린 성당에서 발견된 석상.

10명씩 무리지은 이들 주시자들의 으뜸가는 지도자는 셈야자였다. 이들은 사람의 딸들에서 각자 여인을 골라 아내로 삼고 여인들에게 성의 즐거움을 가르쳐준다. 여인들이 낳은 아이들은 거인이었으며, 모든 면에서 야만인같이 성장한다. 이 구절을 인용해 보자.

그리고 그들(인간의 여인들)은 임신을 하여 큰 거인을 낳았다. 그들의 키는 3천 엘이나 되었으며 인간에게서 취한 옷을 입었다. 인간들이 그들을 더 이상 부양할 수 없게 되자 거인들은 인간들을 배반하고 그들을 먹어치웠다. 그들은 새와 짐승들, 뱀과 물고기에게 죄를 지었으며, 서로의 살을 뜯어먹고 그 피를 마셨다. 그러자 대지는 이 무법자들을 비난했다.

네피림의 키가 3천 엘이라고 했지만, 1엘이 45인치인 점을 고려하면 대부분의 유대 신화들처럼 다소 과장된 것이 아닐까 생각된다. '강한 사람들' 특히 건장한 체격에 엄청난 식욕을 가진 사람들이라는 점을 강조하기 위해 그렇게 표현했을 것이다. 인간을 배반했고 식인종과 같이 행동했다는 묘사가 그 단적인 예이다.

또 '새와 짐승들, 뱀과 물고기에게 죄를 지었다'는 글귀는 이들이 그것들을 먹었거나 그것을 상대로 수간獸姦을 자행했다는 뜻으로 해석할 수 있는데, 아마도 두 가지를 다 서슴지 않았을 것 같다. 때문에 이들을 낳고 길러준 공동체의 입장에서 보면, 인육人肉을 먹고 피를 즐겨 마신 그들의 행위가 몹시 혐오스러

타락천사들이 인간에게 철기문명을 가르쳐주었을까. BC 3000년대 말 유프라테스강 중류지역에 번영하던 우르 왕조의 유물. 마리유적에서 출토된 이 봉헌판에는 투구 쓰고 창을 든 병사에게 끌려가는 포로가 표현되어 있다. 시리아 알레포 박물관 소장.

위 '대지는 이 무법자들을 비난하였다'고 했을 것이다.

천상의 비밀

『에녹서』는 인간 세상에 살던 주시자들이 금지된 천상의 비밀을 어떻게 누설했는가를 적고 있다.

우선 우두머리 중 하나인 아자젤은 "인간들에게 장검과 단검, 방패와 갑옷을 만드는 법을 가르쳤으며, (땅의) 금속과 그 금속을 이용하여 일하는 방법을 알려 주었다"고 적고 있다. 인간에게 최초로 철기문명을 가르쳐 준 셈이다.

또 팔찌와 장식물을 만드는 법을 가르쳐 주었고, 안료나 의약품에 쓰이는 금속 안티몬을 사용하는 법, 그리고 여인들에게 눈을 화장하고 보석으로 멋을 내거나 채색하는 법 등을 가르쳐 주었다고 한다.

안티몬 유리금속으로 알려진 금속원소의 하나. BC 4000년경 항아리 장식이나 고대인의 눈썹 화장에 사용되었다.

뿐 아니라 여인들에게 성적인 쾌락을 즐기는 방법을 가르쳤고, 심지어 카스데자란 우두머리는 '자궁 안의 아이를 때려죽이는 방법과 정령, 악령을 쫓아버리는 온갖 사악한 방법', 다시 말해서 낙태술을 인간들에게 가르쳐준 것이다. 그리하여 사람의 딸들은 점점 타락해 갔고, 주시자들과의 성관계 외에도 자기와 짝지어진 남자가 아닌 다른 남자들과도 성관계를 맺는 등 불륜과 난교 행위를 서슴지 않았다. 그야말로 심판을 자초한 셈이다. 이러한 행위들은 훗날 히브리 이야기꾼들의 눈에조차 불경스럽게 비쳤을 것이다.

화려한 채색과 화장술을 보여주는 이집트 벽화. 하토르 여신에게 잔을 바치는 네페르타리 여왕. 테베 서쪽 교외의 델 엘 바하리 신전 내에 있다.

다른 주시자들은 인간에게 더 많은 과학기술을 가르쳐주었다. 가령 구름에 관한 것, 즉 기상학과 점성술, 해와 달처럼 천체의 행로가 나타내는 '징조' 등 천문학 뿐 아니라 측량술이나 지리학에 대한 지식까지도 가르쳤다. 셈야자는 전통적인 유대인들에게는 배척되지만 사해 공동체에서는 어느 정도 받아들여졌던 '마법과 뿌리 자르기'에 대해 가르쳤고, 페네뮈란 우두머리는 '단 맛과 쓴 맛', 즉 음식에다가 허브와 향료의 사용을 알려주었다. 이밖에 '잉크와 종이' 사용을 가르쳤는데, 이것은 주시자들이 초기 형태의 서법을 인간에게 전파한 것을 의미한다.

인간 세상에 전해서는 안 될 과학기술을 주시자들이 가르쳐주었다는 이 구절은 하늘의 천사들이 어째서 그러한 지식을 갖고 있었는가에 대한 의문부터 불러 일으킨다. 여러분은 천사들이 왜 금속과 인간의 매력, 마술, 서법, 몸치장, 안티몬 사용 등의 기술을 사용했고, 뱃속의 아이를 낙태시키는 방법을 알아야만 했다고 생각하는가. 이같은 지식과 기술은 성스러운 하느님의 전령들이 가질 만한 것은 결코 아니라고 생각된다.

내가 보건대, 그것은 고도로 문명이 발달된 어느 종족이 있었고, 그들이 덜 진보되고 발달된 종족에게 자기들의 문명을 전했다는 의미로 생각된다. 마치 문명화된 서구 사회의 위스키, 의복, 총포, 엄격한 사상, 종교적 교리 등이 멀리 떨어진 낙후된 지역의 토착 원주민에게 전해진 것과 같은 이치가 아닐까.

타락천사들의 최후

심판은 어김없이 찾아왔다. 하느님은 하늘의 천사들에게

'사생아, 타락자, 불륜의 자식들'로 묘사된 주시자들과 그들의 후손 네피림을 처벌하는 임무를 맡았다.

주시자들의 으뜸인 아자젤은 다른 우두머리들과 함께 손발이 묶인 채 두다엘이라 불리는 사막의 어둠 속에 영원히 던져졌다. 그 어둠 위에는 엄청나게 큰 바위들이 놓여졌고, 그는 하늘의 감옥인 '불의 심연深淵'에 던져질 최후의 심판 날까지 그곳에 갇혀 있어야만 했다. 그러면서 자식들인 네피림의 처절한 죽음을 목격해야만 했다.

다른 『에녹서』 판본에서는 아자젤이 받은 하느님의 벌은 이보다 더 처참한 것으로 기술되어 있다. 몸이 묶인 채 하늘과 땅 사이의 오리온 성좌에 영원히 거꾸로 매달려 있는 벌을 받은 것으로 되어 있는데, 이것은 그가 이쉬타하르라는 여인을 유혹했을 때 육체적 쾌락의 대가로 금기된 신의 이름을 누설했기 때문이라고 적혀 있다.

오리온 성좌 겨울철 남쪽 하늘의 별자리. 그리스 신화의 용사 오리온을 상징한다. 오리온은 바다의 신 포세이돈의 아들로 바다 속을 걸을 수 있는 거인으로 알려져 있다.

반역 주시자들이 자기 자식들의 죽음을 목격해야만 했다는 대목은 타락천사들과 사람의 딸들의 결합으로 태어난 아

천국에서 반역천사들이 추락하여 짐승으로 변모되는 모습이 마치 에녹서에 나오는 타락천사들의 최후를 보여주는 것 같다. 브르겔 1세 작(1562), 판, 유채, 브뤼셀 벨기에 왕립미술관 소장.

금지된 신의 문명 1 | 45

지옥으로 끌려가는 사람. 마치 에녹이 하늘에서 목격한 주시자들처럼 공포와 전율에 사로잡혀 있다. 미켈란젤로의 '최후의 심판' 일부(1563). 프레스코화. 바티칸 시스티나 성당 벽화.

이들이 하늘로 붙잡혀와서 죽음을 당했다는 '유아 살해'의 한 형태를 떠올리게 한다. 이 가정이 옳다면, 이 책의 서두에서 라멕의 아내 바테노쉬가 낳은 아들 노아의 기이한 모습에 아버지인 라멕이 두려움과 혐오감을 가졌다는 점이 충분히 설명된다. 어쩌면 그들은 아이의 이상한 외모뿐만 아니라 주시자의 자식들이 하늘의 천사들에게 죽임을 당했다는 사실을 알고 있었는지도 모른다.

주시자들이 감옥에 갇힌 뒤, 에녹은 하늘로 불려가서 대천사들과 함께 그들이 있는 곳으로 간다. 그리고 그들이 '모두 두려워하여 공포와 전율이 그들을 사로잡고' 있는 것을 본다. 그러나 두려움이란 인간적인 특성이지 육신이 없는 하느님의 전령들이 느끼는 감정은 아니다.

또 감옥이 어디에 있었길래 에녹이 찾아갈 수 있단 말인가. 『에녹서』에는 감옥 근처에 헤르몬산 서쪽에서 남쪽으로 흐르는 단강江이 있었다고 한다. 단강은 팔레스타인 지방 북부에 있는 요단강의 지류를 말한다. '단'이란 말의 히브리어 어원은 '심판하다'는 의미인데, 『에녹서』를 펴낸 R. H. 찰스는 '저자가 다루고 있는 주제에 중요한 이름, 즉 천사들의 심판이라는 의미를 갖고 있기 때문에' 특별히 선택된 장소라고 인정했다는 주석을 달고 있다. 따라서 감옥에 대한 이야기는 상징적인 표현이지 지리적인 위치가 아닐 것이다.

내가 보기에는 『에녹서』 집필자가 논리적 근거를 지리적으로 설명하기 위해 주시자들이 처음 세상에 내려왔던 헤르몬산 근처로 정한 것이 아닐까 싶다. 『에녹서』에 등장하는 장소의 많은 부분이 이야기에 신빙성을 부여하려는 의도에서 선택되었을 가능성이 높다.

한편, 주시자들이 감금되고 그 자손들이 모두 죽은 다음에도 세상은 여전히 타락하고 부패했다. 결국 잇달아 일어난 지구 전체의 대참사, 성서에서는 대홍수로 종말을 고하고 말았다. 이 엄청난 대참사는 하늘의 천사들이 보낸 불, 기름, 유황으로 모든 것을 사라지게 한 대재난의 표현으로 보인다. 미래 인류의 조상인 노아의 자손 외엔 어느 누구도 그 재난에서 살아남지 못했다.

신화인가 사실인가

『에녹서』를 읽다 보면, 천사들이 타락은 했지만, 사람의 딸들과 동침할 수 있는 물리적 존재라는 것을 추측할 수

세상을 타락시키고 부패하게 만든 주시자들의 죄악은 노아의 대홍수로 최후의 심판을 맞았다. 미켈란젤로 작(1508~1509). 프레스코화. 바티칸 시스티나 성당 천정화.

있을 뿐, 육체와 피를 가진 존재라는 암시는 어디에도 없다.

나는 몇 번이고 되풀이하여 읽었다. 차츰 『에녹서』의 이야기가 잘못 받아들여지고 있다는 느낌이 들었다. 아니, 하늘의 천사들을 포함하여 반역 주시자들이 인류 역사의 어느 시점에 실제로 중동 지방에 살았던 어느 종족이 아닐까 하는 생각마저 들었다. 그리고 이 엄청나고 끔찍한 사건이 세월의 흐름에 따라 왜곡되고 신화화되어, 마침내 구약성서가 쓰여지던 시대에 이르러서는 유대인들에게 받아들여졌고, 그 뒤 점진적으로 진화하는 종교역사 속의 단순한 교훈적 민담으로 정착되었을 것이라는 느낌을 지울 수가 없었다.

여러분은 이같은 추리가 참으로 황당하다는 느낌을 가질지 모른다. 그렇다면 정답은 무엇일까. 두 가지 각도에서 접근할 수 있을 것이다. 하나는 종교문학이라는 관점에서 하느

종교문학 종교의 경전을 근거로 하거나 거기서 파생되는 시, 극, 산문 등. 그리스도교 최초의 종교문학은 아우구스티노의 '고백'이다.

님을 두려워하는 사회적 가치와 심리를 토대로 하여 순전히 꾸며낸 이야기라는 견해이고, 다른 하나는 실제로 육체가 없는 천사들이 있었고 그들 중 일부가 땅에 내려와서 인간의 몸을 입어 여인들과 짝을 지었으며 그 여인들이 네피림과 같이 무자비한 야만인들을 낳았던 사건이 실제로 있었다고 받아들이는 것이다.

여러분은 이 두 가지 중 어느 것이 더 설득력이 있다고 생각되는가. 실제적 사건이라는 후자의 견해에 동의한다면, 육신과 피를 가진 반역 주시자들은 어디서 왔고 얼마만큼 살았을까. 그들의 자손인 네피림의 운명은 어떻게 되었을까. 하늘의 천사들 손에 의해 모두 죽임을 당했을까, 아니면 대홍수로 모두 지구상에서 사라진 것일까. 한두 사람쯤 살아 남았을 가능성은 전혀 없을까. 『에녹서』는 이들 질문에 대해 아무런 해답도 주지 않는다. 다만 15장에다가 네피림의 마지막 운명을 적고 있다.

그들은 인간인 여자와 거룩한 주시자들 사이에서 태어났기 때문에 거인족의 몸에서 악령이 나왔다. 그들은 땅 위에서 괴롭히고 억누르며 파괴하고 공격한다. 그들은 굶주리고 목말라하지만 먹지는 않는다. 그들은 반항한다. 이 악령들은 남자와 여자에게서 나오기 때문에 인간을 거슬러서 일어날 것이다.

참으로 등골이 오싹한 이야기이다. 네피림의 혈육들은 그들 조상인 '악령' 때문에 일찍부터 '괴롭히고 억누르며 파괴하고 공격할 뿐더러 지상에 멸망과 재난을 일으키도록' 운명 지어진 것이다. 뿐만 아니라 저주를 받아 굶주리지만 먹지 못하고 목마르도록 운명지어졌다.

뱀파이어는 슬라브 민족 사이에 널리 퍼져 있던 민간신앙이 문헌을 통해 다른 나라에 퍼진 것으로 보이지만, 그 원형은 고대 그리스의 테사리아의 요마妖魔 라미아의 전설에서도 찾아볼 수 있다. 뱀파이어. 에드바드 뭉크 작(1893). 스웨덴 괴테보르그 박물관 소장.

일반적으로 이슬람교 문화권에서는 악령을 가리켜 '극심한 배고픔으로 고통을 받지만 음식을 먹을 수 없다'고 묘사한다. 괴기 소설이나 동유럽의 민간설화에서도 피를 마시지만 음식은 먹지 못하고, 굶주리고 있으면서도 목이 마르는 초자연적 존재, 즉 뱀파이어가 등장한다.

어둠 속의 사악한 세상에 사는 이들 존재는 아마도 1821년에 출간된 『에녹서』 초판본에 영향을 받은 낭만주의 시인들과 작가들이 그들만의 은밀한 환상을 통해 만들어낸 존재일 것이다.

노아의 자손들

『에녹서』는 BC 2세기로부터 시작하여 서기 1세기까지 2백 년 간 작성된 것을 모아놓은 혼합 문서이다. 모두 5부로 구성되어 있는데, 주시자들의 타락과 노아의 탄생, 대홍수를 다루고 있는 첫 번째 부분은 『에녹서』보다 훨씬 이전의 예언서인 『노아서』에서 발췌한 것으로 보인다. 『노아서』에서는 화자話者가 에녹이 아닌 노아인데, 사해에서 공동체를 이루고 살던 에세네파가 『노아서』에 관심을 가진 이유는 무엇일까.

대홍수 시대에 노아는 하느님과 계약을 맺었다. 따라서 사해 공동체는 노아를 가리켜 '하느님의 첫째가는 비를 가져오는 자' 또는 '비를 부르는 자'로 여겼고 자기들이 그 직계 후손이라고 믿었다. 반면에 유대인들은 자디크라 불리는 '유덕한 자'들이 노아의 직계 자손들이며 비를 부르는 신성한 능력을 타고났다고 믿어 왔다. 이들은 모래 위에 원을 그려놓고 그 중앙에 서서 초자연적인 주술로 비를 부르는 의식을 행하곤 했는데, 가장 뛰어난 인물로 손꼽히는 인물이 '오니아스'이다.

이들 자디크들은 일정한 거처없이 이곳저곳을 방랑하며 생활했다. 때때로 사해 공동체 사이를 돌아다니며 비를 불러오는 의식을 행했는가 하면, 사해 서북 연안의 험한 골짜기에 있는 동굴에 들어가 명상과 묵상을 하기도 했다.

　이들은 구전으로 전해오는 비밀스런 지식인 카발라의 스승이기도 했다. 따라서 사해 공동체들이 카발라에 대해 해박한 지식을 가졌고, 스스로를 노아의 혈통이라고 주장한 점으로 미루어 보아, 에세네파에게 주시자들의 이야기를 전한 이들이 바로 자디크일 가능성이 높다.

　결국 『에녹서』의 비밀을 풀 열쇠는 자디크란 인물들이 누

에세네파들이 공동체 생활을 하면서 명상과 묵상을 했을 것으로 추정되는 쿰란 동굴.

구였는지, 그들은 왜 자신들을 노아의 후손이라고 믿었는지, 그리고 언제 어디서 주시자들의 타락에 관한 이야기를 알게 되었는지를 밝혀내는 일일 것이다.

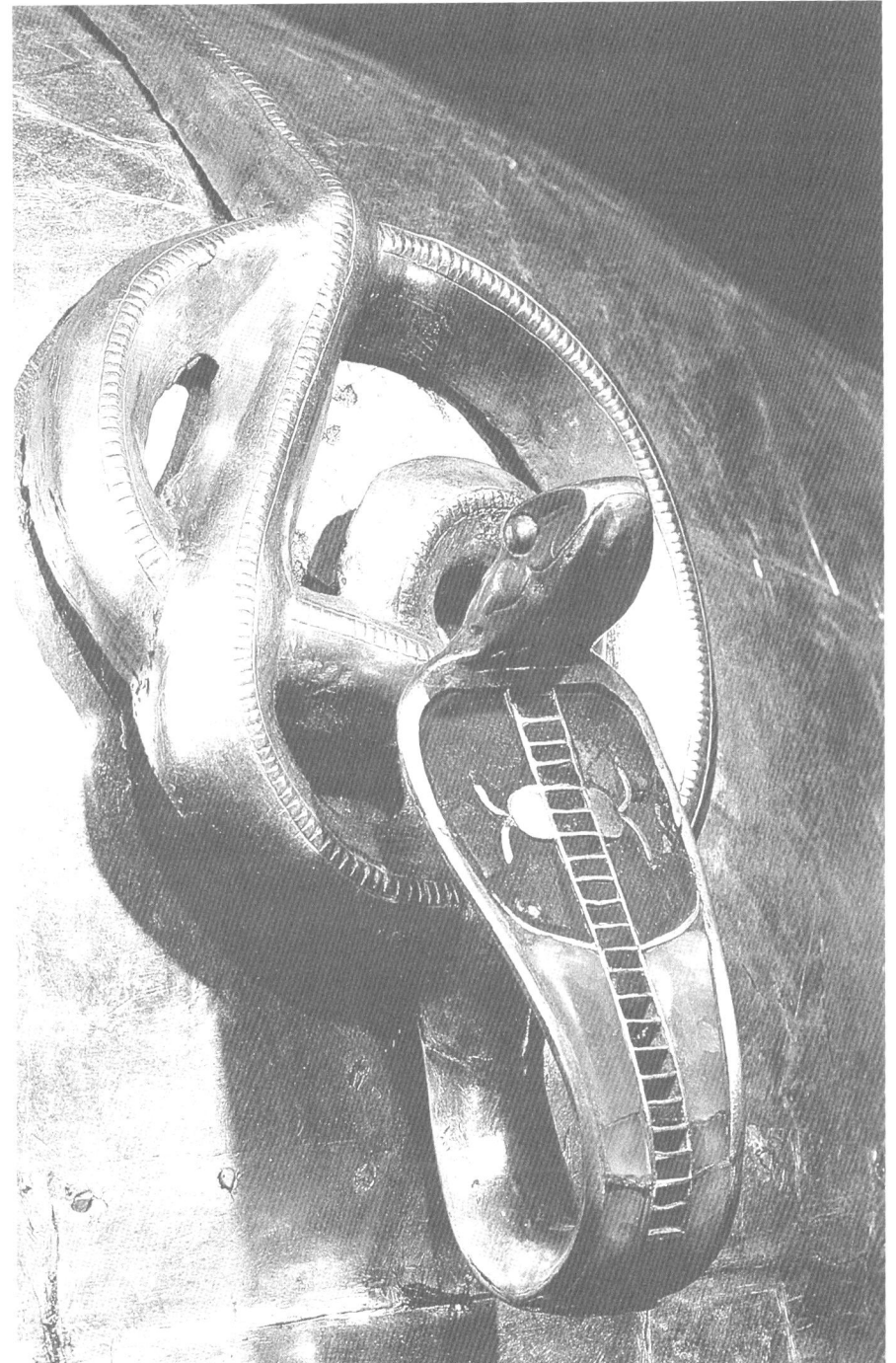

뱀은 성서에서 악의 근원으로 기술되지만, 중동 지방의 많은 창조설화나 토템 신앙에서는 성적 욕망, 숨겨진 지혜, 금지된 지식을 나타내는 상징이다. 사진은 1940년 타니스에서 발굴된 아메네모프(프수세네스 1세의 후계자) 관의 전면 장식물.

제3장
신성모독의 이단자들

시리아 교회의 해석

4세기 말, 시리아 교회는 '하느님의 아들들이 사람의 딸들에게 내려왔다'는 창세기 6장에 대해 전혀 새로운 해석을 내놓았다. 하느님의 아들들이란 암흑의 천사가 아니라 '셋의 아들들'이며, '하느님의 산'에서 평화롭게 살고 있던 사람들의 도덕적인 공동체였다는 견해였다. 그리고 그 신화적 장소는 '낙원의 문' 너머에 있으며, 바로 수세대 전에 인류의 시조 아담과 이브가 쫓겨난 문이라는 주장이다. 이들의 해석을 보자.

'하느님의 산'에는 아담과 이브가 낳은 셋의 후손들인 야렛과 그의 아들 에녹, 손자 므두셀라, 증손자 라멕이 하느님 곁에서 경건하게 살고 있었다. 그 산의 한복판에 '보물 동굴' 입구가 있는데, 그 안에는 아담과 이브를 포함한 최초의 남자들과 여자들의 유골, 그리고 '하느님의 세 가지 선물'이 보존되어 있다. 세 가지 선물이란 예수 그리스도가 탄생할

창세기부터 시작되는 구약성서의 첫 다섯 권은 의례용 토라 두루마리로 되어 있다.

성서에서는 하느님의 아들들을 경건한 셋의 계통으로, 사람의 딸들을 카인의 계통으로 보고 있다. 셋의 후손은 에노스, 케난, 마할랄렐, 야렛으로 이어지며, 야렛은 65세에 므두셀라를 낳은 것으로 기록되어 있다.

카인과 아벨 카인은 '내가 얻었다'는 의미이며, 아벨은 '공허' 또는 '허무'의 뜻을 지닌 이름이다.

520이란 숫자는 우주 수비학數秘學에서 매우 중요한 숫자이다. 고대인들에게는 대년大年이라 불리는 세차운동의 천문학적인 현상과 연관이 있다. 전세계 신화에서는 이러한 천공의 시간체계와 연관된 특정 '표준' 숫자들이 계속 등장한다.

카인이 아벨을 죽이는 순간. 틴토레토 작(1550~1553). 유채화. 이탈리아 베네치아 아카데미아 미술관 소장.

때 바쳐진 유향과 황금, 몰약이다. 또 동굴에는 아담과 그의 불운한 시간에 주어진 하느님의 빛을 상징하는 영원한 불꽃이 타오르고 있다.

한편 '하느님의 산' 아래 땅에는 보다 미개한 종족들이 살고 있었는데, 그들은 하느님의 인도 없이 죄악과 타락으로 점철된 삶을 꾸려가고 있었다. 그들 중에는 아담의 첫째 아들인 카인의 딸들이 있었다. 성서에는 카인이 동생 아벨을 살해하고 하느님의 저주를 받아 에덴의 동쪽 놋이라는 곳에서 살도록 쫓겨났다고 적혀 있다.

카인의 딸들에게는 사탄이나 마귀가 나타나기를 기원하는 악습이 있었다. 어느 날, 마귀의 우두머리는 여인들의 사악한 마음을 이용해서 하느님의 아들들을 타락시키겠다는 교활한 계획을 꾸민다.

그는 먼저 순진한 사람의 딸들을 유혹하여 아름답게 화장하고 보석과 갖가지 화려한 옷으로 치장토록 하고는 '하느님의 산'으로 데려간다. 그리고 여인들로 하여금 셋의 아들들을 유혹하게끔 했다. 여인들은 악기를 연주하고 춤추고 노래를 부르면서 5백20명의 하느님의 아들들에게 달콤한 즐거움을 함께 즐기자고 유혹했다. 이에 많은 남자들이 산을 내려와 여인들과의 육체적 쾌락에 빠져들었는데, 오직 야렛과 에녹과 므두셀라, 그리고 노아만이 이 추잡한 외설과 부정 행위에 빠지는 것을 거부했다.

성산聖山에서 내려온 남자들과 육체적 쾌락에 빠진 여인들이 아이를 낳자, 그들은 여느 인간과 달랐다. 거인이었다. 이 모습을 지켜본 하느님은 '타락한' 셋의 후손들이 하느님의 산으로 되돌아오지 못하도록 하면서, 세상의 모든 사악함과 부패를 씻어내고 새 세상을 만들기 위해 대홍수를 일으켰다. 한마디로 타락천사들이란 존재는 애당초 없었으며 카인의 딸들이 셋의 아들들에게 갔다는 주장이다. 『에녹서』의 내용은 모두 거짓이라는 결론이다.

시리아 교회의 이 해석은 초기 교회 저술가인 율리우스 아프리카누스(200~245년)가 펴낸 『보물 동굴의 서書』에 기초한 것이었다. 그러나 놀랍게도 이 해석은 중세 시대까지 대부분의 성서학자들에게 받아들여졌다. 심지어 초기 교부들은 이 견해만이 유일하게 진실된, 그리고 가장 권위 있는 창세기 해석이라고 선언하기도 했다.

그러나 이 해석은 어떤 의도를 갖고 계획적으로 풀이된 것이 아니라 순전히 무지에 의해 쓰여진 것이다. 아프리카누스는 '하느님의 아들들'을 뜻하는 'bene ha-elohim'를 풀이하면서 'elohim'이란 단어가 외경이나 구약성서에서 '이방의 주권자들' '심판자들'을 나타내는 데 쓰인다고 생각하여 아담의 셋째 아들 셋의 자손이라고 추론했지만 'bene ha-elohim'이란 단어는 '하늘의 주인들' '천사들'을 가리키는 데에도 쓰였던 것이다.

마니교의 이단

아무튼 대다수의 성서학자들은 시리아 교회의 주장을 앞세워 『에녹서』에 나오는 주시자들의 타락 이야기가 거짓임을 강조하려고 애썼다. 그러나 타락천사들에 대한 관심은 좀처럼 줄어들지 않았다. 여전히 많은 사람들이 필사하여 그 기록을 남겼던 것이다. 에티오피아에서 『에녹서』 필사본을 세 벌씩이나 찾아낸 제임스 브루스가 처음에 발견한 고문헌

『케브라 나가스트』를 보면 확실히 알 수 있다.

이 책에는 솔로몬과 시바 여왕의 이야기 외에도 '보물 동굴'과 천사들의 타락에 대해 기술하고 있는데, 네피림이 태어나는 모습을 다음과 같이 충격적으로 묘사하고 있다.

천사들과 관계한 카인의 딸들은 임신하였으나 아이를 낳을 수 없어서 죽었다. 여인들의 자궁에 있던 아이들 중 어떤 아이들은 죽었지만 다른 아이들은 어머니의 배를 찢어 열고 배꼽을 통하여 밖으로 나왔다.

『케브라 나가스트』를 영역한 이집트의 학자이자 문헌가인 E. A. 월리스 버지 경의 설명에 따르면, 이 아이들은 몸집이 너무 커서 자연분만으로는 세상에 나올 수가 없었기에 어머니의 배를 째야만 했다고 한다. 얼마나 컸길래 제왕절개 수술을 통해서만 출산할 수 있었을까.

이 모습은 히브리 문헌 외엔 그 어디서도 볼 수 없는 독특한 것이지만, 다른 중동국가들의 거인 탄생설화와 연결시켜 음미해볼 만한 대목이다. 이 부분에 대해서는 이 책의 8장에서 다시 설명하기로 한다.

『에녹서』에 대한 관심은 그 내용을 적극 받아들여 자신의 경전經典과 교의를 만들어 낸 이단종교까지 있게 만들었다. 시리아 교부이자 학자인 예로메(342~420년)의 논문을 보자.

우리는 어떤 외경(에녹서)에서, 하느님의 아들들이 사람의 딸들에게 내려올 때, 그들이 헤르몬산에 내려와 사람의 딸들을 아내로 삼는 것에 동의하였다는 것을 읽었다. 이 책은 매우 솔직하며 또한 외경으로서 비밀로 다루어지고 있다. 옛 성서학자들이 이 책을 여러 차례 언급한 것은 어떤 해석을 내리기 위해서가 아니라 성서를 설명하기 위해 인용할 뿐이었다. … 그러나 나는 어떤 저자가 자신의 이설異說을 확증하기 위해 이 위서를 인용하고 있음을 읽었다. … 당신은 무지한 자 마니쵸스의 가르침이 무엇을 의도하고 있는가를 간파하고 있는가. 그들은 영혼이 쾌락적 결합을 위해 인간의 육체를 갈망했다고 말하는데, 천사들이 육체를(혹은 사람의 딸들) 갈망했다고 말하는 자들 역시 이들과 똑같은 말을 하고 있는 것이 아닌가?

마니 마니교의 창시자(215~277).

여기서 '무지한 자 마니쵸스'란 다름 아닌 페르시아 출신의 예언자 마니를 가리키는 말이다. 그는 서기 215년 오늘날 이란의 수도 바그다드 근처의 체시폰이란 도시에서 태어났고, 그의 부모는 파르티아 왕조에서 추방된 왕족의 친족이었다. 당시 페르시아는 BC 6세기경 짜라투스트라(그리스어로 조로아스터)가 확립한 이원론적 일신교인 조로아스터교가 주류를 이루고 있었으므로 마니 역시 조로아스터교가 인정한 천사와 악마, 혹은 데바들의 계급에 영향을 받아 주시자들의 타락에 관한 『에녹서』의 설명을 완전히 받아들인 것으로 보인다.

마니교 고대 페르시아의 종교. 그리스도교와 불교의 여러 요소를 가미했다. 13~14세기경 소멸되었다.

파르티아 왕조 창시자 아르사케스의 이름을 따서 '아르사케스 왕조'라고도 한다(BC 247~AD 226). 중국과 파르티아의 대상로는 훗날 실크로드로 동서를 잇는 대로가 되었다.

즉, 그의 주장에 따르면, 물질계는 하느님의 주권령主權領이 아닌 암흑의 지배자들, 즉 사탄과 타락천사들의 영지이며, 남아있는 신성神性이란 물리적 육체 안에 갇혀있는 성스러운 영혼일 뿐 신과 일치되고자 노력함으로써 인간은 약속된 천상 낙원의 내세를 꿈꿀 수 있다고 한다.

또 최초의 인간인 아담은 타락한 남녀 천사의 교합으로 수태된 산물로서 곧 사탄에게 먹혀버렸고, 그 사탄이 그 후에 최초의 인간을 낳기 위해 짝을 지었다고 한다. 말하자면 인

데바Deva 인도에서 신을 의미하는 말. 산스크리트어로 '번쩍이는 것'이란 뜻이다. 여신은 '데비'라고 부른다. 흔히 수레를 타고 무기를 손에 든 모습으로 나타난다.

만다교 그리스도교 이단의 일파인 그노시스파의 한 종파. 그노시스파는 서기 1세기 말에서 2세기에 걸쳐 로마, 그리스, 유대, 소아시아, 이집트 등지에 널리 퍼졌다. 그노시스파는 구약성서에 나오는 창조주와 그리스도의 아버지인 하느님을 구별하는 등 정통파로부터 부정되고 3세기경 쇠퇴했다. 만다교는 이라크 남부 및 이란 남서부 지방에 현존한다.

사산조 페르시아 파르티아르다시르 1세가 파르티아 왕조를 멸망시키고 세운 중세 페르시아의 왕조(226~651). 사산이란 왕조명은 조로아스터교의 제주祭主였던 사산에서 유래되었다.

콘스탄티노플 터키 북서부에 위치한 터키 최대의 도시 이스탐불의 옛이름. 초기교회의 여덟 공의회 가운데 네 번의 공의회가 이곳에서 개최되었으나 로마와 갈등을 일으켜 1054년 분열 독립되었다.

간의 근원을 단지 악한 것으로 본 것이 아니라 그 핵심까지 썩은 존재로 보고 있는 것이다. 그러나 마니의 주장을 주의 깊게 살펴보면, 그 안에는 불교, 기독교, 조로아스터교, 그리고 이라크 남부 및 이란 남서부에 뿌리를 둔 만다교의 색깔까지 포함되어 있다.

마니교는 한때 교세가 급격히 발전하여 중앙아시아 일대와 인도, 티벳과 중국에까지 전파되었으나 13~14세기에 쇠퇴하여 소멸되었다. 무엇보다도 다른 종교들에게 커다란 위협으로 간주되었는데, 아시아의 초기 교부들뿐 아니라 사산조 Sasanin 페르시아의 왕에게서도 배척받고 이단시되었다. 이유는 천사들의 타락과 인간의 부패를 믿었다는 것이었다.

마니는 페르시아 남서쪽 윤디샤푸르라는 곳에서 조로아스터교 교도들에게 붙들렸고, 서기 277년 사슬에 묶인 채 고문을 당했다. 마침내 참형을 당한 그의 살가죽은 벗겨져 짚으로 채워졌고, 목은 도시의 성문 꼭대기에 매달렸다. 추종자들 역시 대부분 조로아스터교도들에게 붙잡혀 살육당했다.

한편 마니교의 등장으로 신학자들과 성직자들 사회에서는 타락천사들에 대한 부정적 견해가 한층 노골화되었다. 콘스탄티노플의 대주교인 성 요한 크리소스토무스(349~407년)는 육신이 없는 영적인 존재가 인간의 육체와 결합했다는 『에녹서』는 신성모독이며 그것을 받아들이는 것은 어리석은 짓이라고 비난했다. 이때부터 교회에서는 『에녹서』을 비롯한 모든 외경과 위서에 포함된 일체의 교리를 가르치거나 전파하는 행위조차 신성모독이자 심각한 이단으로 판정했다.

걷는 뱀들

여기서 잠시 상황을 되짚어보자. 왜 교회는 2백 명의 천사들이 은총의 생활에서 떨어져 나와 사람의 딸들에게 정욕을 느꼈다는 이야기에 그토록 집착하는 것일까. 우리는 신앙이란 이름 아래 이단과 요술의 죄목으로 수많은 사람들의 목숨을 앗아간 이 광적인 열정을 어떻게 이해해야 할까. 분명 일반인들이 그렇게 생각할 구석이 거의 없는데도 교회가 그 가능성마저 은폐하려고 애쓴 진짜 이유는 무엇일까.

내가 보건대, 그 해답은 창세기에서 주시자들의 타락 이야기와 뱀이 이브를 유혹했다는 서술이 뚜렷하게 겹친다는 점에서 찾을 수 있을 것 같다. 이 문제는 타락천사들의 참된 기원을 이해하려는 이 여행에서 대단히 중요한 관건이 된다. 따라서 그날 에덴 동산에서 정확하게 무슨 일이 일어났었는가를 돌이켜볼 필요가 있다.

에덴동산 구약성서 창세기에 등장하는 낙원. 생명나무와 선악과가 중앙에 있었고, 들에는 짐승이, 하늘에는 새가 있었다.

기독교와 이슬람교, 유대교에서 전형화된 최초의 남자와

성서에는 에덴동산에서 아담과 이브가 뱀의 꾐에 빠져 선과 악을 알게 하는 나무 열매를 따먹음으로써 원죄를 짓는다고 적혀 있다. 미켈란젤로 작(1509~1520), 프레스코화, 바티칸 시스티나 성당 천정화.

여자인 아담과 이브는 에덴동산에서 살고 있었다. 뱀이 하느님의 주권에 의문을 제기하기 전까지, 그들의 삶은 순수했고 은혜로운 상태였다. 그러나 뱀이 이브에게 다가와 낙원의 한 가운데 있는 금지된 열매를 먹으면 죽지 않으리라고 말한다. 성서에는 "절대로 죽지 않는다. 그 나무 열매를 따먹기만 하면 너희 눈이 밝아져서 하느님처럼 선과 악을 알게 될 줄을 하느님이 아시고 그렇게 말하신 것이다" 라고 쓰여 있다.

이브가 그 나무의 열매를 보니 '먹음직하고' 보기에도 탐스러울 뿐더러 '사람을 영리하게 해줄 것 같았'다. 이브가 그 열매를 따먹고 아담에게도 따주어 아담이 먹었더니, 두 사람의 눈이 '밝아져' 자기들이 알몸인줄 알게 되었다. 이상적 세계에서 그들의 처지를 알게 하는 지식과 지혜가 허락된 것이다. 이것은 전적으로 '교활한' 뱀이 이브를 '유혹'하여 선악과를 따먹게 한 결과였는데, 뱀은 이 가증스러운 죄악으로 다음과 같은 저주를 받았다.

네가 이런 일을 저질렀으니 온갖 집짐승과 들짐승 가운데서 너는 저주를 받아, 죽기까지 배로 기어다니며 흙을 먹어야 하리라. 나는 너를 여자와 원수가 되게 하리라. 네 후손을 여자의 후손과 원수가 되게 하리라. 너는 그 발꿈치를 물려고 하다가 도리어 여자의 후손에게 머리를 밟히리라.

아담과 이브도 하느님의 저주를 받았다. 하느님은 이브에게 "너는 아기를 낳을 때 몹시 고생하리라. 고생하지 않고는 아기를 낳지 못하리라. 남편을 마음대로 주무르고 싶겠지만 도리어 남편의 손아귀에 들리라" 하셨다. 아담에게는 "이마에 땀을 흘려야 낱알을 얻어먹으리라" 하셨다. 두 사람 역시

오른쪽 사진은 인류의 원죄가 저질러지는 순간을 표현하고 있다. 뱀의 꾐에 빠진 이브는 이미 열매 하나를 들고 있고, 아담에게 줄 또하나의 열매를 따려고 한다. 구스 작(1470). 판화. 빈 미술사박물관 소장.

하느님의 말씀을 어기고 선악과를 따먹어 얻게 된 금지된 지식으로 인해 받은 벌이었다. 아담과 이브는 새로 얻은 '지혜' 때문에 신들처럼 영생하지 못하도록 에덴동산에서 쫓겨났고 '땅에서 나왔으므로 땅을 갈게' 되었다.

이 이야기는 '인간의 타락'에 대한 최초의 언급이자 그로 인해 영원히 고통받게 된 인간의 불행과 수난의 근원에 대한 성서의 설명이다. 우리는 아담과 이브가 저지른 그 죄로 인해 타락의 본성을 물려받게 되었으며, 마니교나 초기교회 시대의 4세기 동안 번성했던 수많은 이단적인 영지주의靈知主義 숭배자들이 받아들인 것처럼 보편적으로 악에 빠지기 쉬운 성향을 타고나게 되었다.

이 구절을 놓고서 신학자들은 욕정과 자만으로 인한 천사들의 타락과 인간의 타락은 다르다는 점을 분명하게 했고, 이브를 유혹한 뱀이야말로 인간을 타락시키려 했던 사탄의 또 다른 모습이라고 설명했다. 사탄이 이브를 속이기 위해

에덴동산에서 추방당하는 아담과 이브. 이탈리아 피사 대성당의 청동문 부조(1180).

뱀의 모습을 취한 것은 희생양이 복종하도록 매혹시킬 수 있는 그 교활하고 간사한 능력 때문이라고 믿었다. 더욱이 뱀은 기분 나쁘고 소름끼치는 생김새 때문에 어둠, 악마 그 자체라는 관념적 토템이 되었다.

그러나 이 설명은 대단히 순진한 발상이다. 왜냐하면 뱀은 중동 지방의 많은 창조설화나 토템신앙에서는 성적 욕망, 숨겨진 지혜, 그리고 금지된 지식을 나타내는 상징이기 때문이다. 뱀은 유혹과 악의 상징이 아닌, 현명하고 호의적인 정령으로 묘사된다. 물론 성서와 마찬가지로 최초의 여인과 본질적인 관련을 맺는 것으로 묘사되고 있다.

예컨대, 히브리어의 하와 *hawwah*, 즉 이브는 '생명을 만드는 여인'이라는 뜻이지만 뱀의 암컷을 나타내는 헤비아 *hevia*라는 단어와 연관이 깊다. 아라비아어의 '뱀'은 하야 *hayya*이며 생명을 뜻하는 하얏 *hayat*과 같은 어원이다. 아라비아어에서 이브는 하와 *hawwa*라고 한다. 유대의 전설에서는 이브가 네피림의 조상이 되는 어머니인데, 네피림은 히브리 신화에서 '파괴자들' 혹은 '뱀들'이라는 뜻의 아윔 *awwim*으로 기술되어 있다. 결국 이브라는 이름은 '생명'과 '뱀'이라는 단어들과 동의어임이 확실하다.

천사들 역시 뱀 *serpent*의 형태와 전체적으로 연관되어 있다. 히브리 전설에서는 천사계급 중의 하나가 '사나운 뱀들'이란 뜻의 세라핌 *Seraphim*이다. 하느님이 인간의 죄에 대해 공정한 형벌을 내리기 위한 매개자로서 세라핌을 내려보냈다고 되어 있다.

연관성은 『에녹서』에서도 나타난다. 『에녹서』 제69장에는 주시자들이 인간에게 금지된 기술을 가르치는 대목이 있는

토템 자기 집단과 특수한 관계에 있다고 믿는 신성시되는 동식물. 토테미즘이란 토템과 인간집단과의 여러 관계를 둘러싼 신념, 의례, 풍습 등 제도화된 체계를 말한다.

아라비아어 셈어계에 속하는 언어. 중동 지방에서 널리 사용되고 있다.

이브의 딸과 셈야자가 결합하여 네피림 지도자 중 두 명인 히와와 히야가 태어난다. 이 전설은 다양한 문헌에서 발견되며, BC 2세기경에 쓰여진 『거인의 서』에서도 나타난다.

서기 6세기경 제작된 것으로 추정되는 새 쌍의 날개를 갖춘 세라핌. 시리아.

데, 카스데자라는 타락천사는 사람들에게 '뱀에 물린 상처와 정오의 열기를 통해 떨어지는 타격(즉, 일사병)인 타바엣이란 뱀의 아들'을 물리치는 법을 보여준 죄로 고발된다. 이 구절의 정확한 의미를 설명할 수는 없지만 타바엣이란 이름의 뱀, 혹은 주시자에게서 태어난 네피림을 가리키는 것은 분명하다. 따라서 주시자들은 성적 욕망, 숨겨진 지혜, 금지된 지식의 전달자인 뱀의 상징과 본질적으로 연관되어 있다고 할 수 있다.

그럼 어떻게 에덴동산의 뱀과 관련되는 것일까. 이 수수께끼를 풀 실마리가 『에녹서』 제69장에 있다. 하늘의 비밀을 인간에게 누설한 주시자들 가운데 이브를 타락시킨 타락천사와 동일시되는 가브리엘이 있는 것이다.

'이브를 타락시킨' 타락천사?

이 말은 무엇을 뜻하는가. 만일 '인간의 타락'에 대한 창세기 구절이 BC 2세기 전반에 작성된 『에녹서』 원본과 동시대의 것이라면, 족장 야렛 시대의 주시자들의 반란과 이브의 유혹, 그에 따른 인간의 타락은 관련이 있는 것이 분명하다. 다시 말해서, 주시자들은 숨겨진 지혜와 지식을 최초의 인간들에게 누설한 '뱀들'일 것이며, 지혜와 지식을 얻은 인간은 '자각自覺'이란 최초의 죄를 범하게 된 것이다. 에덴동산에서의 '인간의 타락' 이야기는 주시자들이 인간의 마음을 부패시켰다는 고도의 관념적 표현인 셈이다.

그렇다면 어느 이야기가 다른 하나에 영향을 끼쳤단 말인가. 또 주시자들이 인간의 문제에 관여했기 때문에 부패와 악의 씨를 영원히 지녀야 한다는 점을 당연시해야 한단 말인가. 사탄, 악마, 하느님의 가장 큰 적대자와의 관계는 …. 그들과 『에녹서』 주시자들과의 관계는 무엇이었을까.

가브리엘 히브리어로 '신인神人'이란 뜻의 천사. '알려 주는 천사'라고도 하여 구약성서에서 다니엘에게 세상이 끝나는 날에 일어날 일을 알리려 나타난다.

왼쪽 사진은 육욕과 자만심으로 인한 타락 이후 하늘에서 추방당하는 천사들을 보여주고 있다. 11세기 영국의 사본.

파리 노트르담 성당의 지붕 위에 조각된 사탄의 상. 파리 시내를 내려다 보고 있다. 이 성당은 1163년에 착공되어 14세기 초에 완공되었다.

루가 시리아 안티오키아 출신의 의사로서 개종하여 사도 바오로의 전도여행에 동행했다. 루가복음과 사도행전의 필자로 알려져 있다.

요한묵시록 요한이 서기 1세기의 80년대 소아시아의 에페소스 부근에서 쓴 묵시록. 묵시록이란 여러가지 환상적인 이야기를 통해서 하느님 세계의 사건들을 묘사한 문학이다.

변장한 악마

사탄이라는 단어의 어원은 '적대자'를 뜻하는 히브리어 'ha-satan'이다. 구약성서에서 이 단어는 하느님의 적敵이나 유대 민족의 적대자를 기술할 때에만 배타적으로 사용되었다. 악마를 뜻하는 'Devil'이라는 말은 결코 사악한 존재를 나타내는 데에 쓰이지 않았던 것이다. 예수 그리스도의 탄생 이후의 이야기를 적은 신약성서가 출현하기 전까지 'ha-satan'이란 단어는 별로 중시되지 않았다.

신약성서에서 사탄의 추락에 대한 언급을 보자. 루가복음을 보면, 그리스도는 "사탄이 하늘에서 번갯불처럼 떨어지는 것을 보았다"(10,18)고 적혀 있고, 성서의 마지막 책으로서 서기 1세기경에 쓰여진 요한묵시록에서는 "그 큰 용은 악마라고도 하고 사탄이라고도 하며 온 세계를 속여서 어지럽히던 늙은 뱀인데, 이제 그 놈은 땅으로 떨어졌고 그 부하들도 함께 떨어졌다"(12,9)고 했다. 이어 요한묵시록은 "그는 늙은 뱀이며 악마이며 사탄인 그 용을 잡아 천 년 동안 결박하여 끝없이 깊은 구렁에 먼저 가둔 다음 그 위에다 봉인을 하여 천 년이 끝나기까지는 나라들을 현혹시키지 못하게 했다"(20,2-3)라고 적고 있다.

이상의 구절이 사탄의 추락에 대해 성서에서 모을 수 있는 내용의 전부이다. 그러나 성서에서 처음으로 사탄의 추락 이야기를 완전하게 나타낸 요한묵시록은 『에녹서』의 주시자들 이야기를 바탕으로 한 것으로 생각된다. 왜냐하면 당시의 초기 기독교인들 사이에서는 『에녹서』가 자유롭게 읽혀지고 있었기 때문이다.

어쨌든 교회는 사탄을 하느님의 제1의 적으로 확립한 뒤에 세상의 모든 악의 근원이 사탄이라고 공인했다. 따라서 사탄 또는 타락천사들과 어떤 식으로든 연결되는 일체의 행위는 흉악한 마법, 이단, 요술, 그리고 마술(근대에 이르기까지 기독교 세력권을 통틀어 죽음에 이르는 형벌을 받을 만한 행위들)로 간주되었다.

중세 시대의 신학자 피터 롬바드(약 1100~1160년)는 "사탄이 이브를 유혹하는 뱀으로 변장했다"고 해석했고, 9세기의 주교 아고바르드는 "사탄이 뱀을 통하여 이브를 유혹했다"고 보았는데, 그 어느 것이든 사탄이 악의 근원이라는 견해는 중세 기독교 철학의 주류였다. 그리고 이러한 견해는 오늘날까지 이어져 오고 있다.

여기서 우리는 한 가지의 추론을 얻을 수 있다. 사탄과 그의 추종자들을 하늘에서 내쫓는 요한묵시록의 언급은 하느님의 아들들이 사람의 딸들에게 갔다는 창세기 이야기를 암시하는 『에녹서』의 주시자들의 타락 이야기와 동일한 맥락이다.

요한묵시록에서 사탄은 '옛 뱀'으로 등장하는데, 이는 창세기의 '유혹의 뱀'뿐 아니라 『에녹서』의 반역 주시자들까지 암시하는 동의어이다. 즉, 주시자들이 인간들에게 하늘의 비밀을 누설한 것이 문명 발생에 자극이 된 것으로 드러나자 사탄과 그의 타락천사들은 『에녹서』의 타락천사들과 동일시되었던 것이다. 그리고 이것은 기독교적 관점에서 볼 때 문명 세계의 기원이 하느님의 뜻에 있는 것이 아니라 그의 반대편, 즉 악마의 개입 덕택이었다는 점을 암시한다.

바로 이런 점 때문에 초기 교부들은 천사들의 타락에 대한 『에녹서』의 기술을 '광란적인 신성모독'이라고 격렬하게 비난했을 것이다. 한편으로는 하느님과 성령의 순수함을 설파하고 다른 한편으로 우리 모두의 내면에 있는 악의 근원을

중세철학 서로마제국이 멸망한 5세기 말부터 15세기 르네상스 시대까지의 철학. 그리스도교 신학과 밀접한 관계를 지녀 '중세 기독교철학'이라고도 한다.

뱀은 이집트에서 왕권의 상징인 매(호루스)와 함께 표현되고 있다. 제1왕조의 묘비. BC 3000년경. 파리 루브르박물관 소장.

이야기한 마니교가 비난받고 박해받았을 것이다. 왜냐하면 초기 교부들은 '원죄'에 대한 성 아우구스티누스의 주장을 받아들였기 때문이다. 그는 인간의 '원죄'란 주시자들이 아닌 이브의 탓이라고 여겼다. 그러나 『에녹서』가 정전正典에 포함되기엔 '너무 오래 되었다'고 비난한 아우구스티누스 자신이 한때 마니교도였다는 사실을 고려하면 참으로 흥미 있는 일이 아닐 수 없다.

왜 사람들은 인간의 원죄에 정당성을 부여하려고 애쓰는 것일까. 그들이 타락천사들을 그토록 두려워하는 진짜 이유는 무엇일까. 이제 타락천사의 참모습을 살펴보자.

구약시대에 천사들은 하느님과 인간 사이를 중개하는 존재로 등장한다. 앞 페이지의 사진에서 그리스도가 양옆의 천사들과 함께 하늘에 떠있고 사람(마태오), 사자(마르코), 독수리(요한), 소(루가)가 날개를 편 모양으로 떠받들고 있다. 라파엘 작 (1518). 유채. 이탈리아 피렌체 피티미술관 소장.

제4장
독사 같은 얼굴들

성서의 천사들

일반적으로 사람들은 구약성서에 천사들의 모습에 대한 설명이 많이 나와 있다고 생각한다. 그러나 사실은 전혀 그렇지 않다. 천사가 나오는 이야기도 적을 뿐더러 천사가 등장한다 해도 무슨 일이 일어나고 있는지를 정확하게 보여주지 않는다.

예를 들어 보자. 창세기에는 사람으로 변장한 세 명의 천사들이 마므레의 상수리나무 곁에 장막을 치고 문 앞에 앉아 있던 아브라함에게 다가간 이야기가 등장한다. 아브라함이 오랜 유랑 끝에 가나안 땅에 들어섰을 때인데, 지금의 팔레스타인 남부의 고대 도시 헤브론 근처였다.

세 사람은 아브라함에게 본처 사라가 곧 아들을 낳게 될 것이라는 확신을 주고는 사해 옆에 있는 죄악의 도시 소돔을 멸망시키려는 계획을 알려준다. 성서에는 아브라함이 그들에게 식사 대접을 했으며 "송아지 요리에다가 엉긴 젖과 우

아브라함이란 히브리어로 '민족의 아버지'라는 뜻이다. 갈데아의 우르 출생. 원이름은 아브람(존귀한 아버지)이었다.
사진은 아브라함과 사라. 독일 쾰른 대성당의 스테인드 글라스(13세기).

상수리나무 너도 밤나무과에 딸린 갈잎 큰나무. 가지가 무성하여 유목민들의 휴식처로 이용되었다.

유를 곁들여서 손님들 앞에 차려놓고 손님들이 나무 밑에서 먹는 동안 그 곁에 서서 시중을 들었다"고 적혀 있다. 참으로 천사들이 음식을 먹는다는 표현은 이해하기 어렵다. 비육신의 존재가 지상의 양식을 먹을 필요는 없지 않을까.

그런가 하면, 소돔이 멸망하기 바로 직전에 천사 둘이 소돔으로 롯과 그의 아내를 찾아온다. 롯은 그들에게 "누룩 안 든 빵을 구워주며 대접하였다"고 적혀 있다. 이어 소돔 사람들이 롯의 집으로 몰려와서는 집을 둘러싸고 "오늘 밤 네 집에 든 자들이 어디 있느냐? 그 자들하고 재미를 좀 보게 끌어내어라"고 소리친다. 여기서 재미를 본다는 것은 성관계를 뜻하는 말로서, 남자들끼리의 항문 성교를 의미하는 소도미 sodomy라는 단어는 여기서 나온 말이다. 그러나 소돔 사람들이 이 도시를 방문한 전혀 낯선 이들과 성관계를 맺기를 원했을까. 아니면 소돔 사람들과 뚜렷하게 구별되는 어떤 점이 있었던 것일까.

이밖에 구약성서에는 야곱이 베델이라는 곳에서 잠을 자다가 꿈을 꾸었는데, 그 꿈에 땅에서 하늘에 닿는 층계가 있고 그 층계를 오르락내리락 하는 천사들을 보았던 이야기, 그리고 브니엘이란 곳에서 맨손으로 씨름했던 천사 혹은 '사람'이 등장한다.

이들이 정말 하늘의 천사일까, 아니면 인간일까.

천사들이란 단어는 '사자使者들'이라는 뜻을 가진 히브리어 'malākh'의 그리스어 번역인 'angelos'에서 비롯되었다. 하느님과 인간 사이의 매개자로 활동했기에 붙여진 이름인데, 물론 육신이 없는 존재이다. 다만 아브라함과 롯과 야곱에게 등장한 모습처럼 지상에서 특별한 임무를 수행할 때에만 육신의 형태를 갖는다는 것이 유대-기독교 신학자들의

가나안 구약성서에서 가나안은 요르단 서쪽 판도 전체를 가리키는 명칭으로 사용된다.

롯과 그의 두 딸. 멸망한 도시 소돔을 배경으로 하고 있다. 롯은 팔레스타인의 두 부족 모압과 암몬의 전설적인 조상이다. 마세(1509~1575) 작. 유채. 빈 미술사박물관 소장.

베델 히브리어로 '하느님의 집'이란 뜻. 예루살렘 북쪽 19㎞ 지점의 구릉지대에 있다.
브니엘 성서는 이곳에서 야곱이 '이스라엘'이라 불리게 되었다고 적고 있다.

소돔 팔레스티나 사해 근방에 있었던 도시. 현재 사해 남부에 수몰되어 있다.

왼쪽의 사진(위)은 아브라함과 그의 아내 사라가 천사들을 접대는 장면 이탈리아 베네치아 산 마르코 대성당 벽화.
왼쪽의 사진(아래)은 아브라함이 제단을 쌓은 마므레 유적.

왼쪽 그림은 야곱이 베델에서 꿈을 꾸는 모습. 페티(1589~1624) 작. 유채. 빈 미술사박물관 소장.
오른쪽 그림은 존 밀턴의 책에 나오는 판화.

모세오경 구약성서의 맨 앞에 있는 다섯 권, 즉 창세기, 출애굽기, 레위기, 민수기, 신명기 등이다. '율법, 토라, 5서, 펜타듀크' 등 여러 이름으로 불린다.

일반적인 견해이다.

그들은 창세기 6장이나 히브리 외경 및 신화, 전설에 등장하는 타락천사와는 전혀 관련 없는 순수한 천사들이며 하느님의 사자들이다. 모세 오경(구약성서의 처음 다섯 권)을 아무리 뒤져봐도 천사들이 하느님의 아들들, 주시자들, 네피림과 동일시되는 일은 한번도 없다. 노아의 대홍수 이전에 사람의 딸들과 동침하기 위해 육신을 입은 천사들이 바로 그들의 동료 2백 명이라는 암시 역시 마찬가지이다. 따라서 모세 오경의 집필가들이 천사들과 주시자들의 타락 관계를 잘 모르고 있었거나, 아니면 이 문제를 교묘히 회피한 것일지 모를 일이다.

아무람의 증거

천사들은 누구이며 어디서 왔을까. 거룩하든 타락했든, 그들은 어디서 살며 어떻게 생겼을까. 이 점을 확실히 해야만 우리는 역사의 갈피 속에 잃어버린 종족 혹은 문화의 참된 기원을 찾을 수 있을 것이다. 천사들의 본질과 주시자들의 타락은 밀접하게 연관 있다고 보기 때문이다.

1992년 히브리 학자 로버트 에이젠만은 사해 두루마리에서 발견된 묵시록 단편들을 재구성하여 『아무람의 증거』라는 번역본을 펴냈다. 이 책에는 모세의 아버지 아무람에게 나타난 두 명의 주시자에 대해 적혀 있다.

시나이산에서 십계명을 받고 내려온 모세. 미켈란젤로 작 (1513~1516). 로마 산 피에트로 인 빈콜리성당.

(나는) 나의 환영, 꿈의 환영 속에서 (주시자들을 보았다.) 두 사람이 나를 두고 싸우고 있었는데, 말하기를 … 나를 두고 심한 언쟁을 벌이고 있었다. 내가 그들에게 묻기를 '당신들은 누구길래 (나에 대한 권한을 지녔는가? 그들이 답하기를 '우리는) 모든 인간 위에 권한을 가지며 지배하는도다' 라고 답했다. 그들이 내게 말하기를, '우리 중 누가 (너를 지배하게 하겠느냐? 내가 눈을 뜨고 쳐다보니) 그 중 (하나는) 뱀과 같이 무서운 모습이었는데, 그의 망토는 여러 색이지만 몹시 어두웠다. (내가 다시 보니) … 그 모습에, 그의 얼굴은 독사와 같고 (입었으니…) (엄청나게. 그리고 그의 눈은 온통…)."

구약성서에 나오는 인물 멜기세덱과 아브라함. 니콜라스 드 버둔 작(12세기). 오스트리아 클로스턴노이부르크.

이 책은 이어 그 주시자를 어둠의 군주이자 악의 왕인 벨리알이라 적고, 그의 동료를 '정의의 왕 멜기세덱'이라고도

멜기스덱 구약성서에는 정의로운 살렘의 왕이며 지극히 높으신 하느님의 제사장으로 나와 있다. 아브라함은 전쟁에서 개선하는 길에 전리품의 10분의 1을 주었으며 그의 축복을 받은 것으로 적고 있다.

불리는 빛의 군주 미카엘이라고 기술하고 있다.

이 문헌에서 관심을 끄는 대목은 벨리알의 무시무시한 모습이다. '뱀'과 같이 무서운 모습에 독사 같은 얼굴, '여러 색이지만 몹시 어두운' 망토를 입고 있었던 것으로 미루어 인간의 형상을 가졌던 것으로 보인다.

'독사 같은 얼굴'이란 구절은 무엇을 뜻할까. 이 비유는 본시 『에녹서』의 걷는 뱀들과 교통했던 사람들의 마음속에 스며든 무서운 모습과 관련되어 사용되었다. 그러나 여러분은 '독사 같은 얼굴'을 한 사람을 본 적이 있는가.

나는 이 문제 때문에 일 년 이상을 고민했었다. 그러다가 우연히 라디오 방송에서 미국 헐리우드에 '독사의 소굴'이라 불리는 클럽이 있다는 소식을 들었다.

배우 겸 음악가인 조니 뎁의 소유인 이 클럽이 사람들의 입에 오른 것은 1993년 10월 젊은 배우 리버피닉스가 그곳에서 놀다가 죽었기 때문이다. 당시 보도에 의하면, 이 클럽이 '독사의 소굴'이란 이름을 얻게 된 사연이 독특했다. 이곳을 드나드는 재즈 연주가들은 대개 마리화나를 복용하며 연주하기 일쑤였는데, 약물을 남용하다 보니 오랫동안 먹지도 않고 잠도 자지 않게 되었다. 그에 따라 몸은 쇠약해졌고, 가늘게 뜬눈에 움푹 들어간 얼굴 모습이 자욱한 담배 연기 속에서 마치 독사 같은 얼굴로 보여 클럽 이름이 '독사의 소굴'로 된 것이라고 한다.

이 방송을 들은 나는 '독사 같은 얼굴'을 한 사람의 모습을 머릿속에 그려볼 수 있었다. 아마도 그들의 얼굴은 길고 좁을 것이며 튀어나온 광대뼈, 긴 턱과 얇은 입술을 한 데다가 동아시아 인종의 전형과 같이 눈꼬리가 올라갔을 것이다. 그러나 이런 모습 때문에 주시자들과 네피림이 뱀으로 묘사되었다고 단정지을 수는 없을 것 같다. 가능성은 있지만 충분하지 못하다. 그것보다는 오히려 마법과의 연관성, 신비한 능력, 그리고 몸짓이나 신체적인 외모와 관련있지 않을까.

날개 없는 천사

이번에는 에녹에 대한 대목을 보자. 에녹이 마음이 몹시 상해서 울다가 잠들었을 때 두 명의 주시자가 나타나는데, 그 모습이 모세의 아버지 아무람에게 나타난 이들과 매우 흡사하다.

> 매우 키가 큰 두 사람이 나타났다. 그렇게 큰 사람은 본 적이 없다. 그 얼굴은 태양처럼 찬란하고 눈은 불붙은 촛불 같았으며, 입에서는 불을 뿜었다. 입고 있는 옷은 깃털의 모습이었다. …(자줏빛), 그들의 날개는 황금보다 빛났으며 손은 눈보다 희었다. 두 사람은 내 머리맡에 서서 나의 이름을 불렀다.

물론 이 이야기가 실제로 일어난 일을 적었다고 볼 만한 구석은 하나도 없다. 어쩌면 그것은 옛날 이야기꾼들의 마음 속에서만 존재하는 가상假想 종족에 대한 이야기일지 모른다. 그러나 일련의 종교 문헌들간에는 분명 연관성이 있을 것이라고 생각한다. 때문에 독자 여러분은 문헌의 내용이나 표현을 하나하나 따지는 나의 작업이 다소 지루하고 답답해 보이더라도 충분히 이해해 줄 것이라 믿는다.

먼저 천사들의 '황금 날개'에 관한 것부터 없애보자. 이 구절은 의심할 여지없이 후대에 덧붙여진 내용이다. 기독교 시대 이전에는 천사들이 날개를 가진 적이 거의 없었다. 구약 성서를 보면, 9품 등급의 천사들 가운데 첫 번째인 세라핌과

구품천사 서기 1세기경 아테네의 초대 주교로 알려진 디오니시오스가 꾸민 천사계보. 세라핌, 케루빔, 좌품, 주품, 역품, 능품, 권품, 대천사, 천사의 9등급이다.

그리스도 미술이나 조각에서 천사들은 대부분 날개를 가진 모습으로 그려지고 있다. 위 사진은 성녀 데레사가 심장에 천사의 화살을 맞고 진리를 깨닫는다는 기적의 장면. 베르니니 작(1645~1652), 로마 산타 데라 빅토리아 성당 소재.

아래 그림은 최후의 심판(부분)에 묘사된 날개를 가진 천사. 카발리니 작(1923), 로마 산타 체칠리아 인 토라스테벨레 성당 소재.

케루빔 인면人面 또는 수면獸面에 날개를 가진, 구약성서에 나오는 초인적 존재. 신의 옥좌나 성스러운 장소를 지키는 것으로 믿어져 계약의 궤에 배치되어 있다. 사진은 파리 생 수루피스 신학교에 있었던 성궤에 조각된 케루빔.

르네상스 서기 14세기 후반부터 15세기 전반에 걸쳐 이탈리아에서 시작된 문화운동. 학문 또는 예술의 재탄생, 부활이란 의미를 갖고 있다.

번존즈 영국의 화가(1833~1898). 아래 그림은 그의 대표작 '심벌즈를 든 천사'이다. 오른쪽 그림은 서기 6세기 중엽 세워진 이탈리아 라베나 산피타레 성당의 천정화 '사천사四天使'의 일부이다.

두 번째인 케루빔만이 두 쌍이나 세 쌍의 날개를 가진 것으로 표현되고 있는데, 이 표현은 아시리아와 바빌론의 도상학 圖像學에서 차용한 것으로 생각된다. 아시리아와 바빌론 미술에서는 종종 하늘의 요정이나 사원 수호신들이 날개를 가진 모습으로 묘사되고 있다.

그러나 엄격한 의미에서 볼 때 케루빔과 세라핌은 천사들 혹은 '하느님의 사자들'이 아니다. 따라서 이들이 날개를 가진 것으로 표현되는 것은 초기 기독교 미술가와 저술가들이 신화적 존재들을 종종 날개 있는 모습으로 묘사하는 전통적인 중동지방 도상학의 영향을 받았음이 틀림없다.

우리는 흔히 천사라고 하면 이탈리아 르네상스 시대의 거장 라파엘 이전의 화가 에드워드 번존즈, 에블린 드 모르간, 존 윌리엄 워터하우스 등이 그린 그림이나 성당, 수도원 등에 화려하게 조각된 천사상을 떠올리기 쉽다. 그 그림이나 조각을 보면 대부분 백조처럼 아름다운 날개를 갖고 있다.

그러나 구약성서나 초기 유대교 문헌에 기술된 천사의 모습은 전혀 그렇지 않다. 앞서 언급한 모세의 아버지 아무람에게 나타난 천사들의 모습을 다시 떠올려 보라. 날개에 대한 언급이 전혀 없다. 『에녹서』조차 초기 번역본에는 날개에 대한 언급이 전혀 없다. 분명히 날개에 대한 묘사는 서기 1세기 이후에 덧붙여진 것이다.

나무만큼 크고 태양처럼

날개에 대한 언급을 빼고 나면 천사들의 외모에서 남는 대목은 우리들이 결코 본 적이 없을 만큼 키가 크다는 것뿐이다. 그렇다면 사람들은 왜 키에 대해 이토록 집착하는 것일까. 유대-기독교의 천사들이 어마어마하게 커야 할 이유나

파라오의 위상을 보여주는 이집트 건축물. 사진은 이집트 카르나크 신전의 탑문.

파라오 고대 이집트 왕의 호칭. 신의 화신으로 '호루스, 태양의 아들'로도 불렸다.
호루스 고대 이집트의 태양신. 하늘의 화신으로 매의 머리를 가진 형상으로 표현된다.

코카서스 백인종 피부의 색소가 적어 밝은 피부색과 회색, 청색, 녹색의 홍채虹彩, 금발, 갈색 모발이 특징이다. 체모가 많고 코가 매우 좁으며 높다. 입술은 얇다. 코카서스는 흑해와 카스피해 사이에 끼여 있는 카프카즈 지방을 가리킨다.

필요성이 있는 것일까.

고대 이집트 미술을 보면, 호루스 신의 화신으로 여겨지는 파라오들은 그들의 배우자, 측근들과 함께 다른 인물들보다 크게 묘사되고 있다. 물론 파라오를 일반 백성들보다 높은 지위에 올려놓았기 때문일 것이다. 천사와 같은 신성한 존재들이 다른 것보다 크게 묘사되는 이유도 같은 맥락이 아닐까. 그렇더라도 의문은 남는다.

왜 반역 주시자들과 네피림을 가리켜 '거인 같은 키'라고 거듭 표현하거나 몇몇 다른 기술에서 은유적으로 '나무'처럼 크다고 묘사되는 것일까. 생각하기에 따라서는 도상학 이상의 의미가 있을지 모른다. 혹 그들의 몸집이 동시대인들보다 훨씬 큰 실제의 인간일 가능성은 없을까. 어쩌면 그 큰 몸집이 다른 사람들에 비해 두드러진 특징일 가능성도 농후하다.

피부를 보자. 에녹에게 나타난 천사들의 손은 '눈보다 희다'고 묘사되어 있다. 어쩌면 이것은 타락한 종족의 공통된 특징일지 모른다. 『에녹서』를 보면 주시자들에 대해서는 간략하게 '백인 같다'고 적혀 있는데 반해, 노아의 탄생에 대해서는 아기의 몸이 '눈처럼 희고 장미와 같이 붉다'고 묘사되어 있다. 말하자면 오늘날의 코카서스 백인종과 비슷한 혈색이다.

코카서스 백인종은 거친 날씨에 피부가 노출되면 살갗이 불그스레해진다. 주시자들 역시 훨씬 거친 기후조건의 환경에서 살았을 것이라는 단서를 남기는 대목이 아닐까. 『에녹서』가 더운 지방에 사는 올리브빛 피부의 유대인들에 의해 쓰여졌다는 것을 염두에 둘 때, 이 방식의 언급은 결코 가볍게 보아 넘길 일이 아니다.

마찬가지로 에녹을 방문한 두 '사람'은 '태양처럼' 빛났다고 묘사되었는데, 이런 묘사는 히브리 신화와 전설에 나오는 주시자 같은 존재들을 암시하는 은유적 표현이지만 저자의 의도가 무엇일까 궁금하다. 기독교 미술에서 성인이나 성자들을 후광이 둘러싸인 모습으로 묘사하는 것과 같이 단순히 그 존재의 신성한 본질을 드러내려는 의도였을까. 그것이 아니라면 어떤 초자연적인 의미가 숨겨져 있는 것일까.

에녹은 두 사람에 이끌려 하늘로 올라가는데, 바로 이 환상적인 여행에서 우리는 문제의 핵심을 어느 정도 파악할 수 있다. 먼저 에녹은 마지막 일곱 번째의 화려한 천상에서 거대한 왕좌에 앉은 주님을 만난다. 주님의 곁에는 수많은 케루빔과 세라핌이 있었다. 에녹은 대천사 가브리엘과 미카엘의 영접을 받는데, 『에녹서』에서는 그들 역시 주시자로 기술되고 있다.

13세기 말 제작된 가브리엘 천사상. '랭스의 미소'로 일컬어지는 천사들의 조상군彫像群 일부이다. 프랑스 랭스 대성당.

주님이 미카엘에게 "가서 에녹의 지상의 옷을 없애고 나의 향기로운 기름을 에녹에게 발라주고 내 영광의 옷을 입혀주어라"라고 말했다. 미카엘이 주님의 뜻대로 했다. 미카엘이 (나의 옷을 벗기고) 기름을 발라주고 옷을 입혔다. 그 기름의 모양은 위대한 빛보다 더 찬란하고 감미로운 이슬같고 그 향기는 은은하고 햇살처럼 빛났으며 내가 나 자신을 보니 그분의 영광스러운 자와 같았다.

종교적으로 다소 과장된 듯한 이 구절의 이면을 들여다보면, 에녹이 치른 의식의 본질을 의심치 않을 수 없다. 옷이 벗겨지고 몸에 이슬과 같이 향기 나는 기름이 발라지자 에녹으로 하여금 '햇살처럼 빛나게' 만들어, 다른 대천사들과 모습이 같아지고 모든 두려움과 떨림을 사라지게 만든다.

그럼 에녹과 매우 닮았을 것으로 추정되는 대천사들은 '햇살처럼' 빛나게 하는 어떤 기름을 바르고 있었던 것은 아닐까. 만일 그렇다면 그들은 왜 기름을 발라야 했을까. 단순히 심미적이거나 하나의 의식儀式이었을까. 아니면 보다 실제적인 다른 어떤 이유가 있는 것일까.

주시자들의 피부가 항상 '눈처럼 하얗고' 붉다고 묘사되는 것을 볼 때, 하나의 결론을 내리는 일은 너무나 쉬워 보인다. 그러나 그 기름이 오늘날 우리가 사용하는 선블럭처럼 자외선으로부터 피부를 보호하기 위해 사용될 가능성도 있지 않을까. 선블럭을 바르면 햇볕 아래에서는 피부가 빛이 나고 번쩍이는 것처럼 보인다. 그리고 코카서스 백인종의 피부는 다른 어떤 종족의 피부보다 자외선에 훨씬 약하다.

하얀 머리털

흥미로운 점은 에녹 앞에 나타난 두 사람의 눈이 '불붙은 촛불 같다'는 구절이다. 아마도 이 대목은 아무람에 대한 자료에 등장하는 주시자 벨리알의 묘사에서 빠진 부분일 텐데, 왜 '불붙은 촛불'이라고 했을까 의아스럽다. 단순하게 생각하면, 주시자들의 눈이 불붙은 촛불의 불빛처럼 보인다는 표현이겠지만, 그 이상의 의미일 수도 있다고 생각된다. 일반적으로 천사들이나 주시자들의 눈은 '태양과 같은' 모습으로 묘사되는데, 노아가 태어났을 때에도 '그가 눈을 뜨면 온 집안이 태양처럼 빛났다'고 쓰여 있다.

이 문제에 대해 지금 당장 확실한 해답을 내놓기란 쉽지 않다. 다만 이 기록이 오래 전에 실제로 존재했던 중동의 어느 발달된 문명에 대한 기억이라고 가정한다면, 그들의 눈은 어떤 특별한 이유 때문에 다른 사람들과 구별되었을 가능성이 높다고 추론할 수 있다. 그러나 지금 당장으로서는 그들의 눈이 햇빛을 반사했거나 눈의 홍채가 태양에 비유되었거나 하는 두 가지의 결론만을 내릴 수밖에 없다. 어쩌면 그들의 눈은 오늘날 중앙아시아의 어느 부족의 특징처럼 황금색 또는 벌꿀 색이었을지 모른다.

주시자들의 머리털은 어떠한가. 노아가 모든 면에서 타락한 종족의 외모를 닮았으므로 그의 '밝고 숱이 많은' '양털처럼 깨끗한' 흰 머리털이 생리적 특징의 하나일 것으로 추정된다.

에티오피아판 『에녹서』에는 아기 노아의 머리털을 뎀데마 *demdema*, 즉 영어의 아프로컷 *Afro-cut*이란 말과 비슷한 게즈어로 묘사하고 있다. 아프리카 흑인의 머리 모양이란 뜻인 아프로컷은 '길고 곱슬거리는 머리털'을 가리키는데, 이런 머리털은 오래 내버려두면 드레드록 모양이 된다.

종합적으로 주시자들의 외모는 창백하리 만큼 하얀 피부에 숱이 많은 흰 곱슬머리를 하고 있으며, 오늘날 영국 여행자들이 뽐내고 다니는 긴 드레드록처럼 텁수룩하지 않았을까 추정된다. 이런 모습이 그들을 코카서스 백인종처럼 보이게 했을 것 같은데, 신성한 존재들의 현존에 관한 이야기를 처음 시작한 토착민의 눈에는 몹시 이질적인 형태로 보였을 것이 틀림없다.

지금까지 나는 아기 노아가 몇 가지 점에서 타락천사들의 신체적 특징을 닮았다는 전제 아래 그의 특이한 외모에 대해 언급했지만, 그의 기이한 출생이 인류 역사 속에서 실제로 일어난 사건이라는 증거는 어디에도 없다. 그렇더라도 내가 노아의 외모에 대한 기록을 가리켜, 단순히 관념적 빛의 존재와 인간 여인의 부정한 결합에 대한 비유라고만 여기지 않

양털처럼 깨끗한 흰 머리털의 노아. 노아란 히브리어로 '휴식'이란 뜻이다. 그림은 방주에 동물을 넣어주는 노아. 13세기. 이탈리아 베네치아 산 마르코 대성당.

드레드록 여러 가닥의 로프 모양으로 땋아내린 머리 모양. 주로 자메이카 흑인이 한다.

는 이유가 전혀 없는 것은 아니다. 그 중 하나가 어떤 아이들은 신체적 특징뿐 아니라 신성한 외적 인격까지 '천사의' 아이로 태어난다는 믿음이 수천 년 동안 이 세상에 끊임없이 존재해 왔다는 점이다. 여러분도 어떤 아이를 가리켜 '천사 같다'는 표현을 자주 한 일이 있을 것이다.

내가 이 문제에 확신을 갖게 된 것은 노아의 탄생과 타락한 종족의 뚜렷한 신체적 특징에 대해 상당한 연구를 한 뒤, 마가렛 노먼이란 중년 부인의 이야기를 듣고 나서였다. 그녀는 현재 영국의 에섹스 지방에서 살고 있는데, 어렸을 때 런던에서 살면서 어머니가 들려준 '천사의 아이'에 대한 이야기를 또렷하게 기억하고 있었다.

1908년 햄스테드의 교외에서 한 사내아이가 독일인 아버지와 영국인 어머니 사이에서 태어났다. 아이는 건강했으며 파란 눈에 황금빛 머리였다. 그러나 그 아이는 세 살을 넘긴 지 얼마 안 되어 죽고 말았는데, 살아있는 동안에는 '맑고 아름답고 사랑스러운 천성' 때문에 모든 사람들로부터 사랑 받았다고 한다. 엄마가 아이와 외출을 하면, 거리에서 사람들이 아이의 유모차에 돈을 넣어주며 행운을 빌고 '천사의 아이'라고 부르곤 했다는 것이다. 마가렛은 어머니에게 그 아이의 어떤 면이 '천사' 같았느냐고 질문했지만, 그녀의 어머니는 그냥 빛났다고만 말하더라는 것이다.

나 역시 사람들이 그 아이를 가리켜 '그냥 빛났다'고 믿게 만든 것은 혹시 창백한 피부나 미소, 어쩌면 내면의 광채가 아니었느냐고 물었다. 그러자 그녀는 머리를 가로 저으면서 "나는 정말 몰라요. 그 아이에겐 정말 무엇인가가 있었대요"라고만 할뿐이었다.

'그냥 빛났다.'

에섹스 영국 잉글랜드 남동부 템즈강 하구에 위치한 지방.

'그가 눈을 뜨면 온 집안이 태양처럼 빛났다'는 말은 유대인 저자들이 '천사의 아이 같다'던 아기 노아를 묘사하면서 사용한 수수께끼 같은 말이다. 이렇게 보면, 주시자들의 눈과 얼굴이 '태양처럼' 빛난 것은 오늘날의 세계에 더 이상 알려지지 않은 어떤 불가사의한 광휘와 관련이 있음이 분명하다. 그리고 20세기 런던의 한 아이가 네피림 아기의 모습으로 행운을 비는 돈을 받았다는 사실은 노아 탄생뿐 아니라 주시자들과 천사들에 대한 많은 기록의 신빙성을 갖게 한다.

샤먼적 해답

'그들의 옷은 깃털의 모습이었다.'

이 말은 에녹에게 나타난 두 '사람'을 묘사한 대목의 마지막 구절이다. 앞서 언급한 『아무람의 증거』에서는 주시자 벨리알이 '여러 색이나 몹시 어두운' 망토를 입고 있었다고 적혀 있다.

일반적으로 중세 시대 미술가들은 천사들을 그리는데 온몸이 깃털로 덮인 모습을 좋아했다. 물론 이것은 성서와는 전혀 관계없는 작가들의 표현 양식이다. 그러나 나는 이 대목이 예사롭지 않다고 생각된다. 보기에 따라서는 이 이야기를 옮겨 쓴 저자의 실수일 수도 있지만, 두 '사람'에 날개를 덧붙이고도 깃털 옷을 입었다고 말한 데에는 그만한 이유가 있지 않을까 생각된다. 만일 그 타락한 종족이 인간이었다면 그런 종류의 옷을 입었을 가능성도 있다.

짐승이나 새 같은 특별한 토템 형상을 사용하는 일은 전통적으로 부족사회의 승려이자 주술사인 샤먼의 영역이었다. 초기 인류문화에서 영혼은 현세

샤먼 원시종교사회에서 주술과 제사를 맡아 신의 뜻을 전달하는 사람. 그의 주술은 병마, 악령 등 재앙을 물리치고 기원, 욕망을 성취시킨다고 믿었다.

12세기 초부터 멕시코 중앙 고원지대에서 아즈테카 문명을 이룩한 아즈텍족들도 깃털옷을 입는 샤먼이 태양을 상징한다고 여겼다. 테라코타(1480), 멕시코 템플로마야 박물관 소장.

태평양 남서 해상에 자리잡은 뉴기니섬 세픽강에서 발견된 새-인간. 미국 워싱턴대학 미술관 소장.

에서 내세로 날아가기 위해 새의 형상을 입는다고 여겨졌는데, 바로 이런 이유 때문에 고대 종교에서 영혼은 종종 새의 모습으로 표현되고 있다. 아마도 천상 비행은 새와 같은 가벼운 날개로만 가능하다는 믿음에서 나왔을 것이다. 이 시각이 유대-기독교 도상학에서 하느님의 사자인 천사들을 날개 있는 모습으로 묘사하게끔 만든 것이 아닐까 싶다.

사람이 죽으면 영혼의 새가 언젠가 사람의 죽은 육체와 다시 재결합한다고 믿었던 고대 이집트 사람들도 날개를 단 인물상을 즐겨 조각했다. 사진은 이집트 쿠시왕조의 장식물.

흔히 샤만은 자신이 선택한 새와 정신적으로 교감하기 위해 온몸을 깃털로 치장한 뒤, 그 새의 서식지로 들어가서는 새의 생활습성을 비롯하여 나는 방법, 짝짓기 방식, 땅 위에서의 움직임 등 모든 면을 오랫동안 관찰한다. 그렇게 함으로써 그들은 자신의 인격으로서 반영구적으로 선택한 새가 된다고 믿었다.

토테미즘이 선택하는 새는 지역에 따라 다르지만, 목적은 똑같다. 천상의 비행, 신성한 말씀, 영혼과의 소통, 그리고 내세에 대한 지식과 지혜를 얻고자 했다. 그렇다면 주시자들과 네피림이 '걷는 뱀'일 뿐만 아니라 새鳥-인간이었단 말인가. 내가 생각하기에는 거의 분명하게 그렇다고 본다. 다음의 자료를 눈여겨보자.

사해 두루마리에서 발견된 에녹의 자료 중에는 타락천사 셈야자의 아들(네피림) 아야와 오야가 본 꿈의 환영 이야기가 적혀 있다. 두 사람이 천상의 정원을 방문했는데, 거룩한 천사들이 나무 2백 그루를 베어내고 있었다.

왜 천사들이 2백 그루의 나무를 쓰러뜨리는 것일까. 그 상징적인 의미를 궁금하게 여긴 두 사람은 이 문제의 해답을 네피림 평의회에 청한다. 그러나 평의회에서도 알아낼 수 없었다. 결국 평의회는 마하와이를 지상의 낙원에서 살고 있는 에녹에게 보낸다. 마하와이가 에녹을 찾아가는 장면을 보자.

회오리바람처럼 (공중으로 솟아) (날개 달린) 독수리처럼 자신의 손을 사용하여 경작된 땅(위를)

사해문서(4동굴)에서 발견된 에녹 문헌에는 12개의 '거인의 서'書 번역본 단편이 포함되어 있다. 이 문헌은 에녹서 원본을 구성하는 재료로 쓰였을 것으로 추정된다. 여기에는 주시자들의 타락과 그 후손 네피림의 이주 등을 잘 설명하고 있다. 4세기경 예언자 마니가 아람어 번역본을 연구하면서 페르시아, 파르티안, 위구르, 이집트의 콥트어 등 6~7개 언어로 번역했다고 한다. 라틴어로 번역되었다는 증거도 있다.

사람의 머리, 새의 발과 날개와 몸, 전갈의 꼬리를 가진 인두조신人頭鳥身의 수호신상. BC 2500년경의 텔 할라프 문화를 보여준다. 카팔라 출토. 시리아 알레포박물관 소장.

날아 대사막 황야를 건너… 그가 에녹을 보고 큰소리로 불렀다.

에녹은 2백 그루의 나무는 2백 명의 반역 주시자들을 나타내며, 나무의 밑동이 잘리는 것은 큰 화재와 대홍수가 일어나 그들이 파멸될 것이라는 암시라고 설명한다.

이 글에서 내가 관심을 갖는 대목은 마하와이가 '날개 달린 독수리처럼 자신의 손을' 사용했다는 구절이다. 이 자료는 다른 부분에서 마하와이가 또 다른 긴 여행을 하기 위해 새로 변장했다고 적고 있다. 그리고 '때가 이르니 죽지 말고 되돌아오라는 에녹의 거룩한 목소리를 명심한 덕택에 가까스로 태양열에 타버리는 것을 피하여 살아났다'고 했다.

참으로 그리스 신화에서 태양에 너무 가깝게 날았던 이카로스의 하늘 비행과 매우 흡사하다. 또 다른 이본異本을 보면, 셈야자의 두 아들을 '독수리가 아니라 그의 날개'와 동일시하면서 '그들의 둥지에' 있는 것으로 기술하고 있는데, 히브리 학자 J. T. 밀릭은 주시자들 역시 마하와이처럼 새-인간일 수도 있다고 믿었다.

여러분은 주시자들이 새를 상징물로 삼는 샤머니즘 문화나 종족일 수도 있다고 보는가. 그리고 샤먼이 영혼과 통하고 천상의 비행을 통해 꿈의 환영을 본다는 점에 대해서는 어떻게 생각하는가. 주시자들과 네피림의 전설이 나오는 모든 기록을 보면, 한결같이 천상 비행과 내세 여행으로 된 꿈의 환영과 관련되어 있다. 다시 말하면, 모든 기록의 원천은 그 기록에 각기 등장하는 샤머니즘을 갖고 있는 종족 또는 문화임을 깨닫게 해준다.

새-인간이 인간에게 지식과 지혜를 가져다준다는 생각은 중동 지방에만 있는 것이 아니다. 서아프리카 남서부에 위치

이카로스 그리스 신화의 인물. 명공名工 다이달로스의 아들로 미노스왕의 노여움을 사서 아버지와 함께 크레타섬에 유폐되었다가 탈출했다. 너무 높이 날았기 때문에 날개를 몸에 붙인 납이 태양에 녹아 에게해에 떨어져 익사했다.

오른쪽 그림은 『에녹서』와 사해문서 등 초기 유대자료를 바탕으로 미술가 빌리 워커존이 그린 주시자상. 르네상스 시대와 전前 라파엘 미술 양식이 보여주는 친숙한 이미지와 뚜렷하게 대조된다.

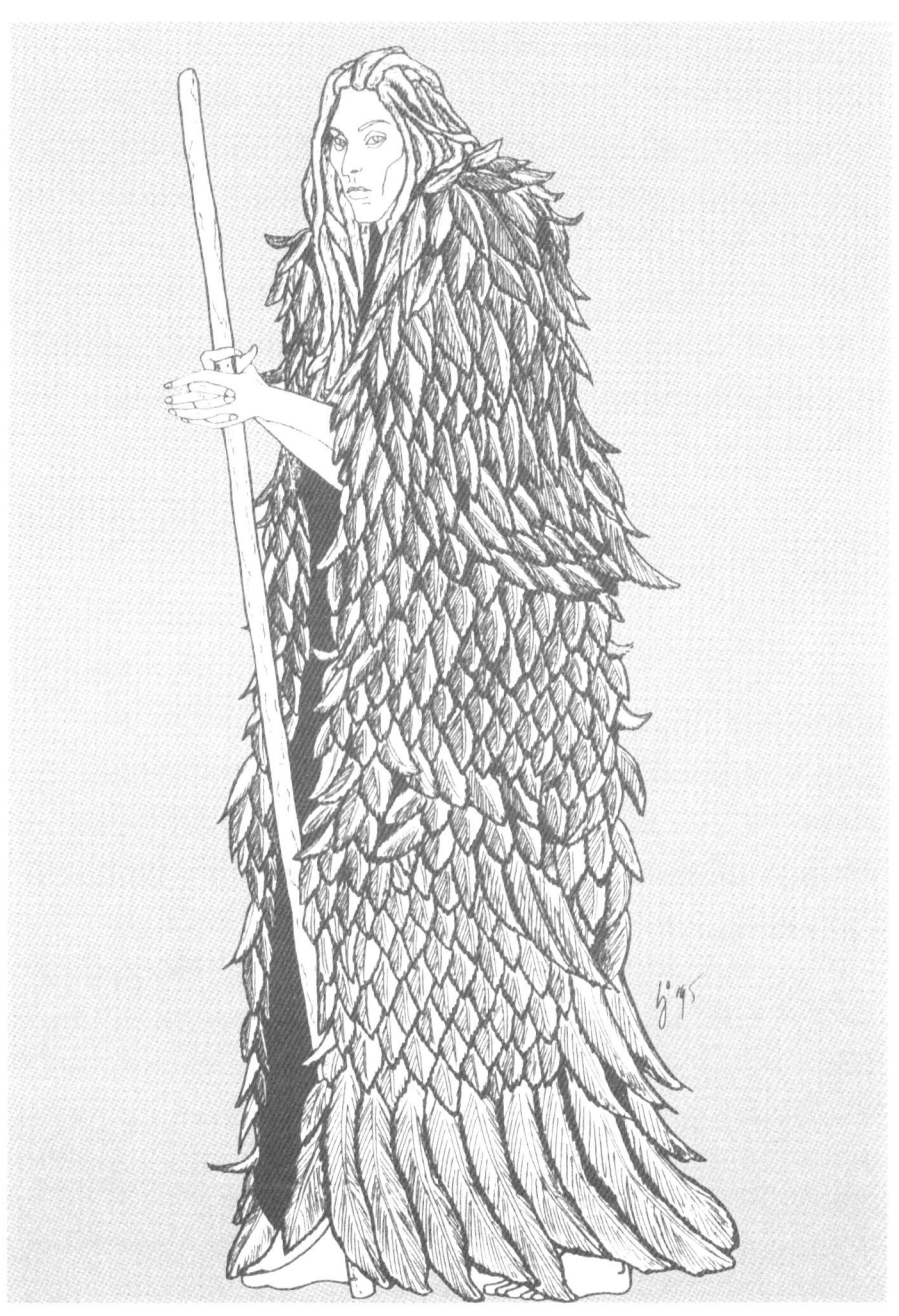

아이보리 해안 아프리카 남서부 기니만의 북안北岸. 흔히 '상아해안'이라고 한다.

한 코트디봐르의 아이보리 해안에 만이라는 마을이 있는데, 이 마을 근처에 살고 있는 단 부족은 아주 먼 옛날에 매혹적인 인간새 종족이 나타나서는 과학지식을 전해주었다고 믿고 있다. 그곳에서는 지금도 새-인간 동상을 만들고 있다. 몸은 사람인데 얼굴은 맹금猛禽처럼 긴 부리를 가진 형상이다. 내가 보건대, 이 부족들이 갖고 있는 새-인간 신화는 히브리 전설에 등장하는 반역 주시자들과 비슷한 역할을 하지 않았을까 싶다.

주시자의 얼굴

그럼 지식과 지혜의 전수자로 나오는 뱀과는 어떤 관련이 있을까. 『에녹서』에서 카스데자라는 주시자는 인간들에게 '뱀에 물린 상처'를 치료하는 방법을 가르쳐준 죄로 심판을 받는다. 이 지식은 전통적으로 승려나 주술사, 혹은 샤먼의 세계에서만 전수되어 왔으며 뱀에 대해 특별한 능력을 갖는다고 생각되어 왔다.

뱀은 새와 마찬가지로 샤먼들의 토템 상징의 하나이다. 이들 샤먼들은 뱀의 유골로 온몸을 치장하고 뱀 모양의 지팡이, 뱀을 그린 부적 등 뱀과 관련된 물건들을 지니고 다녔다. 특히 중동 지방의 경우, 새와 뱀 모두 영혼 변형의 근원적인 상징으로 여겼으며 지역에 따라서는 각기 독자적인 토테미즘 문화를 갖고 있다. 주시자들과 네피림이 뱀이라고 불린 까닭도 이런 이유 때문일 것이다.

한 가지만은 확실하다. 주시자들과 네피림을 새와 연관시킬 때, 전통적인 의미에서처럼 천상의 날개를 가졌다는 것은 아니라는 점이다. 천사의 상징으로 새를 떠올린 것은 초기 히브리 학자들과 교회 학자들, 필사자들이 오늘날 우리들이 알고 있는 천사들과 타락천사들의 도상학 형태를 고안해 내도록 만들었을 가능성이 높다.

도상학 상징성, 우의성, 속성 등 어떤 의미를 가지는 도상圖像을 비교하고 분류하는 미술사 연구방법.

이제 천사에 대한 개념을 정리해 보자.

전체적으로 볼 때, 일찍이 지상에 그 기원을 두었을 구약성서의 신성한 존재들이나 동시대의 다른 문화에서 빌어온 신화적 존재, 수호 정령들에 대한 오해에서 비롯되었다는 징후가 있다. 따라서 일련의 종교 문헌에서 이런 요소들을 제외시키면, 먼저 히브리 신화에서 수용되고 다시 오랜 세월이 흘러 천사 mal'akh라는 말과 동의어가 되었을 주시자에 관한 기괴하고도 기술적記述的인 이야기만이 남는다.

우리를 혼란스럽게 하는 것은 오늘날 우리들이 인식하는 천사들과 최초로 기록된 문헌의 천사는 거의 닮지 않았다는 점이다. 천사들이 한때 지상에서 생활한 육신의 존재이든, 신앙 자체의 비육신적 존재이든 간에 공통점은 없다.

그렇다면 그들은 정말 어떻게 생겼을까.

나는 작가이자 삽화가인 빌리 워커즌의 상상력을 빌리기로 했다. 에녹의 문헌과 사해 두루마리 중에서 타락한 종족에 관해 적은 대목들을 보여주고는 주시자의 인상을 그려달라고 했다. 처음에는 단순한 흥미로 시작했는데, 막상 완성된 그림을 보니 말문이 막힐 정도로 놀라웠다.

샤먼의 지팡이를 들고 걷는 새-인간의 충격적이고도 비도덕적인 얼굴은 놀랍기도 했고 다소 두렵게 느껴지기도 했다. 머리 속으로만 그려지던 모습을 그림으로나마 막상 대하자 놀라움이 두려움으로 바뀐 것이다. 과연 그들은 누구였을까, 아니 세상은 왜 그들을 잃어버린 것일까.

하느님의 심판인 노아의 대홍수. 사계절을 그린 연작의 '겨울'을 묘사한 부분이다. 푸생 작(1660~1664). 유채. 파리 루브르 미술관 소장.

제5장
거인들이 지상을 거닐던 때

대홍수에서 살아 남은 사람들

성서의 창세기를 읽어본 이라면 누구나 하느님의 아들들이 사람의 딸들에게 갔다는 6장이 다른 구절과 얼마나 어울리지 않는지를 얼른 알 수 있을 것이다.

만일 인간의 타락과 에덴동산의 뱀에 대한 기술이 주시자들의 타락을 추상적으로 연출하여 반영한 것이라고 가정한다면, 비슷한 이야기가 두 번 되풀이되는 셈이다. 물론 이 대목을 전후하여 그 어느 구절에서도 하느님의 아들들, 네피림 혹은 강한 자들 gibborim의 도래에 대해 직접적으로 언급한 부분은 없다. 'bene ha-elohim(하느님의 아들들)'과 주시자들을 동일시하는 언급도 없기는 마찬가지다. 주시자에 관한 이야기가 세상에 알려진 것은 BC 1~2세기의 에녹 문헌에서 시작된다.

한 가지 전제가 있다. bene ha-elohim이란 단어는 엄밀하게 따져서 '사람들의 아들들'이 아니라 '신들의 아들들'로 번

히브리 학자들은 창세기가 J와 E라고 불리는 두 명에 의해 씌여졌다고 주장한다. J는 남유다왕국 출신 저자가 사용했던 하느님의 이름인 야훼를 상징하고, E는 북이스라엘 민족 출신의 저자가 사용했던 이름인 엘로힘을 상징한다. 구약성서의 저자들은 두 왕국으로부터 수집된 이야기를 사용했다. 그래서 종종 똑같은 사건이 전혀 다른 내용으로 바뀌기도 한다.

구약성서의 내용을 나타낸 6개의 작은 돌 중의 하나로서 창세기의 천지창조를 나타내고 있다. 13세기. 이탈리아 베네치아 산 마르코 대성당.

모세 히브리어 '마솨'란 동사에서 파생된 단어로 '건져냄을 받은 자'란 뜻이다.

역해야 한다. 또 'elohim'이란 단어는 불규칙 복수형의 여성명사이다. 따라서 '여신들의 아들들'을 암시한다. 그러나 이때까지 이 문제에 대해 어느 누구도 충분하게 설명하지 않았다. 나 역시 여기서 그것을 따질 입장은 아니다. 이 책의 목적은 그들의 존재를 규명하는 일이므로 여기서는 성에 관계없이 타락천사를 가리키는 것으로 한다.

이제 전통적으로 모세가 지었다고 인정되는 모세 오경을 보자. 과연 거기에는 하느님의 아들들이 사람의 딸들에게 내려온 것, 그리고 그들의 감금과 후손(네피림)들의 멸망에 대해 어떤 실마리가 담겨 있을까.

먼저 창세기를 훑어보면, 노아의 동시대 사람들에 대한 이야기가 나오고 인류와 동물왕국을 구해내는 그의 역할이 적혀 있다. 그러나 창세기의 서술 대부분이 그렇듯이 어색한 말로 표현되어 있고 혼란스럽기조차 하다. 반복되면서도 서로 모순되는 말들 투성이다.

우선 하느님이 대홍수로 세상의 부패와 죄악을 없앴다고 적고 있지만, 하느님의 아들들(네피림)과 강한 자들이 이 재난으로 인해 멸망했다는 말은 전혀 언급하지 않고 있다. 이들이 멸망했다고 하는 것은 노아와 그의 아내, 세 아들들, 세 며느리들만이 대홍수에서 살아 남은 유일한 사람들이라고 적혀 있기 때문에 추측하는 것뿐이다. 그러나 타락한 종족들 중 몇몇이 이 고난의 시기에서 살아 남았다는 것을 암시하는 증거는 많다.

구약 시대의 거인족

모세 오경에는 노아 시대로부터 오랜 세월이 지난 뒤, 성

이스라엘 전면적의 60퍼센트를 차지하는 내게브 사막. 서쪽으로 시나이반도, 동쪽은 요르단 지구를 사이에 두고 요르단에, 남쪽은 아카바만에 접한다. 솔로몬왕의 사적으로 유명한 남부의 딤나 동산(洞山)이 있다. 아브라함이 이집트로 내려갈 때 이 사막을 가로질러 갔다.

가나안 가나안 지방의 이름은 '키나후(주홍빛)'이라는 말에서 따왔다. 페니키아 연안에서 생산되는 염색물감 때문이다. BC 3000년 무렵 셈족이 거주했고, 이스라엘 민족이 들어온 것은 BC 11세기경이다.

엘람 고대 바빌로니아어로 동방東方을 뜻한다. 중심지는 수사이다.
르바족 암몬땅의 원주민. 바산의 옥왕을 최후로 사라졌다.
수스족 요르단 동쪽 평지에 거주했으며 수도는 '함'이었다.
엠족 '두려운 존재'라는 뜻으로 모압땅에 모압인들이 거주하기 이전에 살았으나 모압족에게 멸망했다.

신명기 모세 오경의 마지막 책으로 모세에 의한 율법 설명이 주된 내용이다. 사진은 율법에 실려 있는 여러가지 선행을 나타낸 16세기의 채색목조木彫.

서의 땅에 살고 있던 거인들에 관해 여기저기서 언급하고 있다. 거인들은 주로 가나안 토착 부족들이 외래 침입자들과 유대인들에 대항하여 싸운 전쟁에서 등장하는데, 가나안이란 이름은 구약성서에서 팔레스타인과 요르단, 레바논을 가리키는 지명이다.

우선 창세기에서는 BC 2000년경 선지자 아브라함 시대에 살고 있던 거인들에 대해 언급하고 있다. 오늘날 이란 남서쪽 고원 지방에 있던 고대 엘람의 왕 그돌라오멜이 반란을 일으킨 세 부족과 맞서 싸웠을 때, 싸움에 진 부족으로 '아스드롯가르나임의 르바족, 함의 수스족, 사웨기랴다임의 엠족'이라고 나열되어 있다.

그 뒤, 출애굽에 이어 유대 민족의 방랑을 다룬 신명기에서는 가나안땅이 "거기에는 한때 에밈이라는 강대한 백성이 살고 있었다. 그들은 수효도 많았거니와 아나킴에 못지 않게 키도 컸다"고 하여 거인족의 땅으로 언급되고 있다(다른 번역본에서는 '거인족'을 '르바임'이란 단어로 옮겨 적기도 한다). 신명기는 또 "암몬 백성이 사는 곳에 다다르게 되었다. ··· 그곳도 거인족의 땅으로 알려진 곳이다. 한때 거기에 거인족이 살고 있었는데, 암몬 사람들은 그들을 잠줌밈이라고 불렀다. 그들은 강대한 백성으로 수효도 많았거니와 아나킴에 못지 않게 키도 컸다"고 적고 있다.

아나킴이란 누구인가. 성서의 이름, 용어, 표현의 목록집인 『크루덴의 용어색인』이란 책을 보면, 아나킴족에 해당되는 기재 사항들이 많다. 그 중 가장 중요한 것이 민수기이다.

우리가 만난 거인들 가운데는 아나킴 말고도 다른 거인족이 또 있더라. 우리는 스스로 보기에도 메뚜기 같았지만 그들이 보기에도 그랬을 것이다(어느 번역본에는 '거기서 또 네피림 후손 아낙 자손 대장부들을 보았나니 우리는 스스로 보기에도 메뚜기 같으니 그들의 보기에도 그와 같았을 것이다'라고 되어 있다).

다른 부분에서는 "거기에 사는 사람들은 키가 장대 같습니다. 그리고 성곽 도시들은 정말 굉장합니다. 더구나 우리는 거기서 아나킴의 후손도 보았습니다"라고 하여 가나안의 거주민으로 언급된다.

모세가 오늘날 팔레스타인 남부에 있는 헤브론 혹은 아나킴족의 주主 도시인 기럇-아르바의 주민들을 정탐하도록 사람들을 보냈을 때 아나킴족을 보았던 것이다. 그 뒤 정탐병들 가운데 갈렙이 아나킴족을 물리쳤는데, 민수기에는 그들의 외모에 대한 설명은 없지만 '아나킴의 후손들' 혹은 아나킴을 아히만, 세새, 달매족이라고 이름한다. 아나킴족은 멸망했으나 살아남은 자들은 계속 살았을 것이고, 구약성서를 기록한 사람들도 그렇게 여겼던 것이다. 아마도 그들은 팔레스타인의 가장 오랜 도시 가운데 하나인 헤브론의 3형제들일 것이다.

유대 학자들은 아니킴을 가리켜 '목이 긴' '목걸이를 한 사람들'이란 뜻이라고 설명한다. 이 말을 들으면 중앙아프리카의 어떤 부족이 착용하는 고리 목걸이를 떠올리게 된다. 이것이 타락한 원시종족의 또 다른 신체적 특징이라고 볼 수 있을까.

목이 길고 고리 목걸이를 한 모습?

그리고 다소 과장된 표현처럼 들리는 '장대 같은 키'?

그들은 왜 대홍수에 휩쓸려 버렸을 네피림의 직계 후손으로 보여지는 것일까. 성서에는 아무런 설명이 없으므로 그들

민수기 구약성서에서 출애굽기와 신명기를 잇는 모세 오경의 하나. 이스라엘 민족이 시나이로부터 가나안으로 가는 도중에 겪은 숱한 고난을 적고 있다. 민수기民數記란 최초로 시행한 이스라엘 민족의 인구조사 기록이 남겨졌기에 붙여진 이름이다.

헤브론 예루살렘에서 서남쪽으로 30km 떨어진 도시.
기럇-아르바 헤브론의 옛 명칭. '네 구역의 성읍' 또는 '유명한 네 사람의 성읍'이란 뜻이다.

이 주시자와 네피림의 특징을 지닌 노아의 일족과 관련되어 있다는 것을 추측할 도리밖에 없다.

바산 옥왕의 출생 비밀

가나안 땅의 거인들 중 가장 유명한 사람은 바산땅의 전설적인 왕 옥이다. 그는 형제 시혼과 함께 사방으로 수백 마일씩 뻗은 광대한 땅을 다스렸는데, 아스다롯과 에드레이에 살고 있었다. 에드레이는 갈릴리호 남쪽 끝에서 동쪽으로 약 30마일 떨어진 곳에 있는 도시로서 오늘날 요르단의 데라시市이다. 고고학자들은 이곳에서 거대한 지하도시를 발견했지만, 이것이 옥왕과 관련이 있는지는 확실하지 않다.

가나안 북쪽의 헤르몬산에서 남쪽의 길리앗으로 뻗어 갔을 거인들 혹은 '르바임의 땅'이라 불리는 바산 왕국은 지리적으로 요단강 동편에 자리잡고 있었다. 성서에는 6백 년 전에 엘람왕 그돌라오멜이 아브라함 시대의 옥왕의 조상인 르바족과 싸워 승리했다고 적혀 있다. 옥왕의 통치 범위에는 헤르몬산도 포함되는데, 그곳은 『에녹서』에서 반역 주시자들이 '내려온' 곳으로 기록되어 있다.

바산 북쪽은 헤르몬산, 서쪽은 갈릴리호, 남쪽은 야르무크강, 동쪽은 하우란고원에 둘러싸인 고원지대. 땅이 비옥하고 물이 풍부하여 로마시대에는 곡창지대의 하나였다.
갈릴리호 팔레스타인 북동부에 있는 담수호. 지중해 해면보다 212m 낮다.

길리앗 요르단강 동편 지역으로 훌륭한 목초지가 있었으며 향료와 약재의 산지로 유명하다.
요단강 성서에서 요르단강을 가리키는 말. 헤르몬산에서 발원하여 사해로 흘러 들어간다.

구약시대에 바산땅의 전설적인 옥왕이 자리잡은 오늘날의 요르단 데라시에는 서기 2세기 중엽에 세워진 아르테미스 신전이 남아있다.

히브리 신화에서는 옥왕이 타락천사 솀야자의 아들 히야와 훗날 노아의 아들 함의 아내가 된 여인 사이에서 태어났다고 한다. 그는 대홍수 때 방주의 밧줄 사다리에 매달려 살아남았는데, 노아가 현창舷窓을 통해 음식을 주었다고 한다. 옥왕이 자신의 죄를 뉘우치고 그의 노예(?)가 되기를 맹세하자 노아가 불쌍히 여겼다는 것이다. 그러나 그 뒤 다시 옛날처럼 못되게 굴었다고 한다.

대홍수에서 옥왕이 살아남았다는 이야기는 성서의 연대기에 비추어 전혀 맞지 않는다. 왜냐하면 만일 이 거인 왕이 대홍수 시대에 존재했다면(신학자들은 대홍수가 BC 2348년에 일어났다고 한다) 모세 시대에 이르러 그의 나이는 대략 1천 1백 세가 된다. 따라서 이런 이야기는 히브리 신화와 전설이

히브리란 말은 '강을 건너온 자'란 뜻으로 아브라함의 일족에게 붙여진 명칭.

현창 채광이나 통풍을 위해 선박의 중간에 낸 창문.

요르단 데라시에 있는 아르테미스 신전의 일부. 아르테미스는 그리스 신화에서 처녀의 수호신 또는 순결의 상징으로 묘사되고 있다. 쌍둥이 남매지간인 아폴론은 태양의 신, 아르테미스는 달의 여신으로 불린다.

유대인 셈 어족의 히브리어를 말하는 사람들과 그 자손들.

성서고고학 팔레스티나 및 그 인접 여러나라에서의 고대의 유적, 유물을 연구하는 학문. 나폴레옹의 이집트 원정(1798)으로부터 시작하여 제1차 세계대전이 끝나는 1914년까지를 제1기라고 하고, 그 이후를 제2기로 구분한다. 쿰란 동굴의 사해문서 발견은 최고의 발굴 성과로 손꼽힌다.

다윗 이스라엘 왕국의 제2대 왕(?~BC 961).

골리앗 이스라엘 민족이 가나안을 정복한 이래 적대관계에 있던 블레셋족의 장수.

사무엘 상 BC 11세기경 이스라엘의 판관, 예언자인 사무엘이 기록한 구약성서의 하나. 사무엘 탄생으로부터 다윗의 만년까지 약 80년간의 역사가 기록되어 있다.

발전하는 과정에서 덧붙여졌거나 꾸며진 것이 분명하다. 옥왕의 통치하에 있는 백성들뿐 아니라 아나킴, 엠, 르바, 수스족 같이 몸집이 지나치게 큰 원시종족이 살았다는 것을 설명하려는 의도였을 것으로 짐작된다.

옥왕의 백성들은 최초의 유대인들이 BC 2000년 초에 메소포타미아에서 들어왔을 때 마주친 사람들이었다. 따라서 그들의 존재는 유대인들의 마음속에 굳게 자리잡았을 것이고 네피림의 후손으로 여겨졌을 것이다.

그러나 어느 문헌을 뒤져봐도 거인족 존재에 관한 이야기는 유대교 문헌 외에는 별로 없다. 동시대의 다른 자료들이나 1백 년 이상 진행된 성서고고학의 탐험에서도 그들에 대한 흔적은 전혀 발견되지 않고 있다. 그렇다면 주시자들과 네피림은 그들보다 훨씬 먼 옛날에 살았을 것으로 추론할 수밖에 없다.

물론 '거인들'이 아득한 시대에 성서의 땅에서 존재하지 않았어야 할 이유도 없다. 선사시대에는 서로 다른 종족과 문화에 속한 개개인들의 키에 있어서 18인치의 차이는 별로 유별난 일이 아니었을 것이다. 오늘날에도 그 정도의 차이는 흔한 일이다. 미국 농구선수들의 경우 7피트나 되는 '거인들'이 있지 않은가. 신화에서 '거인들'과 '난쟁이들' 같은 말을 우리들에게 환기시키는 진짜 이유는 어떤 문화나 종족 전체의 특정한 크기를 말하고자 하는 것이 아닐 것이다.

성서를 보면, 양치는 소년 다윗이 상대한 적장 골리앗이란 거인 이야기가 나온다. 사무엘 상上에 나와 있는 이 엄청난 인물은 키가 10피트나 되고 1백20파운드에 이르는 구리 갑옷을 입고 있는 것으로 되어 있다. 또 15파운드나 되는 창을 들었는데, 그 창자루가 '베틀채 같았다'고 한다. 정말로 이런

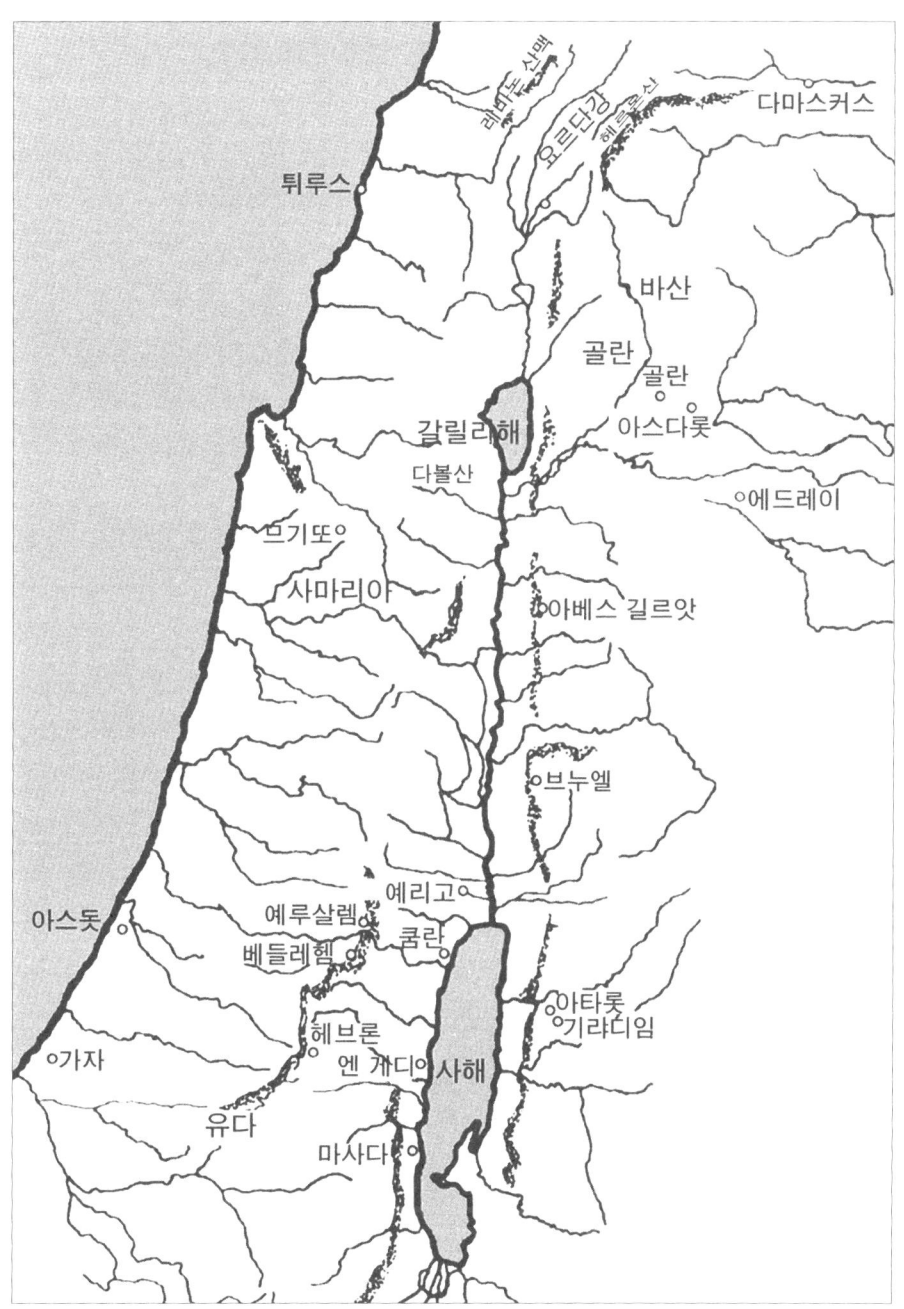

소년 다윗이 블레셋의 거장 골리앗을 돌팔매질로 쓰러뜨리고 그의 목을 베어 쳐들고 있다. 이탈리아 밀라노 대성당 외벽 부조.

키와 힘을 가진 사람이 있었을까.

나는 있을 수 있다고 본다. 왜냐하면 거인 종족이 실존했었다는 고고학적 증거는 부족하지만, 이런 크기의 사람들이 한때 존재했었음을 암시하는 증거는 많기 때문이다. 전 세계적으로 지나치게 큰 사람의 유골과 작업도구, 석관들이 곳곳에서 발굴되지 않았는가. 분별력 있고 진지한 잡지나 책에 그 내용이 게재되지만 개별적인 발견을 언급하는 데 그치기에 우리가 잊고 있을 뿐이다.

따라서 아주 먼 옛날 지상을 배회했던 거인족에 대한 구약성서의 뚜렷한 기술이 전혀 쓸모없지는 않다. 오히려 하늘에서 떨어진 천사족의 실체를 찾아내려는 나의 연구에 많은 도움을 주었다. 적어도 창세기 저자들이 사용한 용어와 표현들의 근원을 이해하는 데 크게 도움을 주었던 것이다.

네피림의 근원

성서의 민수기는 아나킴족을 네피림(주시자들이나 '하느님의 아들들'이 아니라 네피림)의 후손이라고 적고 있다. 이 점은 대단히 중요하다. 모세 오경의 중요한 내용들이 확립되고 처음으로 기록되던 모세 시대에 사람의 딸들에 대한 욕정으로 타락한 거인 종족을 가리키는 데에 오직 '네피림'이란 용어만을 사용하고 있기 때문이다.

만일 창세기 6장의 '하느님의 아들들과 사람의 딸들'에 관한 구절을 훨씬 후대에 써넣은 것이라고 하여 무시하면, 주시자들이나 하느님의 아들들 같은 타락한 종족을 가리키는 다른 말이 BC 1300년 경 모세 시대의 유대인들에게는 전혀 알려져 있지 않았다는 이야기가 된다. 말하자면, '추락자들' 혹은 '떨어진 자들'의 뜻을 가진 네피림이란 말은 유대인들이 타락천사를 가리켜 붙인 최초의 이름이 되는 셈이다.

묘하게도 성서의 창세기는 이 암시를 확실하게 해준다. 즉, 6장 2절에서는 하느님의 아들들이 사람의 딸들에게 갔다고 했는가 하면, 4절에서는 이와 대조적으로 "그때 그리고 그 뒤에도 세상에는 느빌림(네피림)이라는 거인족이 있었는데, 그들은 하느님의 아들들과 사람의 딸들 사이에서 태어난 자들로서…" 라고 적고 있다. 앞뒤의 이야기가 역설적이다.

'그 뒤에도…'란 말은 무슨 의미일까.

곰곰이 생각하면, 여기에는 완전히 다른 두 가지의 전설이 얽혀있음을 알 수 있다. 하나는 초기 유대인들, 아마도 가나안 토착민들까지도 네피림으로 알았던 타락한 종족이고, 다른 하나는 에녹의 전설에서 주시자들과 동일시된 bene ha-elohim, 즉 하느님의 아들들이다.

실제로 많은 신학자들이 창세기 6장의 수수께끼 같은 역설적 언급에 대해 오랫동안 숙고했다. 그러나 그 실재를 명백히 밝히려고 시도한 사람은 단 한 사람뿐이었다. 1939년에 발간된 『히브리연합대학 연보』를 보면, 히브리 학자 율리안 모르겐슈테른은 「시편 제82편의 신화학적 배경」이란 제목의 글에서 놀라운 주장을 폈다. 천사들이 하늘에서 떨어진 것은 두 가지의 경우인데, 한 번은 욕정에 의해, 다른 한 번은 자만심에 의해 떨어졌다는 것이다.

참으로 그 독창성은 높이 평가할 만하다. 그러나 내가 보기에 이 해석은 오히려 문제를 복잡하게 만들 뿐이다. 그보

시편 히브리어 성서에서 성가라고 불리며 정전正典으로 인정된 150개의 노래 모음. 제82편은 예루살렘의 영광을 노래하여 '시온의 노래'라고 불리기도 한다.

다는 똑같은 이야기에 대한 두 개의 개별적인 해석이 창세기 저작자들에게 혼란을 일으켰고 결국 혼합시키게 만들었다고 받아들이는 게 쉽다. 다시 말해서 완전 별개의 두 전설이 어찌 어찌하여 하나로 뭉쳐져 창세기 6장의 수수께끼 같은 구절로 나타났고, 『에녹서』에서는 네피림들이 '하느님의 아들들'의 순수한 자손으로 한 등급 낮아졌다고 보면 된다.

이 모든 것은 창세기 6장의 수수께끼 같은 구절이 훨씬 후대에 덧붙여진 것이든지, 아니면 네피림과 주시자들이 별개의 독립된 기원임을 드러내도록 심하게 변경되었음을 시사한다. 따라서 모세 오경의 나머지 부분을 좀더 면밀하게 살펴볼 필요가 있다.

아자젤을 위한 염소

모세 오경에서 천사들의 타락에 대한 언급은 한 대목뿐이다. 레위기에 의하면, 매년 욤 키푸르제祭, 즉 속죄의 날에 유대인들은 두 마리의 숫염소를 희생시켰다. 한 마리는 유대인들의 죄 사함을 위하여 하느님에게 바쳐졌고, 다른 하나는 『에녹서』에서 주시자들의 우두머리로 불리는 '아자젤'에게 보냈다.

이 의식에서 제사장(아론)은 두 손을 '아자젤을 위한' 염소의 머리 위에 얹고 '유대 백성이 저지른 온갖 잘못과 일부러 거역한 온갖 죄악을 고백'한다. 그런 다음에 그 동물을 '대기하고 있던 사람'을 시켜 빈 들로 보낸다. 염소는 그 곳에 내버려져 깎아지른 듯한 벼랑 위에서 죽음을 맞게 되는데, 사슬로 묶인 채 영원히 광야에 매여진 타락천사 아자젤의 곤경을 떠올리게 하는 대목이다.

훨씬 후대에는 붉은 색 혹은 진홍색 리본이 그들의 죄를

레위기 하느님을 숭경하는 법식을 기록한 구약성서.
이사야서 BC 8세기경 유대의 선지자 이사야가 기록한 예언서. 이사야란 히브리어로 '신(야훼)은 구원'이란 뜻이다.

아래 사진은 쿰란 동굴에서 발견된 이사야서.
오른쪽 사진은 고대 바빌로니아의 라르사 왕조 시대에 제작된 염소상. 이라크 센케레에서 출토되었다. BC 1800년대. 파리 루브르박물관 소장.

대신 나타내어 염소의 머리에 매달았는데, 그것은 이사야서에 "너희 죄가 진홍 같이 붉어도 눈과 같이 희어지며"(1,18)라는 말이 있기 때문이었다. 흠정역欽定譯 성서에서는 아자젤을 대신하여 염소가 언급된다.

12세기경의 랍비인 모세 벤 나멘은 '속죄 염소'의 야만적인 의식에 대해 다음과 같이 설명하고 있다.

> 그러나 하느님이 우리에게 명하시기를, 욤 키푸르의 날에 황야의 지배자에게 염소를 보내라 하셨다. 그의 힘에서 멸망과 파멸이 나온다. … 짐승들 중 그의 몫은 염소이다. 악마들이 그의 지배 아래 있고 성서에서 세이림(아자젤이 기르는 전설적인 숫양들)이라 불린다.

'속죄 염소'는 아자젤의 정령을 구현하는 것으로 인식되었고, 따라서 그 염소는 유대인들의 죄를 지고 간다는 해석이다(훨씬 후대에 와서 예수 그리스도가 스스로 떠맡는다). 죄와 부정이 '속죄 염소'와 결합된 것은 초기 교회에서 염소를 사탄과 마귀의 동물이 되도록 만들었다. 그 결과, 염소는 오늘날까지도 이 상징성을 지닌 동물로 남아 있다.

서구 사회의 풍습에서는 '거꾸로 된 별' 모양을 '최대의 악惡의 표현'으로 여기는

거꾸로 된 별 흔히 별을 그리면 꼭지점 하나가 위를 향하고 2개의 꼭지점이 사람 다리처럼 양쪽으로 버티고 서서 평형을 이루는 형태로 그린다. 그러나 이를 뒤집어 보면 2개의 꼭지점이 V자 모양으로 곤두박질 치는 모양이다. 서양에서는 이때 위로 향한 2개의 꼭지는 마귀의 두 뿔을, 양옆으로 향한 2개의 꼭지는 귀를, 아래를 향하고 있는 꼭지는 악마의 턱수염인 괴수신을 상징한다고 하여 음陰 또는 악惡으로 해석한다.

사산조 페르시아 시대의 날개 달린 염소상. 파리 루브르박물관 소장.

데, 이것 역시 아자젤을 위한 '속죄 염소' 의식에서 비롯된 것이라고 본다. 즉, 염소의 두 뿔처럼 똑바로 선 두 개의 뾰족한 끝은 '하늘을 공격한다'고 여겼던 것이다. 빅토리아 시대 이후에는 마녀의 염소를 상징하는 것으로 바뀌어졌다.

참으로 이런 속설은 옛 유대교나 기독교 관습에서 볼 때 전혀 근거 없는 헛된 것이다. 그러나 아자젤에게 가해진 형벌로부터 염소와 악마 사이의 결합이 시작되었다는 관점이야말로 '거꾸로 된 별' 모양이 주시자들의 타락에 관한 기억을 지닌 유일한 상징임은 분명하다.

천사처럼 행동하는 날

오늘날 '속죄 염소' 의식은 실제로 행해지지 않고 있다. 그러나 유대교 달력에서 '속죄의 날'(욤 키푸르)은 여전히 가장 성스러운 축일의 하나이다.

유대교의 신년맞이는 보통 그레고리력曆에 따라 9월 말이나 10월 초에 시작되는데, 10일째가 가장 절정을 이룬다. 욤 키푸르는 세계 각지에 퍼져 있는 유대인들에게 모든 죄를 사면 받고 하느님의 신성한 주권에 복종할 것인지 아닌지를 선택하는 시기이기도 하다. 따라서 유대인들은 이날 하루를 기도와 금식으로 보낸다. 음주를 금하고 몸에 기름을 바르거나 샌들을 신어도 안 된다. 성관계 역시 금지된다. 하느님의 천사처럼 끊임없이 하느님을 찬양해야 한다. 아니, '마치 그들이 천사인 것처럼' 하느님을 섬겨야 한다.

'마치 그들이 천사인 것처럼?'

여러분은 이 말이 단순한 은유적 표현이라고 생각하는가. 아니면 보다 깊은 뜻이 숨겨져 있다고 보는가.

전통적으로 유대인들은 욤 키푸르를 치르는 동안, 사탄은

속죄의 날 유월절, 추수감사절에 이은 신년제新年祭와 더불어 쌍벽을 이루는 유대교의 대축제일.

그레고리력 1582년 로마 교황 그레고리우스 13세가 제정한 태양력.

바빌론의 유배 시절에 대부분의 구약성서가 문자화되어 정착되었다. 당시 유대인들은 이라크 니네베의 아슈르바니왕 궁전에 장식되었던 포로들의 부조처럼 바빌론에 끌려 갔다. 파리 루브르박물관 소장.

은 부적 민수기 일부가 적힌 은 부적이 예루살렘 벤 힌놈 골짜기에서 출토되었다. 현존하는 최고最古의 성경 구절이다.

전혀 힘을 쓰지 못한다고 여기고 있다. 하느님이 적(사탄)을 초대하여 유대인 가정들을 들여다보게 하는데, 사탄이 '흰옷을 입고' 금식하며 기도하는 사람을 보면 "그들이 천사와 같아서 나는 그들에 대해 힘이 없다"는 것을 시인할 수밖에 없다는 것이다. 그러면 하느님은 사탄을 사슬로 묶고 하느님의 백성이라고 선언하면서 "나는 너희를 모두 용서하노라"고 말한다는 것이다.

유대인들이 '흰옷을 입고' 천사들처럼 지내는 동안, 언제나 사탄이 묶여야 한다는 것은 전통적인 신학적 관점에서 보면 이해하기 어렵다.

그러나 내가 보기에 이 의식은 '속죄 염소' 의식이 행해진 바로 그 날과 관련되어 있다는 점에서 중요한 단서를 제공한다. 즉, 하느님의 적은 사탄이 아니라 아자젤일 것이며, '천사들처럼' 되려는 관습은 주시자들의 타락과 대홍수 시대의 멸망 이전에 인간을 타락시킨 죄로 아자젤이 겪은 형벌을 어렴풋하게나마 반복하는 의미가 강하다.

이 가설이 옳다면, 유대족의 정착, 모세 시대, 그리고 '속죄 염소' 의식이 처음 행해졌을 출애굽 시대까지 거슬러 올라가는 유대의 신화와 전설에 천사들의 타락에 대한 전설이 모두 존재한다는 것을 확실하게 뒷받침한다.

그럼 모세 오경은 정말 믿을 만할까. '속죄 염소' 의식이 훨씬 후대에 삽입된 것이 아닌지를 어떻게 알 수 있을까. 그리고 가나안땅에 살았던 토착 거인족들에 대한 구절이 지금처럼 문자로 기록된 시대에 덧붙여지지 않았다고 단정할 만한 근거는 있는 것일까.

거인족에 대해 언급한 신명기의 많은 부분들은 모세의 출애굽 시대가 아니라, 훨씬 후대인 BC 7세기경 예루살렘에 살았던 유대인 서기관들에 의해 편집되었다고 여겨져 왔다. 모세는 유대인들에게 '토라'라는 신성한 율법을 남겼다고 한다. 그러나 오늘날 우리가 알고 있는 구약성서의 대부분은 BC 6세기경 소위 바빌론 유배 시절에 처음으로 문자화되어 정착되었다.

실제로 BC 6세기경 민수기에서 발견된 성직자들의 기도문이 히브리어로 새겨진 작은 은銀 부적 외에는 바빌론 유배 이전에 성서가 존재했었다는 어떠한 증거도 없다.

이렇게 말하면 여러분은 나의 주장이 다소 냉소적인 견해라고 생각할지 모른다. 그러나 나는 구약성서의 많은 부분이 시대를 반영하고 있으며, 중동 역사의 귀중한 자료라는 점은 분명히 인정한다. 다만 주시자들 이야기의 근원을 찾기 위해서는, 이 전설이 언제 어떻게 히브리 신화와 전설 속으로 들

중동과 북아프리카에 흩어져 살던 유대인들이 모세 오경(토라)를 보관하던 통. 페르시아의 1873년 제품.

바빌론포로 3회(BC 597~538)에 걸쳐 약 4만 5천여 명이 끌려간 것으로 추정된다. 당시 유다의 총인구는 약 25만 명 이상이었고, 포로들은 대부분 귀족, 군인, 공인工人들이었다.

어오게 되었는가를 짚어보지 않을 수 없고, 그래야만 그 진실한 함의含意를 알 수 있기 때문에 하는 말이다.

멜리시파크 왕의 경계석 BC 17세기부터 BC 1157년 아시리아에 멸망할 때까지 5백 년간 바빌로니아를 지배했던 카시트 *Kassite* 왕조의 멜리시파크왕이 세운 석비. BC 12세기경. 수사 출토. 파리 루브르미술관 소장.

제6장

추방된 타락천사들

구약성서의 주시자들

주시자들의 전설은 어디서 비롯된 것일까. 노아의 후손임을 주장하면서 카발라의 가르침을 폈던 '방랑하는 자디크'들이 사해 공동체인 에세네파에게 전했던 것일까. 그렇다면 자디크는 어디서 그 이야기를 알게 되었을까. 그것이 아니라면 유대인들 사이에서 아주 먼 옛날부터 구전되어 온 이야기일까. 아니면 조금 후대에 내려와 어느 중동 국가에서 시작된 이야기일까.

아무래도 성서와 관련되어 있는 이야기인 만큼 성서에서 그 첫 번째 열쇠를 찾아야 할 것 같다. 성서는 오랜 기간에 걸쳐 작성되었고 몇몇은 늦게 쓰여졌지만, 나무의 나이테처럼 시대를 알게 해준다. 어느 정도 안목을 갖춘 사람이라면, 특정한 종교적 주제나 단락 혹은 관념들이 유대 사상의 뼈대를 형성한 시기가 언제인가를 담박 계산해 낼 수 있다. 따라서 나는 'ir' '주시자'라는 단어가 성서에 있다면, 그 용어가

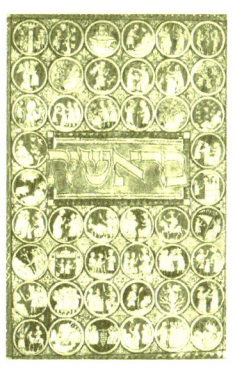

성서 이야기에 삽화를 덧붙인 히브리 성서의 첫 페이지. 13세경. 독일.

예레미야 구약성서의 3대 예언서 중 하나인 예레미야서를 지은 예언자. 위 그림은 미켈란젤로 작(1508~1512). 바티칸 시스티나 성당의 천장화 일부.
다니엘 바빌론에 포로로 끌려갔던 예언자. 아래 그림 역시 미켈란젤로 작. 바티칸 시스티나 성당의 천장화 일부.

느부갓네살 신바빌로니아의 제2대 왕. 네부카드네자르 2세라고도 부른다(재위 BC 605~562). 전설상의 바벨탑을 세웠고 왕비 아미티스를 위해 만들었다는 공중정원과 마르두크 신전 등을 수복했다. 하무라비의 '황금시대'에 대비하여 바빌론의 '부흥시대'라 칭한다.

언제 어떻게 랍비의 가르침에 스며들었는지를 알 수 있을 것이라고 생각했다.

다시 한번 『크루덴의 용어 색인』이란 책을 펼쳐보자. 책에는 '주시자'에 해당하는 구절이 네 번 나온다고 적혀 있다. 맨 먼저 예레미야서에 "먼 곳에서 원수들이 밀려 와 유다 성읍들을 공격하느라고 야단들이다"라는 구절이 있다. 여기서 '원수들'이란 이방인들을 암시하긴 하지만 천사들은 아니다. 다른 세 번의 언급은 모두 다니엘서에 있는데, 이 예언서는 구약성서 중 가장 뒤늦게 구성된 책의 하나이다. 또 『에녹서』에서 자주 언급되는 천사 이름이 구약성서 중 유일하게 언급되어 있다. 가브리엘과 미카엘이다. 여기서 눈길을 끄는 대목은 『에녹서』나 사해 두루마리에서 볼 수 있는 주시자와 아주 비슷하게 묘사를 하고 있다는 점이다.

왜 그럴까.

다니엘서는 부분적으로 히브리어와 아람어로 쓰여져 있다. 학자들은 그 내용과 형식으로 미루어 BC 165년경 저술된 것으로 보는데, 그 시기는 다니엘서와 매우 자주 비교되는 『에녹서』가 구성되던 시기이기도 하다.

느부갓네살의 꿈

역사적 관점에서 보면, 이 예언서는 BC 606년 혹은 605년부터 시작된다. 바빌론의 왕 느부갓네살이 유다 왕국에 침입하여 예루살렘을 함락시키고 솔로몬 궁전의 보물을 약탈하면서 수많은 기술자들과 함께 왕족 및 귀족 자제 서너 명을 바빌론으로 데리고 갔다(BC 597년). 그 중 한 사람이 다니엘이었으며, 당시 그는 17세 정도였다고 한다.

이들 귀족 포로들은 바빌로니아 왕실의 시동侍童으로 궁정에서 일했는데, 다니엘은 모세의 신성한 율법인 토라를 엄격하게 지키는 데다가 지혜가 뛰어나서 사람들의 신임을 얻었다. 특히 그는 꿈을 해몽하는 능력이 뛰어나 왕의 꿈을 곧잘 해몽해준 덕택에 한 지방의 통치자가 되기도 했다. 훗날 고관들의 질투를 사게 되어 사자동굴 속에 던져졌지만 하느님의 가호를 받아 무사했다.

BC 4세기경 아람어로 쓴 비문. 다윗 왕조에 대해 적혀 있다. 이스라엘 북쪽 골란고원의 단에서 출토.

어느 날, 느부갓네살이 몹시 이상한 꿈을 꾸었다. 굉장히 큰 나무가 세상 복판에 서 있었는데, 나무가 너무 커서 하늘까지 닿았다. 잎들이 무성했고 열매 또한 세상 사람들이 다 먹을 만큼 많이 달렸다.

들짐승들이 그 그늘 밑으로 찾아 들었고 새들이 그 나뭇가지에 깃들었다. 그러고 나서 '하늘에서 거룩한 감독원(주시자) 하나가 내려오더니' 나무를 찍어 가지는 잘라내고 잎은 흩뜨리고 과일은 따먹되, '등걸과 뿌리만은 뽑지 말아라'고 했다는 것이다. 다니엘서는 이어 다음과 같이 적고 있다.

등걸 줄기를 잘라 낸 나무의 밑동.

바빌론의 전성기를 이룩했던 느부갓네살은 정신병에 걸려 자신이 동물이라는 환상에 사로잡혔다고 전한다. 블레이크 작(1783). 채색판화. 런던 테이트미술관 소장.

금지된 신의 문명 1 | 119

이것은 감독원들의 결정으로 이루어진 포고이다. 거룩한 이들의 명령으로 내려진 판결이다. 인간 왕국을 다스리는 분은 지극히 높으신 하느님이라는 것을 살아있는 자에게 알리려는 것이다. 지극히 높으신 하느님께서는 겸손한 사람을 좋게 보시고 그런 사람을 높은 자리에 앉히시어 나라를 다스리게 하신다.

마술가와 술객과 점성가와 점쟁이 등 '재사才士'들이 왕의

사자굴에 던져졌지만 천사들의 보호를 받아 조금도 다치지 않은 다니엘. 11세기 말. 성 제노베파 성당의 기둥머리 장식. 파리 루브르미술관 소장.

앞에 불려 나왔으나 꿈을 해몽하는 사람은 아무도 없었다. 마침내 왕은 다니엘을 불렀다. 꿈 이야기를 다 듣고 난 다니엘이 다음과 같이 해몽했다.

그 장대한 나무는 왕 자신을 나타내며 '그 세력은 하늘까지 뻗고 세상 끝까지 다스릴 만하다'고 했다. 그리고 왕이 '인간 왕국을 다스리는 분이 바로 지극히 높으신 하느님이심을 깨닫지 못한다면' 세상에서 쫓겨나 들짐승들과 같이 살게 될 것임을 예고한다고 말한다. 이 대목에서 'ir' '주시자'라는 용어가 등장한다.

임금님께서 보신 대로 하늘이 보낸 그 거룩한 감독원이 땅에 내려와 이렇게 외쳤다고 하셨지요.

라기스 유적 솔로몬의 아들 르호보암왕 때 요새화되었으나 느부갓네살에게 점령당하여 파괴되었다. 본래 유다 평지에 있던 가나안의 성읍 중 하나였다. 예루살렘 남서쪽 40㎞ 지점에 있었다.

성서의 어디에도 천사들의 모습과 관련된 'ir'라는 용어는 등장하지 않는다. 다만 『에녹서』와 비슷한 시기에 쓰여진 다니엘서에만 나타나고 있다. 확실히 두 문헌은 관련이 있어 보인다. 특히 다니엘서에서 느부갓네살의 몰락이 나무가 베어지는 이미지로 예언된 방식과, 사해 두루마리에서 발견된 『에녹서』 단편에서 주시자들의 멸망이 기술된 방식이 일치한다는 점에서 그러하다.

다니엘의 환영

BC 562년 느부갓네살이 죽고 그 뒤를 이어 벨사살이 새로운 통치자로 등장했다. 다니엘은 계속해서 해몽가의 역할을 했다. 어느 날, 다니엘은 잠자리에 들었다가 꿈에 이상한 광경을 보았다. 앞으로 다가올 조짐을 계시하는 '밤의 환영'이었다. 여기서도 주시자 같은 존재가 등장하는데, 내가 보건대 『에녹서』에서 따왔을 법한 내용이었다.

내가 바라보니 옥좌가 놓이고 태곳적부터 계신 이가 그 위에 앉으셨는데 옷은 눈 같이 희고 머리털은 양털 같이 윤이 났다.

그야말로 『에녹서』에 묘사된 아기 노아의 모습과 너무나 흡사한 구절이다. 이에 앞서 다니엘은 벨사살의 운명을 예고하는 해몽을 하게 된다. 벨사살이 연회를 베풀고 선왕 느부갓네살이 예루살렘 성전에서 약탈한 술잔으로 술을 마시고 있을 때였다.

돌연 사람의 손가락 하나가 나타나서 벽에다가 이상한 글씨를 썼다. 놀란 왕은 다니엘을 불러 글씨를 해석하면 바빌론에서 세 번째로 높은 자리에 앉히겠다고 했다.

연회 도중 돌연 벽에 쓰여진 글자를 보는 벨사살. 렘브란트 작 (1634~1635). 유화. 런던 국립미술관 소장.

글자는 '므네 므네 드켈 브라신'이었다. 다니엘은 '므네'는 "하느님께서 왕의 나라 햇수를 세어보시고 마감하셨다"는 뜻이며, '드켈'은 "왕을 저울에 달아보시니 무게가 모자랐다"는 뜻이며, 브라신은 "왕이 나라를 메대와 페르시아에게 갈라주신다"는 뜻이라고 풀이했다. 말하자면 바빌로니아 왕국의 멸망을 예고한다는 것이었다.

그 후 오래지 않아 BC 539년경 바빌론은 페르시아의 키루스 왕에 의해 함락되고 벨사살도 죽임을 당했다. 이어 키루스 왕의 친족 중 하나인 다리우스가 왕이 되었고, 다니엘은 3명의 정승 가운데 한 사람으로 지위가 높아졌다. 그러나 다른 고관들의 시기로 인해 하느님을 섬긴다는 이유로 사자 굴

키루스 페르시아 제국의 건설자(재위 BC 559~529).
다리우스 아케메네스조 페르시아 제국의 왕 다리우스 1세 (재위 BC 522~486).

금지된 신의 문명 1 | 123

에 던져졌다. 다니엘서에 따르면, 그는 신성神性의 도움을 받아 아무런 상해를 입지 않았고, 이에 다리우스 왕은 '하느님에 대한 다니엘의 공경'을 기뻐하는 조서를 내렸다고 한다.

다니엘의 꿈의 환영은 계속되었다. 예를 들어, 키루스가 바빌론을 통치한 지 3년째 되던 해에, 다니엘은 3주간 금식 고행을 했다. 어느 날, 힛데겔(티그리스강의 고대 아카드 이름)의 강가에 서서 바라보니,

한 사람이 모시옷을 입고 순금 띠를 두르고 있었다. 몸은 감람석 같았고 얼굴은 번갯불처럼 빛났으며 눈은 등불 같았고 팔다리는 놋쇠처럼 윤이 났으며 음성은 뭇사람이 아우성치는 것 같았다.

감람석 옥이나 보석으로 쓰이는 광물의 하나. 올리브색, 황갈색, 회적색 등 여러 가지이다.

이 사람은 에녹이 쉬고 있을 때 그의 앞에 나타난 사람, 즉 키가 매우 크고 '얼굴이 태양처럼' 찬란하고 '불붙은 촛불 같은 눈'이라는 점이 대단히 흡사하다. 다만 피부색이 달랐는데, 『에녹서』에서는 '눈처럼 희다'고 했고 다니엘서에서는 '놋쇠처럼 윤이 났다'고 했다. 이 존재는 다니엘의 눈에만 보였다. 또 다니엘에게 페르시아인들과 협상했다고 말한다.

다리우스는 두 번에 걸쳐 그리스 본토로 원정했으나 모두 실패했다. 왼쪽 페이지 사진은 그리스 침공을 논의한 작전회의 모습. BC 325년 작. 항아리 그림의 일부. 이탈리아 나폴리 국립미술관 소장.
사진은 페르시아 제국의 기초를 다진 키루스 2세가 BC 538년부터 9년에 걸쳐 바빌로니아를 공략한 사적을 기록한 점토 원통. 런던 대영박물관 소장.

이리로 오는 길에 나는 페르시아 호국신에게 길이 막혀 이십일 일이나 지체해 있었다. 마침 일곱 수호신 가운데 한 분인 미카엘이 도우러 왔기에 나는 그를 거기 남겨 두어 페르시아 호국신과 겨루게 하고는 ….

이 존재는 누구일까. 그 정체성은 알 수 없지만, 다니엘에게 깨어있는 환영으로 나타난 목적은 유대인들에게 곧 닥쳐올 운명을 알려주는 것이었다. 페르시아가 바빌론을 친다는 것과 그때가 올 때까지 이 예언을 비밀에 봉하라는 것이다. 바로 이 대목에서 대천사 미카엘이 구약성서에서 처음으로 언급된다. 다니엘에게 나타난 환영이 페르시아인들과 협상하는 동안 그 환영을 돕기 위한 등장이었다.

다리우스 1세는 페르세폴리스 북서쪽 약 10km 지점에 있는 나크시 에 루스탐의 암벽을 파서 자신의 묘지를 만들고 자신의 치적을 남겼다. 암벽에는 페르시아의 시조인 아르디시르 1세가 적을 누르고 신에게서 왕권을 받는 장면이 암각되어 있다. 이란 베히스툰 소재.

이것은 분명 천사들의 영역을 벗어난 인간적 행동이다. 특히 히브리 전승에서 미카엘이 유대 민족에 관한 천상의 일을 맡아보는 대천사라는 점은 주목할 만한 일이다.

그 뒤, 페르시아의 키루스왕은 바빌론을 점령했고, 1년 뒤인 BC 538년에 예루살렘을 정복했다. 그리고 유대인들의 귀향과 성전의 건립을 허락했다. 이로써 바빌론에 포로로 잡혀 와있던 유대인들은 비로소 자유를 얻었다. 5만 명으로 추산되는 유대인들이 귀향했다. 하지만 그 여섯 배나 되는 사람들은 그냥 바빌론에 남았다.

나크시 에 루스탐이라 불리는 이곳에 있는 다리우스 1세와 그의 아들 크세르크세스 1세(재위 BC 486~465)와 동생 다리우스 2세(재위 BC 424~405)의 묘.

BC 538년 키루스 2세가 왕위에 오른 첫 해에 유대인 포로들을 돌려보내고 예루살렘 성전의 재건을 허락한다는 칙령을 발표함으로써 수많은 유대인들이 고향으로 돌아왔다. 바빌론 포로들의 귀환. 19세기 석판 일부.

이들은 왜 고국으로 돌아가지 않았을까. 어쩌면 예루살렘까지의 먼 길을 걸어서 여행하고 싶지 않았거나 그 여정을 견뎌내지 못할 노인들도 있었을 것이다. 고향에 가기보다는 페르시아에서 새로운 기회를 잡고자 한 사람들도 있었을 것이다. 새로운 통치자로 등장한 키루스왕이 바빌론과 페르시아에 남아있는 유대인들에게 종교적 관용을 베풀었기에 비교적 방해받지 않고 그들의 믿음을 지킬 수 있게 된 것도 하나의 요인일 것이다.

수천 명의 유대인들이 페르시아의 남서쪽 옛 엘람의 수도였던 수사로 먼 여행을 시작했다. 다리우스왕이 이곳에 새로운 도읍을 정하고 장대한 궁전을 짓기 시작했기 때문이다.

다니엘 역시 수사로 옮겨갔는데, 다니엘서에 따르면, 그는 그 전인 벨사살 통치 3년에 수사에 가 있는 꿈의 환영을 보았다. 이 환영에서 숫양과 숫염소 사이의 치열한 싸움(BC 330년에 일어난 그리스의 페르시아 정복을 의미)을 보았고, 이어 울래강

(수사에서 북쪽으로 20마일 가량 떨어진 곳에 있는 강. 코아스퍼 혹은 커칸이라고도 한다) 너머에서 '한 사람'이 "가브리엘, 너는 저 사람에게 환상을 풀이하여 주어라"라고 말하는 소리를 들었다.

이 구절을 글자 그대로 풀이하면, 가브리엘은 다니엘이 본 환영의 뜻을 설명해 주기 위해 구약성서에서 오직 단 한 번 간결하고도 인상깊은 모습을 나타낸다. 그리고 이 대천사는 신약성서 루가복음에서 세례자 요한의 탄생과 성모 마리아의 수태를 알릴 때까지는 전혀 나타나지 않는다.

유대인들은 다니엘이 수사에서 죽고 난 뒤에도 나라를 되찾지 못했다. 그러다가 BC 458년 페르시아의 새로운 왕 아

위 사진은 솔로몬왕 시대에 세워졌으나 바빌론 느부갓네살 왕에 의해 파괴된 예루살렘 성전의 광장 터.
아래 사진은 옛 예루살렘 성전의 모습을 재현한 모형. 50분의 1로 축소했다.

아르타크세르크세스 페르시아 아케메네스조의 왕(재위 BC 465~424). 동서 문화교류로 페르시아 제국 융성기의 마지막을 장식했다.

에즈라 히브리어로 '히브리의 도움'이란 뜻. 바빌론 태생의 유대인 사제이며 학자.

느헤미야 BC 445년 페르시아의 예루살렘 총독으로 성벽 재건을 완성한 인물. 에즈라와 함께 유대교단을 확립했다.

외경(위경)에 대해서는 가톨릭과 프로테스탄트의 기준이 다르다. 가톨릭에서 구약에서 12 성조聖祖의 유훈, 에녹서, 유빌레움, 므나세의 기도, 제3에즈라서, 제3마카베오서 등을, 신약에서 에피온인, 히브리인, 이집트인, 니고데모, 야고보, 베드로 등의 복음서를 비롯한 각종 사도행전, 서간, 묵시록을 '위경'이라 부른다. 프로테스탄트에서는 가톨릭의 구약 제2경전, 즉 토비트, 유딧, 지혜서, 집회서, 바룩, 마카베오 상하권, 에즈델서, 다니엘서 중 그리스어 성서만이 전해주는 부분을 '외경'이라 칭한다.

르타크세르크세스가 유대인들의 국권 회복을 허락하는 조서를 내리자, 약 5천 명이 에즈라와 함께 고향으로 돌아갔다. BC 445년에는 느헤미야가 또다른 유대인들과 함께 귀향했다. 에즈라는 사제였고, 느헤미야는 궁정에서 고관으로 있었다. 두 사람은 BC 515년에 세워졌다가 파괴된 예루살렘 신전을 재건하는데 온갖 힘을 기울였는데, 느헤미야는 다시 페르시아 왕에게로 돌아가 그곳에서 생을 마감했다.

외경 토비트서

다니엘의 기록은 설득력 있고도 교훈적인 이야기들을 담고 있어서 바빌론 유배에서 돌아온 유대인들이 즐겨 읽었다고 한다. 특히 BC 167년 마카베오 반란이 일어나고 유대 땅을 다스린 시리아의 왕 안티오쿠스 에피파네스의 학정이 극에 달했던 시절에, 요즘말로 하면 일종의 베스트 셀러가 되었던 것 같다. 이 이야기가 바빌론의 포로 시절부터 구전으로 보존되어 오다가 비로소 글로 구성된 것은 이 고난의 세월 때문일 것이다.

내가 보기에 다니엘은 여러 얼굴을 가진 복합적인 인물이었다. 그는 느부갓네살로부터 시작하여 다리우스까지 여러 왕을 모셨지만, 그 왕들보다 더 위대한 일을 했고, 그것은 분명 한 개인의 삶과 업적을 뛰어넘는 것이었다. 무엇보다도 유대인들에게 포로 시절부터 기독교 시대의 시작에 이르기까지 하느님이 선택한 백성이라는 영혼을 굳건하게 만들었다. 그렇더라도 구약성서 가운데 다니엘서에만 주시자들, 주시자 같은 사람들, 그리고 이름 있는 천사들이 등장하는 이유가 설명되는 것은 아니다.

여기서 잠시 외경外經이라 불리는 17권의 책에 눈을 돌려

구약성서 연대기

BC 2000 아브라함, 우르를 떠나다.
엘람 왕 그돌라오멜, 가나안에서 거인족을 만나다.

BC 1300~1200 모세의 인도 하에 출애굽. 가나안 정복과 가나안 12지파 성립.
거인족들이 다시 가나안에 나타나다.

BC 1020~970 소년 다윗, 블레셋족의 장수 골리앗과 싸워 승리하다.

BC 970 다윗의 사후에 솔로몬이 통일된 이스라엘 왕국의 왕위에 오르다.

BC 931~889 솔로몬이 죽고 왕국이 점차 북쪽의 이스라엘과
남쪽의 유다로 분할되다.

BC 772 북왕조 이스라엘, 아시리아의 침략으로 패망하다. 유대인 2만 8천여 명이 아시리아 포로로
끌려가다. 포로들은 아시리아에서 영원히 돌아오지 못하다.

BC 606~605 느부갓네살, 바빌로니아 왕이 되다.

BC 598 예루살렘, 느부갓네살에게 함락되고 여호와킴과 뛰어난 장인들이 바빌론으로 끌려가다.
다니엘도 포함되다. 여호와킴의 아들 즈데키아가 왕위에 오르다.

BC 586 느부갓네살이 예루살렘을 다시 공격하다. 예루살렘 성전이 파괴되다.
유대인들이 바빌론으로 다시 끌려가다.

BC 562~553 느부갓네살이 죽고 세 명의 왕(아멜말둑, 네리글리살, 나보니두스)이 그 뒤를 잇다.
벨사살이 왕권을 잡다.

BC 540~539 나보니두스가 페르시아의 키루스 1세에게 패하다. 구약성서에 벨사살의 궁정 연회
중 벽에 글씨가 나타났다고 기록되다. 키루스의 군대가 바빌론을 점령하다.

BC 538 에스라가 페르시아 왕 아르타크세르크세스의 명으로 예루살렘에 가다. 남아 있던 유배 유
대인들과 함께 예루살렘 성전에 바칠 것을 갖고 가다.

BC 537~515 예루살렘 성전을 되찾다.

BC 478 유대인들이 여전히 수사에 머무르다. 구약성서에
에스더가 페르시아의 왕 아르타크세르크세스(성서에
는 아하수에)왕과 혼인하여 수많은 유대인을 대량 학
살에서 구하는 이야기가 적혀 있다.

BC 445 느헤미야가 예루살렘 총독으로 부임하다.
유다 왕국이 확립되다.

BC 165 다니엘서가 쓰여지다.

살마네셀 토비트의 집안 납달리 지파를 아시리아를 강제 이주시킨 왕은 살마네셀이 아니라 그의 선왕 티그라트 필세세르 3세(BC 745~727)였다는 견해도 있다. 사진은 살마네셀 3세의 전쟁도. 시리아 발라와트 출토. 런던 대영박물관 소장.

BC 11세기경 사울이 세운 이스라엘왕국은 솔로몬왕이 죽은 뒤 남북으로 분열되었다. 그 뒤 사마리아를 수도로 정한 북왕국 이스라엘은 BC 722년 아시리아의 살마네살(사르곤 2세)에게, 남쪽의 유대왕국은 BC 586년 신바빌로니아왕 느부갓네살에게 멸망했다.

아시리아 셈계 아카드인이 BC 2500년경 이라크 북부지역의 아수르를 중심으로 도시국가를 형성하기 시작. BC 7세기경 시리아, 팔레스티나를 비롯한 지중해 연안과 이집트까지 정복한 세계제국을 건설했다. BC 612년 메디아와 신바빌로니아에 멸망했다.

니네베 아시리아 왕국의 수도. 이라크 북부, 티그리스 강변의 모술 맞은 편에 있다.

토비트서 쿰란 동굴에서 나온 사해사본 중에도 히브리어와 아람어로 쓰여진 사본이 발견되었다. 모두 14장으로 구성되었으며 '토비아서'라고도 한다.

보자. 그 중에서 본시 성서에 포함되었으나 4세기의 초기 교부들이 제외시킨 토비트서가 가장 관심을 끈다. 왜냐하면 이 책은 다니엘서나 『에녹서』와 마찬가지로 BC 200년 이후에 구성되었으며, 대천사 라파엘을 언급하고 있기 때문이다. 라파엘은 구약성서에는 전혀 나타나지 않지만 『에녹서』에서는 성스러운 주시자의 한 사람으로 등장한다.

토비트서는 북왕국 이스라엘이 BC 722년 아시리아 왕 살마네셜에게 함락된 후, 아시리아와 '메데스 도시들'로 끌려간 유대의 열 부족 사람들의 삶에 초점을 맞추고 있다. 그러나 바빌론의 포로 유대인들과는 달리, 이들은 아예 돌아오지 않았다. 아마도 그 이후 수세대 동안 고립된 공동체 안에서 살았으리라 추정된다. 토비트서의 내용은 다음과 같다.

토비트의 아들 토비아가 아버지의 명을 받아 여행을 떠난다. 동족의 시체를 몰래 매장해 주었다는 이유로 모든 재산을 압수당하고 설상가상으로 장님이 된 토비트가 아들의 장래를 걱정하여 메대 지방에 맡겨 두었던 돈을 찾아오도록 한 것이었다. 토비아가 옛 아시리아의 수도 니네베를 떠나 이란 북서쪽에 있는 엑바타나로 가려던 참이었다. 엑바타나는

'메데스 도시들'의 하나로서 지금의 하마단이다. 긴 여행 끝에 토비아는 라구엘의 딸 사라라는 여인과 만나 결혼하고 돌아와서는 연로한 아버지의 눈까지 뜨게 한다.

이 길고 지루한 여행을 함께 동행하고 아버지의 병 치료에 도움을 주는 인물로 라파엘이 등장하는데, 그 이름은 '하느님의 치유자'라는 뜻이다. 목적지를 향해 여행하면서 이 대천사는(자신의 실체를 숨기고 아자리우스라는 이름을 사용하면서) 토비아에게 지혜로운 것들을 가르쳐 준다. 예를 들어, 토비아가 강에서 큰 물고기를 낚자, 라파엘은 물고기의 각 부분을 어떻게 이용할지를 가르쳐준다.

물고기의 내장을 꺼내고, 너를 위해 심장과 쓸개, 간을 모아 두어라. 이것들은 유용한 약을 만드는 데에 필요하기 때문이다. 쓸개는 눈에 바르면 작은 흰 반점을 낫게 할 것이다.

외경 토비트서에서 천사 라파엘이 토비아에게 물고기 내장에 대한 활용지식을 가르쳐주는 모습.

이 일은 분명 하느님의 치유자로서는 맞는 이야기이지만, 하늘의 신성한 사자가 맡을 만한 일은 아니다. 토비아가 엑바타나에 도착했을 때에도 이 대천사는 토비아를 대신하여 돈을 거두어 오는가 하면, 토비아가 고향에 돌아와 아버지의 눈을 뜨게 하는 치유법도 가르쳐준다.

마침내 토비트와 사라의 두 집안이 행복해지자 대천사는 자신이 '성스러운 일곱 천사' 중 하나인 라

네부카드네자르 2세 통치기에 숭배하던 태양의 화신 마르두크가 뱀머리를 한 용의 모습으로 묘사되고 있다. 바빌론 이슈타르 문의 벽돌. 베를린 근동아시아박물관 소장.

마르두크 바빌로니아에서 '신들의 왕'으로 숭배된 신. 원래 아모리족의 신으로 바빌로니아 수호신이었으나 바빌론이 제패하면서 바빌로니아 판테온의 주신이 되었다. 수메르 판테온인 주신 벨 엔릴과 함께 '벨 마르두크'라고도 불린다.

오른쪽 사진은 BC 9세기경 태양의 화신 마르두크의 영예를 그린 바빌로니아 기념비. 런던 대영박물관 소장.

파엘임을 밝히고 사라진다. 여기서 '성스러운 일곱 천사'란 히브리 신화의 일곱 대천사를 가리키는 말이다.

확실히 토비트서의 내용은 유대인 야담가野談家들이 우화적으로 꾸며낸 단순히 흥미로운 이야기이다. 그러나 대천사가 등장한다는 점은 시사하는 바가 적지 않다. 바빌론과 수사의 포로 생활에서 풀려나 귀향한 유대인들이 이때 특정한 묘사와 정체성, 계급, 그리고 직함 있는 천사의 존재를 비로소 받아들이기 시작한 시기가 아닌가 생각되기 때문이다.

만일 이것이 진실이라면, 어디로부터 영향을 받은 것일까. BC 6세기경 느부갓네살과 벨사살이 통치하던 시절의 바빌론에서는 태양의 화신으로 여긴 벨 혹은 마르두크를 숭배하는 관습이 지배적이었다. 그러나 포로로 잡혀와 있던 유대인들이 압제자의 신을 좋아할 리 없었을 것이므로 마르두크 숭배 사상이 유대인들의 인식에 영향을 끼쳤을 리는 없다.

그렇다면 당시 바빌론은 메소포타미아의 중심지였다는 점에서 다른 지역에서 들어온 문화의 영향을 받은 것일까. 아시리아와 바빌론의 날개 달린 신전 수호신과 하늘의 요정이 케루빔과 세라핌에 영향을 끼쳐 날개를 달게 했다고 보여지지만, 이들이 'maâkh, 천사들' 혹은 '천상의 사자들'로 분류된 적은 전혀 없었다.

마기들의 영향

관심의 초점을 바빌론에서 활동하던 유대인 출신 서기들,

사진은 메디아인들을 묘사한 부조. 크세르크세스 1세 궁전. 이란 페르세폴리스 소재.

선지자들, 그리고 행정관들이 활동하던 무대로 옮겨보자. 그들은 옛 엘람의 수도 수사뿐 아니라 페르시아 깊숙이, 특히 토비트서의 주 무대이자 오늘날의 아제르바이잔 북서쪽에 자리잡았던 메디아 왕국에서도 부와 명예를 누리고 있었다.

메디아 왕국은 북이라크와 시리아 지역을 다스리던 아시리아 왕국의 속국이었다가 BC 802년 독립한 왕국으로, 주로 고원지대의 유목민들의 연방이었다. 캭사레스왕에 이르러 아시리아 제국을 붕괴시킨 뒤, 서쪽으로는 카파도키아, 동쪽으로는 인더스강 근방에까지 영토를 넓힌 대왕국을 건설했으나 그의 아들 아스티아게스 왕이 BC 550년 페르시아의 키루스 2세에 의해 살해됨으로써 멸망하고 말았다.

2년 후, 키루스 2세는 이란과 아시아의 모든 왕국을 통일하여 새로이 페르시아 제국을 일으켰는데, 역사가들은 이를 아케메네스 왕조라고 부른다. 키루스 2세가 통치하던 영토는 북쪽으로는 러시아 코카서스 지방, 동쪽으로는 인도와 투르크멘, 남쪽으로는 이집트와 에티오피아, 그리고 서쪽으로는 동유럽에 이르렀다.

키루스 2세가 어떤 종교를 믿었는지는 기록으로 남겨져 있지 않지만, 그가 엄청난 권력을 지닌 메디아의 승려계급 마기들의 자연숭배적 신앙을 따랐을 가능성은 많다(마기들은 BC 530년 키루스 2세가 죽자, 페르시아 남부의 파사르가데라는 곳에 마련된 그의 흰 대리석 무덤을 수호했다고 전한다). 키루스 2세 자신이 메디아 왕조의 후손이었으므로 강력한 승려계급 마기에게 충성할 의무가 있었을 것이다.

이 승려계급의 기원은 알려지지 않고 있는데, 그에 비길 수 있는 성직계급은 인도의 브라흐만

아제르바이잔 카프카즈 산맥 남쪽과 이란 북서부에서 카스피해에 면한 지역.

메디아 현재의 이란 북서부에 있던 고대 왕국.
캭사레스 아시리아를 멸망시킨 뒤 대국을 건설한 메디아 왕(재위 BC 624~585).

마기 BC 8~6세기 메디아 왕국의 사제계급.
브라흐만 인도 카스트의 최고 신분. 바라문이라고도 한다.

예수가 태어났을 때 마기인 동방박사 세 사람이 경배드리고 있다. 기를란다요 작(1482). 산타트리니타 성당 소장.

헤로도토스 BC 5세기 그리스의 역사가. '역사의 아버지'라 불린다. 대표작은 『역사』. 그에 따르면 키루스 2세의 조부는 메디아의 아스티아게스 왕이었고, 어머니 만다네가 캄비세스와 결혼하여 낳은 아들이 키루스 1세라고 한다.

캄비세스 2세 아케메네스조 페르시아의 7대 왕(재위 BC 530~522). 키루스 2세의 아들.

오른쪽 사진은 맨 하단에서 동방박사의 여정을 보여주고 있다. 13세기. 모자이크. 이탈리아 피렌체 세례자요한 세례소.

뿐이다. 마기는 브라흐만과 신앙과 관습, 예배 등에서 비슷한 면이 많다(제7장 참조). 예수가 탄생했을 때 세 가지 선물을 갖고 간 동방박사가 바로 이들이었다.

이럴 경우, 유대인들이 마니교의 영향을 받았을 가능성도 없지 않다. 그러나 당시 페르시아에서 마기교와 경쟁관계에 있으면서 새로 세력을 잡기 시작하던 종교는 조로아스터교였다. 더욱이 마니교는 BC 522년부터 쇠락의 길을 걷기 시작했다.

키루스 2세의 뒤를 이어 왕이 된 캄비세스 2세가 이집트 원정에 나섰을 때, 마기승 가우마타는 그의 동생 바르디아의 이름을 잠칭하여 왕권을 손에 쥐고 제국의 지배자임을 선언했다. 이 소식을 들은 캄비세스 2세는 서둘러 본국으로 향했으나 도중에 치명적인 부상을 입고 죽고 말았다. 그러자 제국은 잠시 혼란에 빠졌다가 같은 일족 출신인 다리우스 1세가 실권을 장악하고는 상황은 역전되었다. 가우마타는 살해되었고, 마기승들은 페르시아 전역에서 추방되고 처형되기 시작했다.

그리스의 작가 헤로도토스에 따르면, 페르시아에서는 구아마타가 살해된 그 날을 기념하여 마고포비아 *Magophobia*라는 축제가 제정되었다고 한다. 이날, 사람들은 마기교도를 만나기만 하면 무조건 죽이도록 권장되었는데, BC 5세기 중반 헤로도토스가 메디아를 방문했을 때에도 이 관습은 여전히 행해지고 있었다.

마니교도들이 경멸과 증오의 대상으로 몰락하자, 사람들은 페르시아 종교의 부활 형태로서 찬양 받는 조로아스터교에 갑자기 열광하기 시작했다. 다리우스 1세의 통치 이후에는 새로운 국교로 자리잡으면서 주요 도시와 마을마다 경전

페르시아 연대기

BC 2000~1000	남러시아 평원에서 이주해 온 이후, 아시아 중부와 서부에 페르시아 종족이 성립되다.
BC 2000~550	아시리아, 메디아, 바빌로니아, 리디아가 중근동의 지배세력으로 등장하다.
BC 630	조로아스터교의 창시자 조로아스터의 전승에 의한 탄생연대.
BC 581	메디아 왕조의 후손 키루스 왕이 태어나다.
BC 559~548	키루스가 페르시아 서부 안샨Anshan의 왕위에 오른 후 페르시아 본토의 나머지를 정복하다. 페르시아의 아케메네스 왕조가 성립되다.
BC 539	바빌로니아, 키루스왕에게 패망하다.
BC 530~522	키루스왕이 사망하고 캄비세스 2세가 등장하다.
BC 526~521	캄비세스 2세의 이집트 원정 중 마기승 가우마타가 왕위를 탈취하다. 캄비세스 2세는 돌아오는 길에 사망하고 다리우스 1세가 가우마타를 죽이고 왕위에 오르다.
BC 485	다리우스 1세의 아들 아르타크세르크세스 1세가 즉위하다.
BC 464~330	아르타크세르크세스 1세에서 다리우스 3세까지 페르시아제국을 통치하다.
BC 330	알렉산더 대왕, 페르시아를 정복하다
BC 247	파르티아 왕조가 성립되다.
BC 224	아르다쉬르 1세, 파르티아의 아르타비누스 5세와 싸워 승리하다. 파르티아 왕조가 멸망하고 사산조 페르시아 왕조가 성립되다.
AD 640	아즈데게르드 3세, 아라비아군에 멸망하다. 사산조 페르시아왕조의 400년 역사가 종료되다.

과 성직자들, 사원들을 갖추기 시작했다. 조로아스터교의 교의 대부분이 메디아 종교인 마니교의 가르침에 바탕을 두었지만, 사람들은 마기교도를 몰아내기 위해서라면 무슨 짓이든 다 했다. 어쨌든 메디아의 수도 엑바타나는 마니교도와 조로아스터교도 모두에게 신성한 장소였다. 그러기에 예언

자 다니엘에 의해 세워지고 그의 후원자 다리우스 1세가 인가한 '탑'이 있다는 것은 참으로 놀라운 일이 아닐 수 없다. '다니엘탑'이라 불리는 이 탑에 대해서는 유대 사가史家 플라비우스 요세푸스가 다음과 같은 글을 남기고 있다.

요세푸스 유대의 역사가(37~97). 서기 66년 로마에 대한 유다의 반란시 로마에 협력하여 살아남았다.

훌륭하게 지어졌으며 오늘날까지 남아 보존되고 있다. 마치 최근에 지어진 것처럼 보인다. … 탑 안에는 메디아, 페르시아, 파르티아의 왕들이 묻혀 있다. 이 건축물을 보호할 임무는 유대인 사제에게 맡겨졌는데, 지금까지도 지켜져 오고 있다.

오늘날 이 탑에 대해 알려진 글은 이것이 전부이다. 만일 이 글이 맞다면, 적어도 요세푸스가 글을 쓴 서기 1세기까지 페르시아 왕들과 마기승들은 유대 사제들을 지극히 존중했음이 분명하다. 메디아의 마기와 페르시아의 조로아스터고, 그리고 유폐된 유대인들 사이에는 사상적 철학적 교류가 있었을 가능성이 매우 높다.

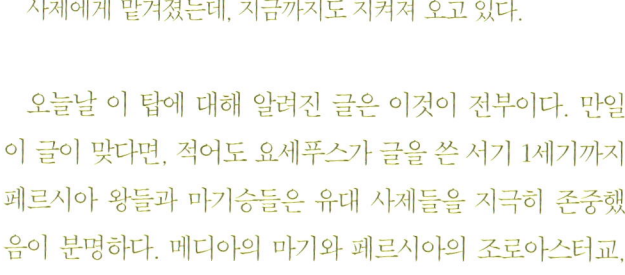

다니엘 묘 아케메네스조 페르시아 제국의 수도로 번성했던 수사. 백색 첨탑형의 건조물이 시아파 이슬람교도의 성지인 다니엘 영묘靈廟.

금지된 신의 문명 1 | 141

터키 아나톨리아의 히타이트족과 시리아의 미타니족간의 동맹식를 기념하는 비문에 7명의 인도-이란 신이 등장한다. BC 1500년경까지 거슬러 올라가는 이들 일곱 신 중에는 조로아스터교 미트라의 베다식 표현인 미트라, 바루나, 인드라와 2명의 나사티야스가 있다.

그렇다면 그것이 『에녹서』와 사해 두루마리에 적힌 내용에 영향을 끼쳤을까. 아니, 그보다는 먼저 바빌론 포로 시대 이후의 '신성한, 혹은 타락한 천사' 개념에서 페르시아가 그 기원의 중심인가를 살펴봐야 할 것 같다. 놀라운 일은 조로아스터교의 교리를 피상적으로 훑어보기만 해도 충분히 '그렇다'는 대답이 나올 가능성이 높다는 점이다.

조로아스터교의 천사들

조로아스터교는 유대교와 마찬가지로 일신교이다. 또 유대교처럼 유명한 천사들 혹은 야자타스의 집합을 인정하는데, 그 천사들은 신앙의 최고 존재인 '현주賢主' 아후라 마즈다와 함께 행동한다. 신성神性에 가장 가까이 있다고 하여 '신성한 불멸의 존재들' '관대한 불멸자들'로 불린다.

아후라 마즈다 조로아스터교의 주신. 아후라는 주인, 마즈다는 지혜라는 뜻이다.

BC 2000년 혹은 3000년대에 중앙아시아의 인도-이란 신화에서 발전되어 온 것으로 여겨지는 이들은 모두 여섯 명. 아후라 마즈다와 합치면 7명이 된다. 때문에 토비트서뿐 아니라 『에녹서』와 사해문서에서 발견되는 유대교의 일곱 천사와 동일선상에 있다. 히브리 학자 W. O. E. 외스틸리와 T. H. 로빈슨은 조로아스터교가 천사론의 개념부터 시작하여 악마론, 이원론, 종말론, 역사적 주요 사건, 그리고 영혼의 부활에 대한 인식에 이르기까지 모든 면에서 유대교, 특히 『에녹서』에 영향을 끼쳤다고 평가하고 있다. 그리고 그것은 유대인들이 수사에 유배되어 있던 시기에 받아들여졌다고 결론 짓는

인도 봄베이에 있는 조로아스터교 사원의 상징 파르하르.

다. 페르시아 학자들도 같은 견해를 제시하고 있는데, 미국 하버드대학의 이란학 교수였던 R. N. 프라이에는 1963년에 펴낸 저서 『페르시아의 유산』에서 조로아스터교와 바빌론 유배 이후 유대교가 서로 영향을 주고받아 사상적으로 매우 풍성해졌음을 설명하고 있다.

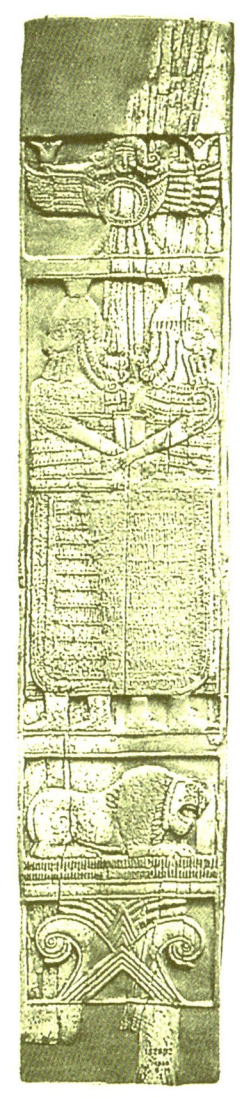

조로아스터교의 주신 아후라 마즈다의 보호를 받고 있는 두 병사가 조각된 가구. BC 8세기경. 페니키아 출토. 런던 대영 박물관 소장.

그럼 주시자들 이야기는 어떠할까. 이것 역시 이란에서 온 것일까. 『에녹서』 영역본의 저자인 히브리 학자 R. H. 찰스는 "그럴 가능성이 매우 높다"고 한다. 하느님의 아들들이 사람의 딸들에게 갔다는 창세기 6장은 '조로아스터의 출현 이전에 악마들이 지상을 부패하게 만들고 여인들과 결합했다는 페르시아의 초기 신화'에 속한다고 결론짓고 있다.

『에녹서』 연구에서 으뜸가는 권위자 중 한 사람인 필립 알렉산더 교수도 같은 의견이다. 1972년에 출판된 『유대교 연구지』에 실린 논문 「타르구밈과 창세기 6장의 하느님의 아들들의 초기 해석」에서 다음과 같이 적고 있다.

> 바빌론 유배 이후, 유대교에서는 페르시아 종교의 영향 아래 천사론이 번성했다. 하느님의 아들들을 천사들로 보는 다소 이질적인 관념은 유배되기 전의 종교에 이식되고 귀화된 방법 중의 하나일 가능성이 높다.

다시 말해서, BC 445년경 마지막 유대인들이 페르시아로부터 예루살렘으로 돌아오고 구약성서를 재편집하느라 바쁘던 때에, 하느님의 아들들에 관한 신화가 처음으로 소개되었고, 그 뒤 수정과 교정 과정을 거쳐 『에녹서』에 포함되었을 가능성이 충분히 있다는 주장이다. '하느님의 아들들'이란 주시자들을 가리키는 또 다른 어휘에 불과하므로 그들의 타락에 관한 『에녹서』의 이야기는 이란에서 유래했다는 것을 암시한다는 주장이다.

진실과 거짓말

내가 보건대, 페르시아는 사해문서에도 커다란 영향을 끼친 듯하다. 앞서 살펴 보았듯이 『아무람의 증거』에는 모세의 아버지 아무람이 침대에서 쉬고 있을 때 두 명의 주시자가 등장한다. 그들은 아무람에게 "우리 중 누가 너를 지배하게 하겠느냐?" 라고 묻는다. 그리고 자신들은 각각 '벨리알, 어둠의 군주이자 악의 왕' '미카엘, 빛의 군주이자 정의의 왕'이

두 병사 위에 있는 부조는 아후라 마즈다이다. BC 8세기경, 시리아, 레바논 해안지대인 페니키아에서 출토되었다. 런던 대영박물관 소장.

라고 밝힌다. 사해문서의 다른 부분에서, 벨리알은 '어둠' '거짓말' '거짓말하는 자'와 같은 형용사와 동등하게 다뤄지며, 미카엘(멜키세덱)은 '빛' '정의' '진실'과 같은 단어와 결합되고 있다. 이렇듯 빛과 어둠, 진실과 거짓, 정의와 허위를 놓고 선택하는 환영을 보는 사람이란 개념은 조로아스터교의 경전과도 정확하게 일치한다.

조로아스터교의 경전 『아베스타』에는 한 사람이 '정의, 진실'인 아샤와 '허위, 거짓'인 드루이 사이의 선택을 요구받는 대목이 있다. 여기서 아후라 마즈다, 즉 현주賢主와 앙그라 마이뉴(페르시아어 본문에는 종종 '아리만'으로 약칭), 즉 '악령' 혹은 '악의 왕자'로 대별되는데, 앙그라 마이뉴는 벨리알, 사탄 혹은 악마와 동등한 페르시아의 악령이다. 선택이라는 개념 역시 묘하게도 속죄의 날(욤 키푸르)에 유대인들이 선과 악의 길 가운데 하나를 선택해야 하는 것을 상기시킨다.

조로아스터교와 사해문서가 연관성을 띠고 있다는 점은 에세네파 사람들 사이에서 진리를 따르는 자를 가리켜 자도크의 아들들, 즉 '정의' '진리의 아들들'이라 부르고, 벨리알을 따르는 자를 가리켜 '어둠의 아들들' '거짓의 아들들'로 부른다는 점에서 더욱 분명해진다. 결국 주시자들의 타락에 관한 전설의 근본 재료는 페르시아 신화에서 온 셈이다.

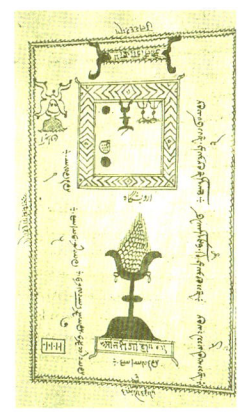

아베스타 페르시아어로 지식을 뜻한다. BC 3세기 사산조 초기에는 21책으로 구성된 것으로 추정된다. 사진은 18세기 필사본.

앙그라 마이뉴 조로아스터교 이원론에 있어서의 악의 원리.

에녹서가 쓰여진 곳

이제 나는 다니엘의 자취를 따라 팔레스타인을 떠나 바빌로니아 산 너머 동쪽으로 떠날 때가 되었다. 그러나 떠나기에 앞서 확실히 해두어야 할 것이 있다. 혹 『에녹서』가 팔레스타인 밖에서 쓰여졌으리라고 추정하는 사람이 없을까 하는 점이다. 문득 1773년 키나드의 제임스 브루스가 옥스퍼드

대학의 보들리안 도서관에 기증한 『에녹서』 필사본을 영역한 캐쉴의 대주교 리차드 로렌스가 떠오른다. 나는 그의 영역본 서론을 읽고서 깜짝 놀랐었다. 『에녹서』 71장에 언급된 날의 길이를 주의 깊게 관찰한 그는 『에녹서』가 쓰여진 곳이 팔레스타인이 아니라는 결론을 내리고 있었던 것이다.

그는 『에녹서』의 저자가 가장 긴 낮을 우리가 쓰는 24시간의 16시간에 해당하는 12부분으로 하여, 하루를 18부분 혹은 구획으로 나눈 것을 알아냈다. 그리고 팔레스타인 지방에서는 낮이 그 정도로 길지 않다는 것을 생각하고는 본문에 나타난 시기와 비슷한 수준의 낮의 길이가 가능한 지방을 조사했다. 그 결과, 그는 『에녹서』의 저자가 다음과 같은 지역의 토착 기후를 설명했다는 결론을 내렸다.

가장 긴 낮이 15시간 30분인 북위 45도 이상, 가장 긴 낮이 거의 16시간인 북위 49도 이하이다. 이로 미루어 볼 때, 저자가 글을 쓴 지방은 적어도 카스피해와 흑해의 북쪽 지역까지 올라간다. 아마도 그곳은 두 바다의 상부 사이의 어느 지점일 것이다. 나의 짐작이 맞는다면 『에녹서』의 저자는 아마도 살마네셜이 끌고 가 '고산강가의 할라와 하보르, 그리고 메데스의 도시들에 둔' 부족들 중의 한 명이었을 것이다. 그들은 포로에서 영영 돌아오지 못했다.

로렌스의 견해에 따르면, 『에녹서』가 팔레스타인이 아니라 훨씬 북쪽인 아르메니아 혹은 이란에서 5도 정도 북쪽인 코카서스에서 쓰여졌다는 것이다. 나 역시 『에녹서』를 연구하면서 비슷한 추론 방법을 쓴 적이 있었다. 즉, 『에녹서』에 언급된 주시자 같은 존재를 묘사한 구절을 연구하면서 그 인

카스피해 러시아 남부에서 이란 북부에 걸쳐 있는 세계 최대의 함수호鹹水湖. 남북 1200km, 동서의 너비는 평균 300km에 달한다.
흑해 유럽 남동부와 아시아 사이에 있는 내해. 동서의 길이가 1150km이고 남북 최대의 길이가 610km이다.

아르메니아 아르메니아공화국과 터키 동부에 걸친 지역. 반 호수 북쪽의 아라크스 산맥(최고봉 아라라트산)을 정점으로 한 고원지대이다.

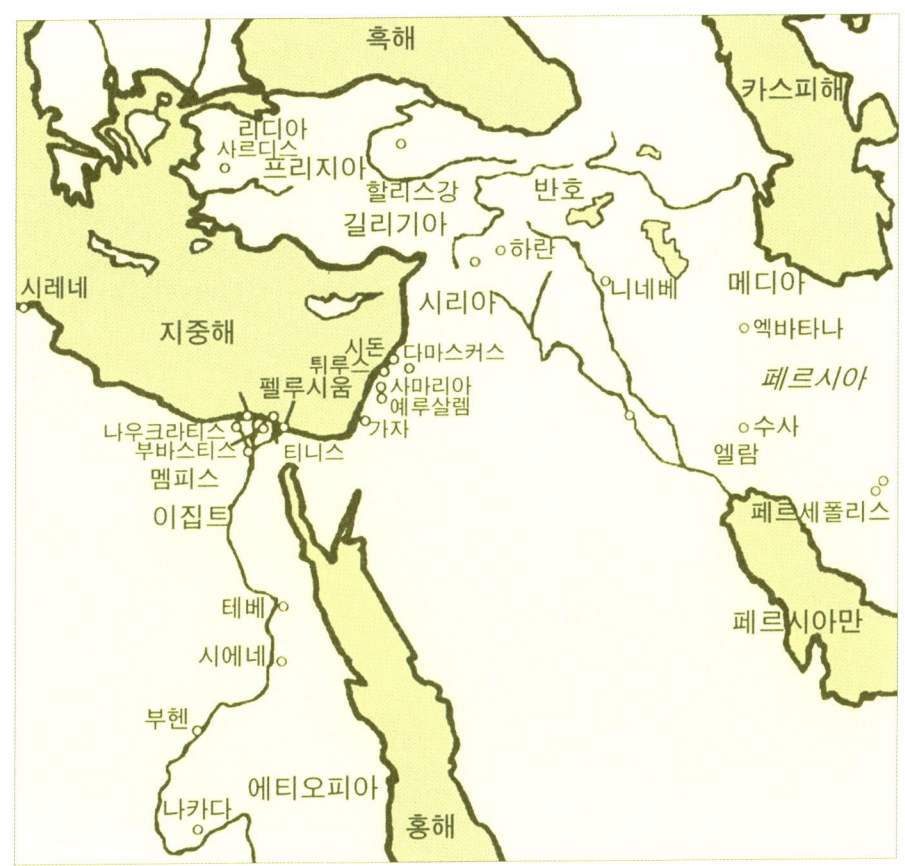

물은 올리브색 피부를 가진 팔레스타인 유대인들과 전혀 닮지 않았다는 점을 생각해낸 것이다. 그보다는 키가 크고 흰 머리칼에 하얀 피부의 사람들이 추운 산악지방에서 살아남기 위해 어두운 깃털 외투를 입은 모습이 더 가까웠다고 보았다.

로렌스는 『에녹서』의 저자는 유대인이라고 믿었다. 다만 그 유대인이 문제의 북쪽 지역에 살고 있었다는 것이었다. 따라서 그는 BC 722년경 이스라엘의 멸망에 따라 아시리아와 메디아로 옮겨진 열 부족 중 하나에 속한 유대인이 저자라는 가설을 이끌어 냈다.

나는 이 가설에 동의하지는 않는다. 다만 그가 제시한 『에녹서』의 저자와 고대 왕국 메디아와의 연결고리는 어느 정도 설득력이 있다고 본다. 물론 로렌스가 연구할 무렵에는 학계에서 조로아스터교에 대한 명확한 이해가 부족했을 것이고, 유대교에 끼친 그 영향을 인식할 수 없었을 것이다. 어찌되었든 로렌스는 내가 이란, 특히 메디아의 마기승들, 그리고 페르시아의 조로아스터교에 관심을 갖도록 근거를 제시해준 셈이었다.

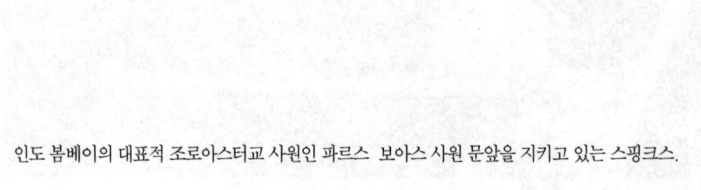

인도 봄베이의 대표적 조로아스터교 사원인 파르스 보아스 사원 문앞을 지키고 있는 스핑크스.

제7장
무서운 거짓

런던의 사원

나의 1차적 관심은 조로아스터교 또는 메디아의 마니교와 유대교의 연결고리를 찾는 일이었다. 유대교의 천사론, 특히 주시자의 몰락에 관한 이야기가 조로아스터교 혹은 메디아 마기승들의 가르침이었는지를 알아내야만 했다. 우선 조로아스터교의 교의와 관습, 의식에 대해 알아야 했는데, 문헌만으로는 부족하다는 생각이 들었다. 살아있는 종교와 직접 만날 필요가 있었다.

인도 봄베이의 안주망 사원 벽에 새겨진 아후라 마즈다.

인도 봄베이에 가면 조로아스터교도가 있다고 한다. 9세기경, 수만 명의 조로아스터교도들이 이슬람교도들의 박해를 피해서 이주한 곳이라는데, 인도에서 '파르세(파르스 혹은 페르시아의 사람들)'라고 하면 조로아스터교도들을 가리키는 말이라고 한다.

파르스 이란에 있던 조로아스터교도들은 서기 8세기경 인도 구자라트주 해안지방으로 이주했다. 그 중심지는 스라트시 남쪽 교외의 나우살리시市이다.

금지된 신의 문명 1 | 151

팔레비 이란 팔레비 왕조의 제 2대 왕(재위 1941~1979). 호메이니가 이끄는 이란 혁명으로 국외 망명했다(1919~1980).
빅토리아 시대 영국 빅토리아 여왕이 통치하던 시대(1837~1901).

터번 회교도 남자들이 사용하는 머리장식.
사리 인도, 파키스탄 등에서 부인이 허리와 어깨를 감고 남는 부분으로 머리를 감싸는 긴 천.
조로아스터 머리 둘레에 왕의 파르가 있는 조로아스터. 아테시카데 성전의 초상화.

나는 런던에 조로아스터교 사원이 있다는 사실을 알아냈다. 20세기 초, 어느 조로아스터교도 단체가 런던에 지부를 설립했다는 것이다. 여러 차례에 걸쳐 편지와 전화통화를 주고받은 끝에 겨우 방문해도 좋다는 허락을 받았다. 그 과정에서 내가 놀란 점은 그들의 비밀주의가 무척 엄격하다는 점이었다. 생각해 보면 그것은 충분히 이해할 만한 일이었다. 사람들은 그들의 교의와 관습, 의식에 대해 비기독교적,이교적異教的이고 극단적인 고풍古風 정도로만 여기지만 그들이 받아온 박해로 미루어 당연한 결과이기도 했다.

지난 수세기 동안, 이란과 이라크의 이슬람교도들은 조로아스터교도들의 신앙을 뿌리째 뽑아버리고자 노력해 왔다. 1979년 이란의 팔레비 국왕 체제가 붕괴된 이후, 이란에 남아 있던 조로아스터교도들은 조국을 떠나거나 이슬람교 교권의 눈이 미치지 못하는 곳으로 떠나야만 했던 것이다.

지하철을 타고 런던 교외로 향했다. 연구조수 리차드 워드와 그의 여자 동료 데비 벤스테드가 동행했다. 사원은 빅토리아 시대 교회 건물과 비슷한 석조 건물이었다.

우리는 계단을 올라가 바닥이 돌로 된 커다란 로비로 들어갔는데, 그곳에는 몇몇 무리를 지은 아시아인들이 그들의 모국어인 페르시아어, 인도어로 대화를 나누고 있었다. 남자들은 작업복 차림에 챙이 없는 흰 모자를 쓰고 있었고, 여자들은 다채로운 빛깔의 사리를 입고 밝은 색 스카프를 두르고 있었다.

사람들은 우리 일행을 불안한 눈초리를 바라보았다. 우리는 미소로 응답했다. 그리고 사원의 예절에 어긋나지 않도록 최대한 예의 바르게 행동하려고 애썼다. 잠시 후, 자신을 그 단체의 비서관이라고 소개한 사람이 우리에게 다가와서는 사원에 온 것을 환영한다고 말한 다음, 리차드와 내게는 머리에 쓸 터번을, 데비에게는 머리칼을 덮을 스카프를 갖고 왔는지를 확인했다. 우리는 서둘러 터번과 스카프를 둘렀다.

잠시 동안 대화를 나누다가 그만 실수를 하고 말았다. 조로아스터교도들을 '배화교도拜火教徒'라고 말한 것이다. 그 남자는 그 말을 듣는 순간, 얼굴 표정이 굳어지더니 무뚝뚝하게 말했다.

"우리는 '배화교도'가 아닙니다. 많은 사람들이 그런 실수를 저지릅니다만, 우리는 아버지 아후라 마즈다의 상징으로서 불을 숭배합니다."

순간, 나는 쥐구멍으로라도 들어가 버리고 싶은 심정이었다. 좀더 신중하게 생각해서 말했어야 했는데…. 나는 정중하게 사과를 했다.

불은 조로아스터교도들에게 아후라 마즈다가 내려준 진리의 상징이다. 인도 봄베이 카라니 아지아리 사원.

배화단 서기 4세기경 사산조 페르시아 시대에 페르시아인들이 지은 조로아스터교의 배화단. 이란 소재.

금지된 신의 문명 1 | 153

불을 숭배하는 민족

이란인들은 모든 면에서 불을 숭배한다. 신비와 상상 속에 싸여 있는 인물 조로아스터가 태어나기 이전부터 그랬었다. 그는 '알렉산더 대왕보다 258년 전'의 인물로 알려졌는데, 알렉산더 대왕이 페르시아 제국을 멸망시킨 것이 BC 330년이고, 하얀 돌로 지어진 유명한 도시 페르세폴리스를 약탈했던 때보다 258년 전이다.

그러나 BC 558년에 그가 태어났다는 것인지, 30세에 환영의 계시를 받았다는 그 때인지가 분명치 않다. 또 조언자 역할을 했다는 중앙아시아의 비쉬타스파 왕을 조로아스터교도로 개종시켰다는 40세 당시를 말하는 것인지, 아니면 77세의

알렉산더 마케도니아의 왕. 그리스, 페르시아, 인도에 이르는 대제국을 건설했다(재위 BC 336~323).

페르세폴리스 이란 남서부 팔스 지방에 있는 아케메네스조의 수도. 다리우스 1세가 수사에 이어 건설하기 시작하여 그의 아들 크세르크세스가 완공한 도시이다. 아래 사진은 도시의 유구遺構. 왼쪽 사진은 정면 대재단 위의 크세르크세스 문을 지키고 있는 인두모우상.

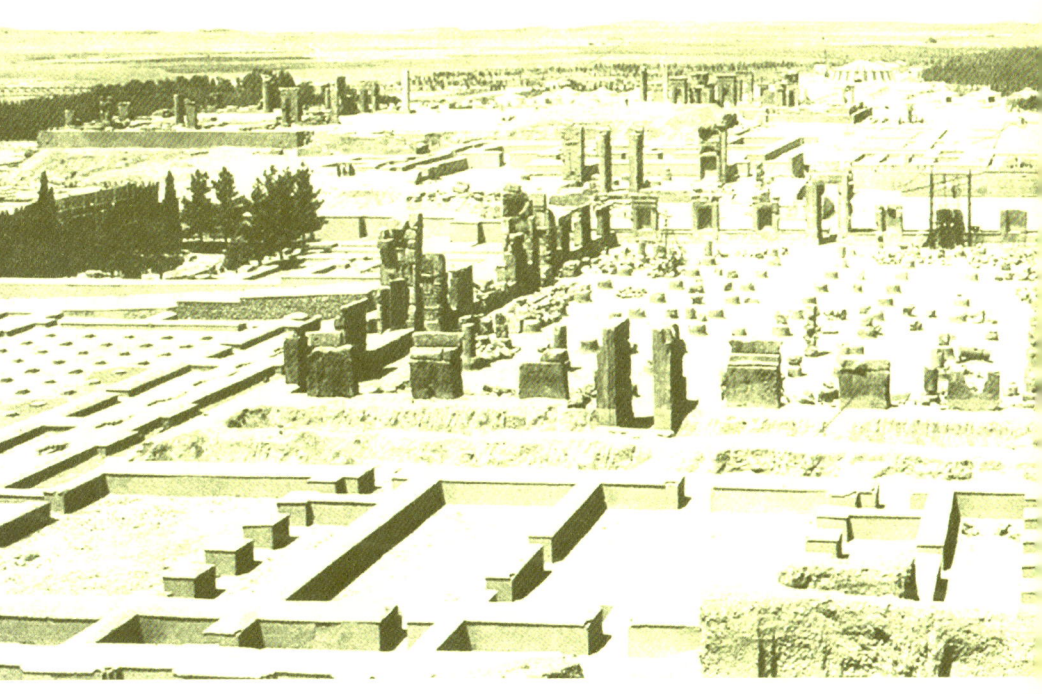

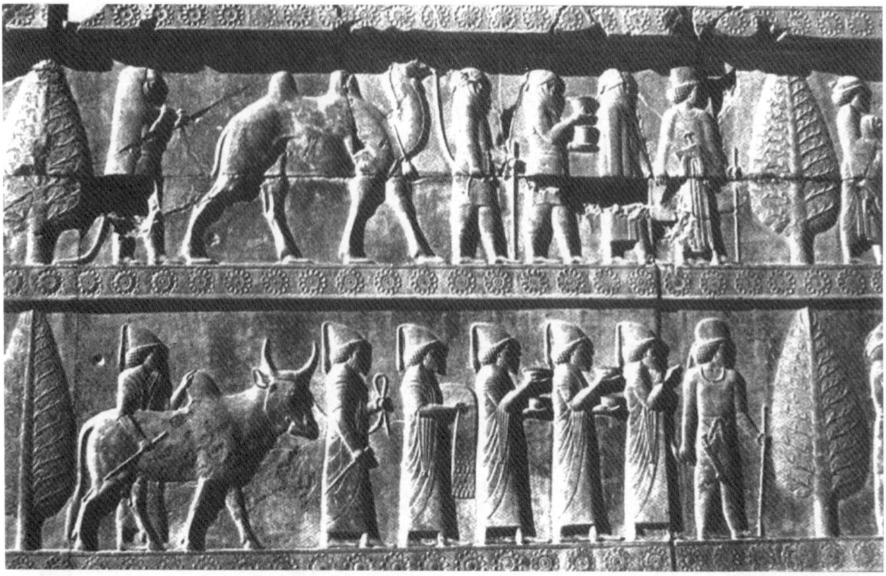

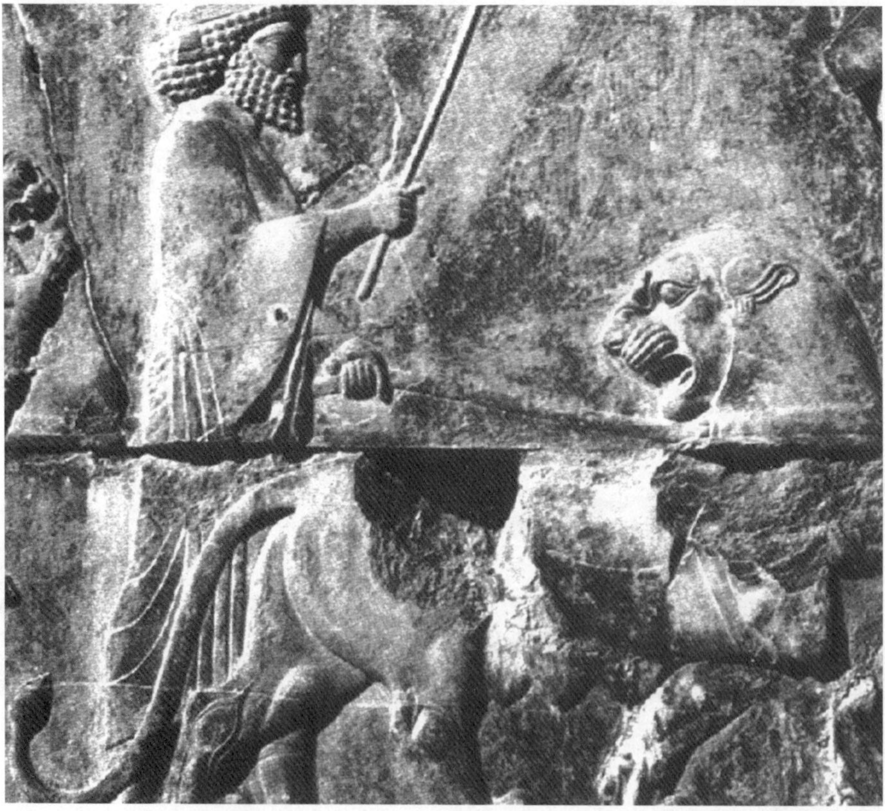

나이로 세상을 떠난 때를 가리키는 것인지에 대해 전혀 알려진 것이 없다. 그렇다고 해서 BC 558년이란 연대를 적어놓은 문헌이 무의미하다고는 보지 않는다. 왜냐하면 조로아스터교는 메디아의 마기들에 의해 최대한으로 보존된 종교였다. 라틴 작가 저스틴은 조로아스터가 마술을 발명했으며, 인도의 브라흐만들처럼 신성의 상징으로서 불을 숭상하던 마기들의 교리를 연구했다고 적고 있다.

비잔틴 역사가 그레고리우스 케드레누스에 따르면, 마기는 비밀사원에서 영원히 꺼지지 않는 신성한 불을 지키고 보호하도록 그리스 신화의 영웅 페르세우스가 조직한 집단이라는 것이다. 그는 다음과 같이 기록하고 있다.

페르세우스는 페르시아에 비법과 마법을 들여왔다. 불가사의한 힘으로 천상의 불을 지상으로 가져와서는 꺼지지 않는 신성한 불이라는 이름으로 한 사원에 보존했다. 그리고 유덕한 자들을 골라 새로운 숭배집단을 만들고 그들(마기)을 불의 위탁자이자 수호자로 삼았다.

어떤 이는 조로아스터가 우주의 기원과 점성술, 천문학을 아우르는 마기의 기묘한 철학과 교의에 몰두했다고 주장했

페르세우스 제우스신과 아르고스 왕녀 다나에와의 사이에서 태어난 그리스 신화의 영웅. 괴물 고르곤의 하나인 메두사의 목을 베어 아테나 여신에게 바쳤다. BC 540년경. 도기. 런던 대영박물관 소장.

비잔틴 제국 중세 로마제국이 동서로 분열한 뒤의 동로마제국(330~1453).

페르세폴리스의 알현전에는 아케메네스조의 위세를 반영하는 내용들이 새겨져 있다. 그에 따라 조로아스터교도 더욱 위세를 떨쳤을 것이다.
왼쪽 페이지 사진은 아케메네스조 치하의 23개국 사신들이 조공해하는 모습을 보여준다. 아래 사진은 사신 일행을 맞이하는 다리우스 1세의 모습이다.

마르틴 루터 독일의 종교개혁자, 신학자(1483~1546).

고, 조로아스터는 본시 메디아 사람이었으며 마르틴 루터가 가톨릭 교회의 부패한 관습을 개혁한 것처럼 마니교를 부흥시켰다고 주장하기도 한다.

마기의 역사와 그 내용에 대해서는 거의 알려진 것이 없다. 다만 다리우스 1세에 의해 크게 위축되면서 종교의식 외에 동물을 제물로 삼아 제사를 지내고, 꿈과 예언을 해석하며, 마법을 걸고 영혼 세계와 소통하는 등 문자 그대로 마법사 magician의 영역에 국한되었다. 오늘날 마법 magic, 마법사 magician, 마술사 magus라는 용어는 여기에서 비롯된 것이다.

마기는 가장 오래된 인도-이란의 신, 즉 아후라 마즈다의 초기 형태인 아후라, 그의 아들 미트라, 그리고 물의 여신인 아르드비 수라 아나히타를 숭배하는 것으로 알려지고 있다. 미트라와 아나히타는 다음 대목에서 언급할 조로아스터교의 종교적 축제로 통합되었다고 한다.

이란 신화와 유대 신화

다시 사원 이야기로 돌아가자. 우리 일행은 사제들이 열을 지어 회당 안으로 들어갈 때 조심스럽게 뒤따라 갔다. 그곳에는 사람들이 극장에서 공연을 기다리듯 많은 남자와 여자들이 의자에 앉아 잡담하거나 왔다갔다하고 있었다.

제단에는 번쩍이는 큰 화로가 놓여 있고 그 안에는 장작(백단나무)이 한 무더기 쌓여 있었다. 화로 주변에는 곡식과 우유, 과실주, 물, 그리고 네 방향을 나타내는 표시도 있었다. 제단 전면의 들보 위에는 아후라 마즈다상이 놓인 날개 달린 화반花盤이 있었는데, 비둘기 꼬리깃털로 장식되어 있었다.

데비가 자리에 앉기 전, 아시아계의 한 여인이 다가와 어깨에 손을 얹었다. 그리고 무엇이라고 말했는데, 데비로서는

인도 구자라트주의 스라트시(市)에 있는 불의 신전 벽에 새겨진 상징물. 가운데가 아후라 마즈다이고 오른쪽은 불을 숭배한다는 뜻을 나타낸다.

 알아들을 수가 없었다. 그러자 그 여인은 다시 서투른 영어를 곁들여 이런저런 손짓을 해댔다. 그제서야 데비는 그 여인이 자신에게 생리 중인지를 묻고 있다는 것을 알아차렸다. 모든 형태의 순결주의가 그러하듯, 월경혈은 아후라 마즈다의 신성한 현존에 거슬리는 것으로 간주되고 있다. 다행히 데비는 그런 때가 아니었다. 데비가 얼굴과 손을 가로젓자, 그 여인이 알았다는 듯 데비에게 엷은 미소를 지으면서 자리에 앉으라는 시늉을 했다. 앉아도 좋다는 표시였다.
 의식을 기다리는 동안, 나는 회당 안에서 사람들이 이리저리 돌아다니며 계속 자리를 바꾸는 것을 의아하게 생각했다. 신성한 종교의식에는 조용한 묵상이 전제되어야 하지 않을까 생각했던 것이다. 순간, 옆줄에 앉아 있던 중년 부인이 우리와 이야기를 나누고 싶다는 듯 이쪽을 쳐다보며 웃음을 지

금지된 신의 문명 1 | 159

수성 태양에 가장 가깝고 가장 작은 행성.

었다. 나는 그 부인에게 오늘의 의식이 어떤 행사인가를 질문했다. 그러자 그 부인은 한 장으로 된 행사 안내문을 내게 건네주었다. 거기에는 오늘의 의식이 야스나(수확) 축제이며, 조로아스터교력曆에서 6월과 매월 13일을 다스리며 수성의 영향력도 지배한다는 '티르, 야자타(대천사)'가 주관한다고 적혀 있다.

페르시아 신화의 대천사 티르는 조로아스터교가 유대의 천사론 이해에 어떠한 영향을 끼쳤는지를 잘 보여주는 대표적인 예가 된다. 왜냐하면 티르는 히브리 신비주의에서는 티리엘이 되는데, 티리엘은 페르시아 신화처럼 수성에 관계되는 모든 활동을 주관하기 때문이다.

사해의 에세네파 공동체와 마찬가지로 조로아스터교도 역시 매일, 매월, 그리고 각 계절과 행성마다 그것을 주관하는 천사가 하나씩 있다고 믿는다. 다시 말해서 지상과 천상의 시간 주기에 대한 완전무결한 지성의 '주시 *watch*'야말로 『에녹서』와 사해문서에서 쓰인 '주시자'라는 용어를 설명할 수 있는 셈이다. 결국, 조로아스터교의 천사론 이해는 마기의 가르침에서 비롯된 것이 확실하며, 조로아스터는 마기로부터 받은 가르침을 교의의 기초로 삼은 것이 분명하다.

그제서야 나는 오랫동안 추적해온 나의 연구에 조로아스터교가 아닌 마기의 믿음에서 실질적인 해답을 줄 수 있다는 점을 깨닫기 시작했다. 그러나 불행하게도 마기의 신화와 의식에 관한 자료는 거의 남아 있지 않다. 가능한 방법이라고는 그들이 창조해낸 종교, 즉 조로아스터교를 연구하는 것뿐이다. 마기에 비해서는 그나마 조로아스터교의 문헌이 조금 남아 있기 때문이다.

지금까지 알려진 바로는, 마기는 두 가지 유형의 정반대

되는 존재, 즉 아후라와 다에바를 믿고 있다. 여기서 아후라는 천상의 영광 속에 사는 빛나는 신神으로, 다에바는 인간 사人間事와 직접적으로 결합된 '거짓 신' 혹은 '어둡고 악한 마귀'로 여겨졌다.

내가 관심을 갖는 것은 다에바가 은총으로부터 땅에 떨어진 마귀(페르시아어의 dev 혹은 div에서 마귀devil라는 단어가 나왔음)라는 점이다. 이른바 타락천사인 셈이다. 이들은 '사악한 정령'인 앙그라 마이뉴 혹은 아흐리만의 자식이라고 여겨졌는데, 다에바의 어두운 본성에도 불구하고, 그 이름은 아후라와 마찬가지로 '빛나는 자들'이라는 뜻의 단어 '다에바타'에서 나왔다고 한다.

AD 7세기경, 아랍인들이 페르시아에 들어오자 앙그라 마이뉴는 에블리스(혹은 이블리스)라는 '불에서 태어난' 천사로 변화되었다. 아담 앞에 절하라는 하느님의 명령을 거역하여 천국에서 쫓겨났다고 되어 있다. 여기서 중요한 점은 에블리스가 아자젤이란 이름으로 알려져 있다는 것이다. 『에녹서』에 나오는 주시자들의 우두머리 중 하나와 같은 이름이다.

물론 두 인물이 어떤 연관성을 갖고 있는지는 이슬람권 신화에서 설명되고 있지 않다. 아랍 민간전승에서 에블리스는 디브 또는 정령들의 아버지이며, 그에게서 사악한 페리(페르시아어의 파리, 『젠드 아베스타』의 파리카)가 태어났는데, '매력적인 외모이지만 적의'를 감춘 아름다운 천사라고 한다.

디브에 관한 이야기는 페르시아의 전승에도 많이 등장한다. 그들은 인간과 비슷하지만 키가 몹시 크고 뿔이 있으며, 큰 귀와 꼬리가 달려 있는 형상으로 묘사된다. 그리고 인간의 힘과 지성을 능가하는 마술사나 마법사이다. 마음만 먹으면 모습을 보이지 않는 투명인간처럼 될 수도 있는데, 전쟁

아흐리만 Ahriman 페르시아 신화의 악의 원리. 세계에 최초로 죽음을 도입한 '파괴의 신' 앙그라 마이뉴처럼 아후라 마즈다에 대항하여 악의 군대를 지휘한다. 그의 주요 무기는 아즈, 즉 정욕이다.

디브에 관한 페르시아 전승을 드러내는 각형배角形杯. BC 5세기. 아케메네스조의 금도금 은배銀杯. 런던 대영박물관 소장.

터에 곧잘 등장하여 적을 칼이나 도끼로 무찌르기도 한다.

만일 이 전승에서 후대에 덧붙여진 것이 틀림없는 뿔과 긴 귀, 꼬리에 관한 부분을 제외시키면, 그들은 인간과 아주 흡사한 모습이 된다. 디브가 '신' 또는 '지상 존재의 높은 계급'으로 기술되는 이유도 여기 있을 것이다. '인간의'라는 단어가 아니라 '지상의'라는 단어가 마음에 걸리지만, 내 생각으로는 그들의 높은 지위와 우월적인 지성, 초자연적인 능력으로 미루어, 유대 전설의 네피림과 비교될 수 있는 데빅족의 후손이 아닐까 싶다.

20세기초까지만 해도 이슬람권에서는 디브와 페리가 실제로 존재한다고 믿었다. 이란과 아프가니스탄의 접경 지역인 아무다르야강 유역에 살고 있는 타지크족은 디브(혹은 디비)가 '겨울 동안 산 속의 은신처에서 촌락 부근으로 내려와 살다가 봄이 되어야 돌아간다'고 말한다. 이들은 낮은 땅에서는 아름다운 페리가 인간을 죄악으로 이끌 수 있으며, '뱀, 거북, 개구리의 형상을 입는다'고 믿고 있으며, 앙그라 마이뉴가 이 동물들을 지배한다는 것이다.

타지크족 중앙아시아 남쪽에 위치한 부족. 9~10세기에 형성되었다. 사진은 방목 풍경.
아무다르야강 중앙아시아를 흐르는 강. 길이 2620km. 파미르고원에서 발원한다.

우리의 관심을 끄는 것은, 초기 조로아스터교 자료에서 아후라, 즉 '빛나는 자'가 조로아스터의 출생 이전부터 존재했다고 기술하고 있다는 점이다. 19세기의 성서학자 프란츠 델리츠쉬에 따르면, 아후라가 '천사들이 지상을 방랑하고 특히 지상의 여인들에게 욕정을 품었기 때문에 그 몸을 산산조각 냈다'고 적고 있다. 따라서 프란츠 델리츠쉬는 이 사건과 『에

수리야 인도의 고대 신화에 나오는 신. 태양을 신격화한 것. 세 개의 눈과 네 개의 팔을 가진 새빨간 빛깔의 인간으로 묘사된다. 사진은 말을 타고 있는 수리야. 14세기. 자카르타 국립박물관 소장.

이란과 인도 힌두신화에서는 똑같은 명칭의 신이 등장한다. 다만 아후라와 수리야의 역할이 뒤바뀌었다. 힌두신화에서는 아후라를 사악하고 파괴적인 악령으로, 수리야는 빛의 신으로 설명되고 있다.

『녹서』 주시자들의 부정 사이에는 예사롭지 않은 공통점이 있음을 암시하고 있다. 이란 전승傳承에 등장하는 아메샤 스펜타스는 유대 전승의 일곱 대천사들뿐 아니라 힌두교의 『리그 베다』에 나오는 일곱 아디트야와도 동일시된다. 그 아디트야 가운데 하나인 수리야가 태양신이다. 고대 인도 신화와 전설은 수리야의 사악한 적이 아후라인데, 그들은 거인이며 마법에 능통했다고 한다. 베다의 아후라 역시 『에녹서』의 주시자와 마찬가지로 신의 지혜를 오용했다고 하여 비난받았고 그 잘못으로 유대-기독교 전승의 타락천사에 필적하는 악령으로 자리매김되었다.

그런데 우연인지는 몰라도, 수리야는 에녹이 승천하여 변한 천사적 존재 메타트론의 이름 가운데 하나이기도 했다.

힌두교 바라문교를 전신으로 한 인도의 민족종교. 바라문교는 불교 이전의 고대 종교이다.

리그베다 고대 인도 힌두교의 근본경전인 4베다의 첫째 문헌.

금지된 신의 문명 1 | 163

젠드 아베스타 조로아스터교의 경전 『아베스타』의 주역서. 젠드는 '전승'이란 뜻.

게다가 에티오피아 판본 『에녹서』에는 대천사들의 이름에 아사르야, 아수르예, 수리얀 등의 접두사가 붙어 있다. 따라서 유대교와 『젠드 아베스타』 『리그 베다』 등은 강한 연관성을 갖고 있음이 분명하다.

조로아스터교의 창조 신화

나는 내가 찾고자 하는 해답에 점점 다가가고 있다는 느낌이 들었다. 그러나 주시자의 개념과 인류를 부패시킨 타락한 아후라 또는 다에바를 신봉하는 페르시아 신앙의 관계를 밝혀줄 보다 구체적인 증거가 아쉬웠다. 아마도 그 해답은 조로아스터교 경전에서 찾을 수밖에 없다는 생각이 들었다.

순간, 회당 안이 갑자기 조용해졌다. 이곳저곳에서 낮은 목소리로 웅성거리던 사람들이 일제히 침묵을 지키기 시작한 것이다. 잠시 후, 종소리가 들리더니, 승려 다섯 명이 나타났다. 옷은 길다란 아마포의 예복이었고, 머리에는 띠를 두르고 챙이 없는 모자를 썼으며, 얼굴에는 모슬린 마스크를 하고 있었다. 모두가 흰 색깔이었다. 그들은 제단 쪽으로 걸어가면서 내내 기도문을 읊조렸다.

모슬린 평직으로 짠 무명천.

조로아스터교 의식에서 사용되는 램프. 18세기. 카자흐스탄.

화로 가까이 닿자, 머리 위에 설치된 거대한 환풍기가 돌아가기 시작했다. 승려 한 사람이 화로에 불을 붙였다. 장작을 몇 개 더 올려놓고 유향을 뿌렸다. 독특하고도 짙은 향 내음이 회당 안을 가득 메웠다.

승려들은 타오르는 불을 둘러싸고 원을 그려 앉아서는 손을 맞잡고 『젠드 아베스타』에서 발췌한 기도문과 찬미가를 큰소리로 독경하기 시작했다. 그 소리는 내가 어떤 종교의식에서도 경험하지 못했던 황홀하면서도 약간은 귀에 거슬리는 화음이었다.

그들은 틈틈이 작은 흰 꽃을 옆 사람과 주고받았다. 특이한 것은 꽃을 옆 사람에게 넘겨줄 때 두 손으로 상대방의 손을 잠시 감싸쥐는 것이었다. 그러다가 한 사람이 긴 막대기를 들고는 천천히 화로의 가운데 불꽃 속으로 밀어 넣기 시작했다.

의식은 점점 절정을 향했다. 그러나 둘레에 앉아 있는 일반인들의 태도는 비교적 덜 진지했다. 몇몇 사람은 『젠드 아베스타』를 보면서 읽었고 몇몇 사람은 옆 사람과 소곤거리기도 했다.

『젠드 아베스타』는 조로아스터교도들에게 가장 성스러운 문헌의 하나이다. 『분다히쉰』이란 문헌도 그에 못지 않은데, 후기 페르시아어인 팔라비어로 쓰여진 문헌이다. 여기에는

팔라비어 사산조 페르시아의 언어. 주로 조로아스터교 문헌으로 알려졌고, 중세 페르시아어의 문어文語로 사용되었다.

불을 예배하는 신전에는 끊임없이 타오르는 불꽃이 아후라 마즈다의 현존을 나타낸다. 불을 중심으로 둘러앉아 기도문과 찬미가를 독경하는 조로아스터교의 종교의식.

금지된 신의 문명 1 | 165

다음과 같은 독특한 창조 신화가 적혀 있다.

신성한 대황大黃의 줄기가 자라서 마스야라는 남자와 마스야나그라는 여자가 된다. 이들 최초의 남녀는 처음에는 순수한 상태로 존재하지만, 곧 앙그라 마이뉴에 의해 타락한다. 그리고 그 타락의 결과로, 아후라 마즈다가 아닌 '오르무즈드'라는 이름으로 불리우는 그(혹은 그들)를 경배한다. 이 때부터 인간은 그들 본래의 순수성을 빼앗겨 영혼 구제를 맡고 있는 신 미트라의 도움 없이는 영혼을 되찾을 수 없게 된다.

조로아스터교의 창조설화를 담은 테라고타 납골함. 신성한 생명의 나무가 조각되어 있다. 키르기즈스탄 프룬제 지방의 추강 계곡에서 발견. 우즈베키스탄 타시켄트 역사박물관 소장.

조로아스터교에서는 이처럼 최초의 남녀가 생각과 말과 행위로 죄를 범했으므로 그들의 후손인 자신들은 모두 영원히 더럽혀졌다고 믿는다.『분다히쉰』이 작성된 것은 서기 9세기경 그들 선조가 이란에서 인도로 이주해 온 시기였다. 그런데도 그들은 이 문헌이 오래된 젠드(경전『아베스타』의 주해서)를 바탕으로 한다고 믿고 있다.

『분다히쉰』의 창조 신화는 많은 면에서 성서 창세기의 타락 이야기와 비교된다. 특히 놀라운 것은 페르시아의 일부 교의에서 앙그라 마이뉴가 '두 발이 있는 나이든 뱀'으로 알려져 있다는 점이다.『아무람의 증거』에 등장하는 '독사 같은 얼굴'의 주시자 벨리알의 모습을 떠올리게 한다.

페르시아 신화와 히브리 신화 사이의 유사성에 대해서는 1888년 C. 스태닐랜드 웨이크라는 학자가 저서『뱀 숭배와 다른 소론小論들』에서 주장한 적이 있었다. 그는 전혀 별개

낙원을 향해 날고 있는 콘도르와 소녀는 조로아스터교에서 미덕의 상징이다. 두 소년이 갖고 있는 활과 화살은 달로부터 선물받은 것이다. 은접시. 6~7세기. 상트 페테르부르크 에르미타주 박물관 소장.

의 두 신화가 일정한 유사성을 갖고 있다는 점을 다음과 같이 지적하고 있다.

타락과 그 결과에 대한 페르시아의 기술은 동일한 전설을 말하고 있다는 게 분명한 비유적 언어를 없애면 히브리의 이야기와 아주 가깝게 일치한다. 그리고 후자가 비유적 언어를 사용한 것은 그것이 전자(분다히쉰)보다 후에 만들어진 것이라고 믿게 하기에 충분하다.

페르시아 신화에서 『분다히쉰』의 뱀은 앙그라 마이뉴이다. 타락의 시대에 인류를 유혹했던 다에바(혹은 아후라)의 비유적 형태이다. 바로 유혹의 뱀이 『에녹서』와 사해문서에서 주시자 우두머리의 이름인 셈야자, 아자젤, 벨리알로 인격화된 것과 마찬가지이다. 이처럼 인간의 타락과 유혹의 뱀, 그리고 천사의 타락에 대한 유대 신화의 개념이 직접 혹은 간접적으로 조로아스터교나 조로아스터교 이전의 자료에서 유래되었다고 믿을 만한 증거는 한두 가지가 아니다.

조로아스터와 마니의 악연

여러분은 마니교의 창시자 마니가 3세기경, 당시로서는 비교적 덜 알려진 『에녹서』에 관심을 쏟아 그것을 번역하고 거기에다가 자신의 이단적 가르침을 보태 새로이 부흥하려는 세력(페르시아 제국)에 소개했다는 추론이 흥미 있다고 생각되지 않는가. 더욱이 그는 이것을 그의 선배인 조로아스터의 전통적 고향 중 하나인 동쪽 중앙아시아까지 전파했다면….

만일 주시자들에 관한 이야기가 페르시아에서 유래된 것이라면, 마니는 바빌론 유배에서 예루살렘으로 돌아올 때 유대 땅에 전해진 지 7백 년이 지난 후에 다시 그것을 가지고 나온 셈이다.

마니는 이 전설의 기원이 페르시아라는 것을 알고 있었을까. 그렇다면 마니와 마니교도들은 왜 광신적인 조로아스터교도들에게 그토록 끔찍한 박해를 당했을까. 조로아스터교도들은 서기 277년 마니가 페르시아 남서쪽 수사 근처의 윤드 이 샤푸르에서 죽은 뒤에도 그의 시신을 공공연하게 욕보였다.

해답은 의외로 간단하다. 조로아스터가 자신의 교의를 설파하던 때에 '다에바에 따른 법(다에보-다타)'을 극렬하게 반대했다는 점을 떠올리면 된다.

'다에바에 따른 법'이란 아후라 마즈다의 진리의 길을 따르지 않고 카라판(승려)과 카비(제1승려)의 기만적인 길을 좇던 사람들이 수용하던 '법'이었다. 여기서 승려라고 하여 막연하게 지칭하긴 했지만, 아후라와 다에바 사이의 영원한 투쟁을 주된 철학으로 삼고 있는 메디아의 마기들을 가리키는 것이 확실하다. 마기는 아후라 마즈다의 원형인 아후라의 신성한 최고 주권을 받아들이긴 했어도 어둠의 군주(앙그라 마이뉴)에 대한 영적 충성을 나타내기 위해 희생제를 올렸던 것이다.

조로아스터교도들의 입장에서 보면, 앙그라 마이뉴를 위한 제사는 신성모독이었다. 그 결과, 마기와 그 추종자들은 앙그라 마이뉴의 자식들이자 드루이, 즉 허위와 거짓을 추종하는 부류가 되었고, 불경스러운 것을 수용하고 전파한 사기꾼이라는 비난을 면치 못했다. 따라서 마니교도에 대한 조로아스터교도들의 비난과 혐오가 무섭게 일기 시작했는데, 어느 문헌을 보면 조로아스터는 '다에바의 법'을 받아들인 자들에게 다음과 같이 말한 것으로 되어 있다.

한 사람이 많은 재물 또는 적은 재물을 버렸든지 아니든지, 그는 진리의 추종자들에게 호의를 보여야 한다. 그러나 거짓의 추종자들에게는 악하게 대해야 한다. 왜냐하면 거짓의 추종자들에게 관대한 자는 그 자신이 거짓의 추종자이기 때문이다.

달과 황소로 조로아스터교 교의를 상징하는 은쟁반. 7세기. 상트 페테르부르크 에르미타주 박물관 소장.

조로아스터교도들은 마기의 가르침으로 인해 그들의 교의가 더럽혀지는 것을 극도로 경계했고, 따라서 마기의 가르침을 듣는 행위조차 이단시했던 것이다. 마치 마기가 다가오자 무서운 거짓을 듣게 될까 두려운 조로아스터교도가 귀를 막으면서 "안돼, 난 듣고 싶지 않아. 그건 거짓말이야. 난 그게 거짓이란 걸 알고 있어!"라고 외치는 모습을 연상케 한다.

경쟁관계에 있던 신앙에 대해 이토록 극단적인 태도를 취한 까닭은 무엇일까. 아니, 그것이 어떤 내용이길래 조로아스터 같은 대예언자조차 그의 추종자들로 하여금 듣지 못하도록 애써 막으려 했던 것일까. 조로아스터가 숨기려 했던 것은 무엇이었을까. 그리고 그 거짓이란 어떤 내용일까. 조로아스터가 자신의 교의를 창시하기 전에 마기를 연구하며 마기들에게 들었던 것은 무엇일까.

우선 마기의 종교적 관습이나 점성술, 천문학에 대한 지식과는 관계가 없었을 것이다. 그런 문제 때문에 조로아스터가 마기의 가르침을 그토록 광적으로 비난하지는 않았을 것이고 그토록 극단적인 태도를 취했다고는 보여지지 않는다. 그럼 '다에바에 따른 법'에 대한 마기의 믿음 자체를 비난한 것일까.

가능성은 있다. 왜냐하면 마기가 앙그라 마이뉴에게 제사를 바친 것으로 미루어 마기는 그의 자손인 다에바들을 사악하다고 비난하지 않았을 것이 분명하고, 오히려 아후라와 동등한 권력을 가지면서 이란의 종교와 인간사에서 활동한다고 보았던 것 같다. 그러나 이 풀이가 맞는다고 해도, 그 이원적 원리는 조로아스터와 그의 추종자들에게 무서운 위협이 되지는 않았을 것이다. 무엇인가 특별한 것이 있었을 것으로 생각된다. 역사가 드러내주는 것보다 더 충격적이라고 여긴 그 무엇이 있었을 것이다.

잠시 마기가 앙그라 마이뉴에게 희생제를 바친 사실을 생각해 보자. 다에바가 아후라의 신성하고도 비밀스런 지혜를 누설함으로써 인간에게 악의 씨를 뿌렸다는 이유로, 마기가 물질세계를 앙그라 마이뉴의 영토로 믿었다는 것이 가능할까. 『분다히쉰』에 나오는 최초의 남녀의 타락 이야기는 조로아스터교의 시각을 확증한다. 더구나 『분다히쉰』 곳곳에는 마기의 흔적이 남아 있다.

어쨌든 마니와 그 추종자들에 대한 광적인 박해는 조로아스터교도들로 하여금 마기가 말하는 '무서운 거짓'에 얼마나 민감하게 반응했는가를 단적으로 보여준다.

나는 지금 회당 안에서 벌어지고 있는 이 축제에 참가한 신도들 중에서 얼마나 많은 이들이 다에바의 죄, 혹은 다에바들이 인류를 타락시킨 것을 가르친 자들에 대한 박해를 알고 있는지가 궁금했다.

야스나 축제

야스나 축제는 1시간 반 넘게 계속되었다. 이따금씩 사람들이 제단 가까이 다가가서 장작을 승려들에게 건네주었다. 그러나 대부분의 사람들은 의식을 치르고 있다는 사실을 잊은 듯, 이리저리 걸어다니면서 잡담을 늘어놓고 있었다. 우리는 몹시 당황했다. 의식에 방해될까봐 조용히 앉아있는 우리들로서는 이해하기 어려운 광경이었던 것이다.

축제가 끝나고, 우리는 사원 도서실로 안내되었다. 그곳에는 비서관보다 조금 지위가 높아 보이는 이란 출신 학자가 있었다. 그는 우리에게 궁금한 점이 있으면 질문해도 좋다고 했다. 조로아스터교의 천사론에 대해 알고 싶다고 말하자, 그는 그에 관한 책이 여러 권 있다면서 지금은 절판되었다고 했다. 이어 그는 아나톨리아 동쪽의 카파도키아라는 지방과 관련되는 선지자 에녹의 전설을 끄집어냈다. 그리고 자세한 내용은 우편물로 보내주겠다고 약속했다(불행하게도 그 우편물은 오지 않았다).

잠시 후, 우리 일행은 식당으로 안내되어 야채 카레를 들

마기가 『분다히쉰』 최종판에 영향을 끼쳤다는 점은 『아베스타』 자료에서 언급한 전설 속의 지명들이 동부 이란의 옛 지명에서 메디아의 새로운 지명으로 바뀌 버렸다는 점에서 볼 수 있다. 학자들은 이것을 마기의 의도적인 행위라고 해석한다. 아마도 메디아의 마기와 동이란의 『아베스타』 사제들 사이에 치열한 신화적 경쟁관계가 있지 않았을까 보여진다.

아나톨리아 지중해와 흑해 사이의 넓은 고원지대. 오늘날의 터키에 해당한다.
카파도키아 소아시아 동부지방의 옛 이름. BC 260~17년경 독립 왕국이었다.

었다. 그리고 지금도 이란의 지하사원에서는 비밀리에 조로아스터교 예배가 열리고 있다는 이야기를 들었다. 이야기 도중 한 여자가 우리 쪽으로 다가오더니 성수聖水를 뿌려댔다. 우리를 적이 아닌 동지로 여긴다는 인사의 표시인 듯 했다.

사원을 떠나면서 나의 머리 속은 어지러웠다. 의식이 독특한 것은 아니었지만 그 축제를 둘러싼 갖가지 영상들이 머리에서 떠나지 않았다. 그 뒤, 우리는 그곳에 두 번 다시 가지 못했다. 초대받지도 못했을 뿐더러 여러가지 면으로 보아 또 다시 방문해야 할 필요성도 느끼지 못했다.

사원을 다녀온 성과는 분명히 있었다. 마기의 이원적 교의를 주시자의 이야기와 비교하려 했던 나의 연구 방향이 옳다는 확신을 갖게 된 것이다. 이제 남은 문제는 히브리 신화와 전설에 뚜렷하게 기술된 반신성半神性의 다에바들과 인간 사이의 명백한 관계를 밝히는 증거를 찾는 일이다. 그 증거만 찾는다면 천사들의 타락에 대한 유대 전승이 이란에 기원을 두고 있으며, 조로아스터 교도들이 '그 무엇'을 왜 그토록 두려워했는지를 설명할 수 있을 것이다.

마침내 나는 그것을 찾아냈다.

그러나 조로아스터교의 성전이나 잃어버린 마기의 가르침이 아니었다. 참으로 가장 가능성이 없다고 여겼던 자료, 바로 이란 민족의 전설, 역사를 기록한 장편서사시 『샤나마』에서 찾아낼 줄이야.

BC 3100년경 우루크 유적에서 출토된 수염 없는 남자상. 고대 수메르 문명의 상징이다. 이라크 국립박물관 소장.

제8장
악마의 종족으로 태어나다

불후의 명작 '샤나마'

피르다우시는 11세기의 아랍 시인이었다. 페르시아 동부 쿠라산 혹은 뒤스라는 지방의 지주 집안에서 태어난 그는 우리들에게 『왕서王書』라는 제목으로 잘 알려진 불후의 작품 『샤나마』를 지은 유명한 시인이다. 1010년에 완성된 『샤나마』는 멀리 천지창조로부터 시작하여 선사시대의 전설, 그리고 3~7세기의 사산조 역사까지 페르시아 민족의 전설과 역사를 담고 있다.

『샤나마』 전반부에서는 전설적인 여러 왕조의 창건과 그 왕조가 악마와 경쟁국들, 국내의 정치적 갈등과 싸움에 대항한 업적들을 나열하고 있다. 특히 나의 관심을 끈 타락한 종족뿐만 아니라 아름다운 사랑 이야기와 용맹스런 무용담, 그리고 영웅시들까지 있다. 물론 이 고대 작품에 기술된 이야기들이 정확하게 언제 어디서 일어났는지는 전혀 알지 못한다. 사가史家들은 저마다 작품에 기술된 왕들의 계보에 특정

샤나마 근대 페르시아어 문학의 대표적인 장편서사시. 5만여에 달하는 대구對句 형식으로 노래한 작품. 위 그림은 이란과 투란의 싸움을 그린 삽화.
피르다우시 이란의 시인(940?~1025?). 대표작 『샤나마』 외에 구약성서의 요셉을 주인공으로 한 서사시 『유수프와 잘리하』가 있다.

한 시기를 부여하려고 노력해 왔지만, 그 작품에 쓰인 갖가지 이야기들은 아득히 먼 옛날이거나 신화와 환상의 세계임이 거의 확실하다.

『샤나마』는 피쉬다디아계系 왕인 전설적인 인물 키유마르스의 비극으로부터 시작된다. 키유마르스는 조로아스터교의 경전 『아베스타』에서 가요마르탄(혹은 가요마르드)라는 이름으로 등장하는 인물이기도 하다. 산상山上의 왕좌에서 온 세상을 신성한 종교적 가르침과 고귀한 인품으로 다스리던 키유마르스는 비극으로 끝맺는데, 그의 아들 시야마크가 디브(검은 악마)에게 죽임을 당하기 때문이다.

그러나 시야마크의 아들 후솅(『아베스타』의 하오샨하)이 '일곱 나라의 왕'이 되면서 다시 부흥되는데, 후솅은 문명을 창시한 인물로 묘사되고 있다. 불을 발견했고, 돌에서 철을 분리하여 도구와 무기를 만드는 철기문명을 도입하고 농지 관개灌漑와 씨 뿌리기를 도입하는 등 농경사회를 이룩한 인물로 묘사되고 있다.

다시 수백 년의 세월이 흐르면서 수많은 왕들이 흥망성쇠를 거듭하다가 이란과 중앙아시아 투란 왕국간의 전쟁이 벌어지는 선사시대로 접어든다. 전쟁이 수없이 일어나고 영웅담이 펼쳐지는 이른바 인류의 혼란 시대이다. 『에녹서』와 사해 두루마리의 이야기를 정확히 모방한 듯한 내용들이 전개되는 시기이기도 하다.

중앙아시아 파미르고원을 중심으로 한 아시아대륙 중앙부의 건조한 사막과 초원, 고원과 고산으로 형성된 지역.

노아와 닮은 잘의 출생

『샤나마』를 읽다 보면, 우선 이란 동부지역에 있었다는 시스탄 왕국을 통치했다는 아亞왕조와 만나게 된다. 그곳이 어디를 말하는가는 뒤(제10장 참조)에서 언급하기로 하고 여기서는 나리만의 아들로 나오는 삼왕에 대해 관심을 가져보자.

삼왕은 아름다운 여인과 혼인하여 사내아이를 낳았다. 그러나 그 아이의 외모가 여느 사람들과 다르다는 것을 알고는 극도의 공포와 혐오감을 갖는다. 아이의 피부는 '은처럼 깨끗하고' 머리칼은 '눈처럼' 혹은 '노인의 것처럼 희고' 얼굴은 '낙원과 같고' '태양처럼 아름답다.' 눈은 '검은 색'이며 뺨은 '봄의 장미처럼' '붉고 아름다웠'으며 몸은 '사이프러스 나무처럼 곧았다.'

사이프러스 나무 키가 크고 검은 깃털이 있다. 한때 중근동 지방의 산기슭에서 자생했다.

어머니 역시 그 모습이 두렵기는 마찬가지였다. 그래서 이름을 '나이든 자'라는 뜻의 잘이라고 지었다. 백성들은 이 아이를 가리켜 왕의 아들이 아니라 데에브(다에브) 혹은 '마법사(마기)의 아들'이라고 수군거렸다. 그리고 아이를 구경하기 위해 몰려들어서는 왕에게 "이것은 불길한 사건이니 왕에게는 아무런 득이 되지 않고 오직 재난이 있을 것입니다. 그 아이를 보이지 않는 곳으로 보내는 것이 더 낫습니다"고 청했다. 작품에서는 이 구절을 다음과 같이 적고 있다.

이 세상 어느 인간도
그러한 괴물을 낳을 수 없도다.
비록 형체와 얼굴은 인간일지라도
그는 분명 악마의 종족이리라.
악마가 아니라면
적어도 얼룩덜룩한 짐승처럼 보이는도다.

삼은 당혹해 하면서 태양의 신 아후라 마즈다에게 열심히 기도를 바쳤다. 왜 자신에게 '아흐리만교'의 '완전한 페리'인 '아흐리만의 자식을 닮은' '악마적 아이'를 주었는가를 물었다. 때로는 자기가 알지 못하는 죄를 저질러서 그 벌을 받은 것이 아닌가 하고 생각하기도 했다. 이 이야기를 읽으면서, 나는 어떤 기대감이 혈관을 빠르게 관통하는 것 같은 느낌이 들었다. 어쩌면 그렇게도 『에녹서』에 나오는 노아의 기이한 탄생과 똑같을까. 너무나 흡사해서 두렵기까지 했다.

잘은 '은처럼 깨끗한' 몸에 '봄의 장미와 같이' '붉은' 뺨을 하고 있다고 했다. 노아의 몸 역시 '눈처럼 희고 장미처럼 붉다'고 했다. 또 잘은 '노인과 같이 하얀' 그리고 '눈과 같은' 머리칼이라 했고 노아는 '양털처럼 흰' 머리칼로 묘사되고 있다. 얼굴 역시 잘은 '낙원과 같고' '태양처럼 아름다운' 얼굴이라 했고, 노아의 눈은 '태양처럼 빛났다'고 기술되어 있다. 그리고 잘은 '악마의 아이' '완전한 페리' '아흐리만의 아이' 또는 '아들' 데에브(다에바)나 마법사'라 했고, 노아는 '주시자들… 그리고 네피림의 결실인' (타락)천사들의 아이들'을 닮았다고 쓰여 있다.

페리 중앙아시아 민간설화의 페리는 매력적인 외모에 적의를 감춘 요정으로 묘사되고 있다. 1550년. 수채화. 이스탄불 토프카프 박물관 소장.

차이점이 있다면, 잘의 검은 눈과 '얼룩덜룩한 짐승' 같은 외모이다. 다른 부분에서는 '두 가지 색의 표범' 같다고 묘사했는데, 이것들은 노아의 탄생을 기술한 히브리 문헌에는 들어있지 않은 구절이다. 생각하건대, 초기 피쉬다디아 왕들이 '용맹성과 남성다움'을 나타내기 위해 표범 가죽을 입었다는 페르시아인들의 믿음과 관련된 것이 아닐까 싶다.

어쨌든 『샤나마』에 기록된 잘의 불길한 탄생과 『에녹서』에 기록된 노아의 기이한 탄생 사이에는 밀접하고도 직접적인 관련이 있을 수밖에 없다는 확신이 들었다. 분명 어느 하나가 다른 하나를 바탕으로 하고 있는 듯했다. 그렇다면 어느 것이 원조일까.

앞서 나는 페르시아 신화와 종교가 『에녹서』와 사해문서를 포함한 바빌론 유배 이후의 유대교에 영향을 끼쳤다는 점을 언급한 바 있다. 따라서 여기서도 페르시아의 이야기가 유대 문헌에 영향을 주었다고 생각된다. 물론 다른 가능성도 있다. 페르시아나 유대보다 훨씬 오래된 어떤 이야기가 있었고, 이것이 양쪽에 영향을 끼쳤을 가능성이다. 이 가설이 옳다면 그 원점은 어디일까.

우리는 이 이야기가 주는 의미부터 되새겨 볼 필요가 있을 것 같다. 비록 전설이긴 하지만, 한 아기가 왜 그토록 끔찍하게 비쳐지는 모습으로 태어나야만 했을까. 그리고 정말로 그 특이한 모습 때문에 악마 자식이나 초자연적 결합의 산물로 비난받았을까. 아니면 이란 민족만의 독특한 믿음이었을까.

잘의 탄생은 분명 다에바에 의한 인류의 타락을 이야기하려는 페르시아인들의 믿음, 그리고 주시자들의 타락에 대한 유대 전설 사이에 연관성이 있음을 입증한다. 파란만장한 잘의 생애에 대한 다음의 이야기를 들으면 그것은 더욱 확실하게 다가올 것이다.

여인의 머리를 한 모습으로 나타난 시무르그.

콘도르 시무르그

잘의 부친인 삼은 고민을 거듭하다가 마침내 아기를 엘부르즈산에다가 내다버렸다. 엘부르즈산은 시무르그('고귀한 콘도르'라 불리는 전설상의 새)가 살고 있는 곳으로 '왕국'이라고 표현되기도 한다.

새끼에게 줄 먹이를 찾던 어미 시무르그(이야기마다 암수가 다르게 묘사되어 있다)가 하늘을 날다가 바위틈에 있는 어린 아기를 발견했다. 아기는 손가락을 빨면서 울어대고 있었다. 순간, 동정심이 생긴 어미 시무르그는 그 아기를 산꼭대기의 둥지로 데리고 갔다. 그리고 새끼들에게 친하게 지낼 것을 당부했다. 다른 문헌에서는 어미 시무르그가 아기를 새끼들에게 먹이려는 순간, 그 아이를 잘 돌봐주라는 아후라 마즈다의 말씀이 들려 포기했다고 적기도 한다.

세월이 흘러, 아기는 시무르그의 극진한 보살핌 속에 훌륭한 소년으로 성장했다. 그 동안 부친인 삼 왕은 아이를 죽인 데에 자책감을 느끼면서 안타까워하고 있었다. 어느 날, 그는 아들이 살아 있다는 꿈의 환영을 보고는 아이를 찾기 위해 산을 올랐다. 그러나 기력이 약한 탓에 실패한 그에게 다시 아이의 환영이 나타났고, 그는 또다시 길을 떠났다. 마침내 엘부르즈산의 정상에 올라 아후라 마즈다에게 아이를 돌려달라고 기도를 드린다.

엘부르즈산맥 이란 북부 가스피해와 이란고원 사이에 있는 산맥. 길이 1000km, 평균 표고는 3000m이며 최고봉은 데마벤드산이다.

만일 버림받은 아이가 진정 저의 자식이고
타락한 악마의 자식이 아니라면
(부덕한 후손 아흐리만의 씨앗에서 나지 않았다면)

오, 저를 가엾게 여기소서!
사악한 행위를 용서하시어
저의 눈에, 상처 입은 제 아들을 돌려주시옵소서.

삼의 기도를 들은 시무르그는 이제 자신이 보살펴온 소년을 돌려보내야 할 때라는 것을 알고는 소년에게 두스탄이란 이름을 새

로 지어 주었다. 소년은 헤어진다는 슬픔에 울음을 그치지 않았다. 시무르그는 자신을 길러주었을 뿐 아니라 말과 지혜를 가르쳐 준 스승이기도 했기 때문이다.

소년이 무척 슬퍼하는 것을 안타까워한 시무르그는 소년을 결코 잊지 않을 것이라고 다짐하고는 항상 곁에 있겠다는 징표로 깃털 하나를 뽑아주었다. 그리고 "곤란하거나 위험한 상황에 처하게 되면 언제든지 이 깃털을 불 위에 놓아라. 그러면 즉시 내가 나타나 너의 안전을 지켜주마. 항상 나를 기억하거라"고 말했다.

아들과 다시 만난 삼은 기쁨의 눈물을 흘리면서 시무르그에게 지난날의 잘못을 진심으로 뉘우친다고 했다. 그리고 아이를 지극히 존중하고 명예로 대함으로써 훌륭하게 키우겠다고 다짐하고, 그 동안 자식을 보살펴준 감사의 표시로 시무르그에게 축복을 주었다.

세월이 흘러, 잘은 잘 생긴 왕자가 되었고 루다베라는 공주와 사랑에 빠졌다. 공주는 '카불의 왕' 메랍의 딸로서, 천년 동안 이란을 다스렸다는 뱀 왕 자하크(『아베스타』의 아즈히 다하카)의 후손이었다.

작품에서 루다베에 대한 묘사는 독특하다. 공주의 몸종이 잘의 종에게 건네는 말을 보자.

너의 왕보다 머리 하나가 큰 당당한 미인이시다. 모습은 티크나무와 같지만, 희기로 말하자면 상아와 같고, 얼굴에는 사향띠로 관을 쓰셨다. … 공주님이 왕자님의 아내가 되면 두 분은 아주 잘 어울리는 한 쌍이 될 것이다.

티크 나무 인도, 태국, 버마에 분포하는 낙엽교목. 처음에는 검은 황색이지만 갈색을 띤다.
사향 사향노루에서 추출한 천연향료. 옛날부터 생약으로 강심, 흥분, 진정제로 쓰였다.

다른 대목에서는 공주가 '머리에서 발끝까지 상아처럼 희고, 실로 낙원과 같은 얼굴에 플라타너스와 같은 자태를 지녔다'고 적고 있다. 현대식으로 해석하면, 루다베는 모델처럼 키가 큰 미인이었다고 생각된다. '사이프러스 나무 같은' 모습의 잘보다 '머리 하나' 만큼 크다는 것으로 보아 그녀의 키는 몹시 컸을 것으로 짐작된다. 여기서 우리는 두 남녀가 왕의 혈통을 잇는 데 필수적인 자질을 지니고 있다는 점을 읽을 수 있고, 때문에 의도적으로 함께 등장한다는 암시가 있음을 알 수 있다.

신화 속의 제왕절개

마침내 두 남녀는 결혼하고 루다베는 아이를 가진다. 그러나 루다베는 '견딜 수 없는 산고'를 겪는다.

사이프러스 나뭇잎은 시들어갔다.
그녀는 창백하게 누워
휴식과 잠으로도 달래어지지 않으니
죽음이 다가오는 듯 했다.

아내가 너무나 고통스러워하자, 잘의 슬픔도 이만저만이 아니었다. 문득 시무르그가 준 깃털이 생각났다. 그가 깃털을 불 위에 놓자, 주위에는 순간적으로 어둠이 깔리고 시무르그가 나타났다. 시무르그는 잘을 위로하면서 '사이프러스 나무의 키에 코끼리의 힘을 가진' 아들의 아버지가 될 것임을 예언하고는 다음과 같이 말했다.

그 아이는 보통 방법으로는 태어나지 않을 것이다. 단단한 쇠로 만들어진 단검을 가져오거라. 그리고 주문을 외울 수 있는 사람

오른쪽 그림은 『샤나마』 서사시의 영웅 루스탐이 제왕절개술로 출산되고 있음을 보여준다. 페르시아 그림.

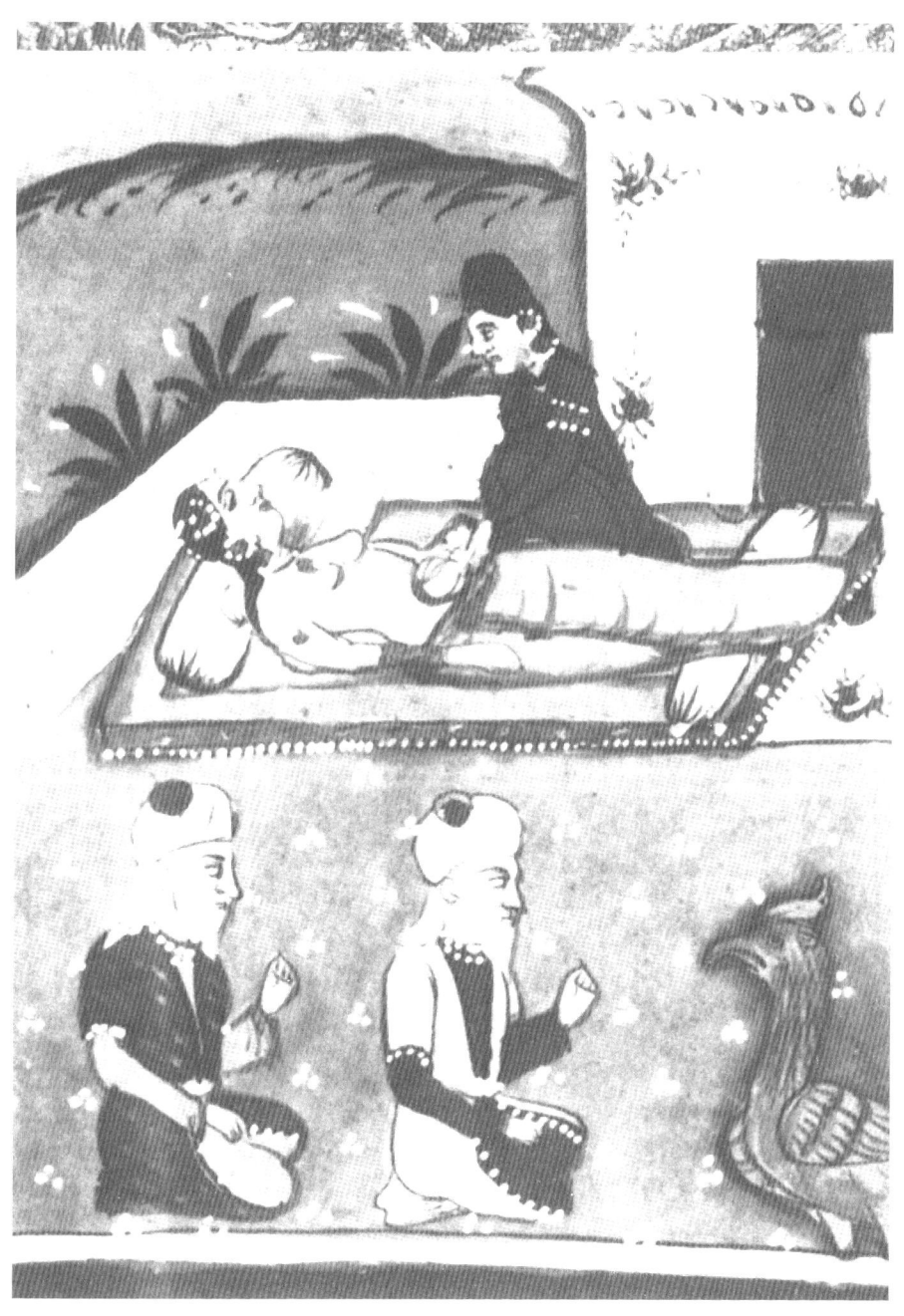

을 불러 오거라. 여자에게는 약을 주어 어떤 두려움이나 불안도 모르도록 마취를 시켜라. 최면술사가 주문을 외는 동안 지키고 있다가 사자 같은 아이가 나올 때까지 지켜보아라. 마술사가 여자의 몸을 찔러 아기(사자아이)를 꺼내고, 피범벅이 된 옆구리를 봉합할 것이다. … 네게 알려 줄 약초가 있다. 가루를 내고 우유와 사향을 넣어 그늘지고 건조한 곳에 두어라. 그 약초를 상처 위에 바르면 그녀는 위험에서 벗어날 것이다. 그리고 이 모든 일이 끝나면 나의 깃털 하나를 여자에게 지니게 하거라. 나의 권능이 두 사람의 행복을 지켜줄 것이다.

잘은 시무르그가 하라는 대로 했다. '거대한 아이가 산모의 옆구리에서 나오자마자 "바 라스탐"이라고 소리쳤다.' 바 라스탐이란 '나는 구제되었다'는 뜻이다. 이 때문에 아기의 이름은 '강하게 자람'이라는 뜻의 루스탐이 되었다. 그 후, 루다베는 시무르그가 처방해 준 약초 덕택에 빠르게 건강을 회복했고, 아이는 이란에서 가장 위대한 전설적인 영웅이 되었다.

이상이 루스탐의 탄생에 관한 『샤나마』의 줄거리이다. 여기서 우리는 루스탐의 초자연적인 출생이 이란의 전설과 역사뿐 아니라 유대 전통의 종교적인 문헌인 『에녹서』에서도 그대로 적용되고 있음을 알 수 있다.

나는 이 이야기를 읽으면서, 에티오피아의 『케브라 나가스트』에서 카인의 딸이 제왕절개를 통해 거대한 네피림 아기를 낳았다는 대목이 생각났다. 참으로 이란의 신화와 전설상의 아이가 네피림과 정확하게 같은 방법으로 태어난 것이 우연의 일치일까. 제왕절개라는 뜻의 'caesarean'란 단어는 그 방법으로 태어난 최초의 인물 줄리어스 시저에서 비롯되었

시저 로마 공화정 말기의 정치가, 군인(BC 100~44).

다고 한다. 여러분은 로마보다 수천 년이 앞선 시대에 제왕 절개라는 의술이 행해졌다는 것을 어떻게 받아들이는가.

혈통의 진실

『샤나마』에서, 우리는 페르시아인들의 믿음에 놀라지 않을 수 없다. 그들은 다에바가 육신을 가졌을 뿐 아니라 인간의 여인과 동침할 수도 있으며, 히브리 전설의 주시자들 자손과 흡사한 신체적 특징을 지닌 후손을 낳았다고 믿었다. 이것은 마기들이 가르친 '다에바에 따른 법'이 초자연적 존재와 인간의 여인 사이에 육체적으로 결합했다는 점과 관련되었을 가능성을 높여준다. 또한 마니교의 이원적 교리에는 문명세계가 '사악한 영혼' 앙그라 마이뉴의 창조물이라는 믿음을 포함한다는 내 견해를 뒷받침해준다.

『샤나마』에 등장하는 전설들과 관련된 마니교의 언급 역시 많은 것을 드러내준다. 마니교야말로 이란의 신화와 『에녹서』가 뚜렷하게 중복되고 있는 이유를 설명해줄 실마리를 제공할 수 있을 것 같기 때문이다.

알려지기로는, 마니교도들이 『에녹서』 필사본을 아시아의 여러 나라 언어로 옮겼다고 한다. 아마도 그 과정에서 주요 인물들이 『샤나마』에 등장하는 인물들로 이름이 바뀌지 않았을까 보여진다. 예컨대, 페르시아 전설에서는 잘의 부친이 삼이고 할아버지는 나리만이며, '삼과 나리만의 영예로운 혈통'으로 언급되는 신화적인 왕의 후손들이다. 왕족인 두 인물들의 부계父系를 통한 관계는 마니가 번역한 에녹 문헌에서는 타락천사 셈야자의 가공의 아들과 짝을 이루는데, 아랍어의 원 이름 오야와 아야의 자리에 삼과 나리만이 들어간 셈이다.

『샤나마』에서 이 이름들을 사용한 것은 마니가 삼과 나리만의 페르시아 왕조를 주시자들의 우두머리인 셈야자의 직계 후손으로 보았다는 것을 암시한다. 이 왕족 계보에는 타락한 종족의 육체적 특징을 지녔던 잘과 루스탐을 포함하므로 이 가설은 결코 가볍게 여겨질 수 없다.

마니는 이란 신화와 주시자들의 몰락 이야기에 대해, 그리고 네피림 아이들의 탄생과 불, 물의 재난으로 인한 그들의 마지막 멸망에 대해 무엇을 알고 있었을까. 분명히 그는 노아의 초자연적 탄생과 삼의 아들 잘의 기이한 탄생을 둘러싼 대칭 관계를 몰랐을 리가 없다.

그렇다면 이것이 마니에게 얼마나 많은 영향을 끼쳤을까. 그가 셈야자의 아들에게 이란 신화의 영웅 삼과 나리만이라는 이름을 따서 지어주도록 했던 것일까. 어쩌면 마니는 나리만과 삼의 혈통을 아후라의 타락과 연관짓는 '이야기'를 알고 있었을지 모른다. 물론 그 '이야기'는 지금은 전해지지 않은 전설일 것이다.

언어학 전문가인 W. B. 헤닝은 "오야를 삼이라고 번역한 것은 이란 영웅과 관련된 신화의 도입을 수반한다"고 했다. 마니가 에녹 문헌에다가 이 인물을 교묘하게 끼워 넣었다는 것이다. 그는 또 마니교의 어떤 『에녹서』 자료에서 삼이 '쉼 *Shm*'으로 표기된 점에 주목했다. 히브리어에서 쉼은 '이름' '기둥' 또는 '높은'이란 뜻이므로 대단히 흥미로운 점이다. 그것은 노아의 아들 중 하나의 이름일 뿐더러, 셈야자 *Shemyaza*라는 이름 첫머리의 어원이기도 하다. 게다가 야자 *yaza*라는 접미사는 '천사' 혹은 '신성한 존재'를 뜻하는 젠드어인 야즈드 *yazd* 혹은 야자타 *yazata*와 가깝게 연관되어 있어서, 셈야자라는 이름이 본래 이란어에서 유래했다는 것을 입증한다.

그러나 가장 큰 수수께끼는 왜 악마와 같은 특징을 지닌 거인 아기들이 처음에는 가족들로부터 미움과 혐오를 받다가 훗날 잘이나 노아와 같이 영웅이나 그 시대의 스승이 되는가 하는 점이다.

두 개의 다른 세계에서 각기 선택된 인물에 대한 은유적 표현에 주목하자. 잘은 '사이프러스 나무처럼 곧다'고 했고, 루스탐은 '사이프러스 나무의 키'와 같다고 했다.

키가 엄청나게 크다는 것을 나타내고자 사이프러스 나무를 비유하는 방식은 『샤나마』란 작품에서 잘이 등장하는 대목 이전에도 있다. 이란의 첫 번째 왕이자 '세계의 지배자' 키유마르스는 산 위의 '호리호리한 사이프러스 나무 위에서 빛나는 보름달 같은' 궁전에서 다스렸다고 하며, 뱀의 왕 자하크를 패배시킨 페리둔은 '호리호리한 사이프러스 나무처럼 크고 아름답다'고 했다. 이 은유적 표현들과 에녹 문헌에서 주시자들을 '나무들'로 언급한 것은 확실히 우연의 일치가 아니다.

또 잘의 얼굴은 '낙원과 같고' '태양처럼 아름답다'고 했고, 그의 아내가 된 루다베는 '낙원과 꼭 같은' 얼굴이었다고 한다. 이 표현 역시 주시자들과 그 자손들이 '태양처럼' 빛났다는 히브리 전승의 은유적 표현과 일치한다. 이러한 표현은 『샤나마』에서 키유마르스를 설명하는 부분과 또 다른 왕 젬쉬드의 얼굴이 빛나는 광채를 띠고 있다고 묘사하는 부분에 똑같이 등장하고 있다.

신의 영광을 지닌 존재

피르다우시에 따르면, 그러한 초자연적 효과는 리켜 파르이 이자디(혹은 파르 이 야즈단), 즉 신의 영광으로도 알려진 크바르나, 곧 왕의 행운의 존재에 의해 창조된 것이다. 말하자면 아무나 되는 것이 아니라 특정한 어떤 종류의 신성한 정수精髓 혹은 징후가 아후라 마즈다에 의해 선택된 가계家系에서만 유전된다는 것이다. 젬쉬드가 '투구, 쇠사슬 갑옷, 판형 갑옷, 방탄조끼, 칼, 말 갑옷' 등을 쇠로 만든 것도 이 성스러운 정수로 신에게서 지식을 얻었기 때문이라고 것이다. '고귀한 파르의 도움으로 멋진 옥좌를 만들었다'는 구절도 나오는데, 옥좌는 그때부터 그의 권좌가 되었다고 전한다.

정말로 고귀한 파르가 있었을까.

실제로 있었는지는 아무도 모른다. 어느 대목에서는 그것을 가리켜 쇠를 벼릴 수 있는 마법의 힘이라 했고, 재래식 도구 없이도 단단한 물질을 자를 수 있는 수단이라고도 했다. 또 신의 현시顯示라고도 했다.

한 가지 분명한 사실은 왕이 신의 영광 없이는 통치할 수 없었다는 점이다. 젬쉬드의 경우, '더 높은 힘을 더 이상 믿지 않고 자신을 유일한 통치자라고 여겼기' 때문에 그의 파르를 잃었다고 기술되어 있다. 승려들과 군대, 백성들이 그를 버렸고, 따라서 7백 년간 이어져온 그의 통치는 막을 내리고, 세상은 악이 인간의 운명을 '사악한 정령' 앙그라 마이뉴의 형태로 지배하는 시대가 되었다는 것이다.

이렇게 보면, 젬쉬드는 『젠드 아베스타』에 등장하는 '낙원의 왕' 이마라는 인물과 동일시되고 있다. 이마 역시 세상을 다스리다가 신의 영광을 잃어버려 7백 년이 넘는 권좌에서 물러났는데, '그 영광이 새(바라그나)의 형태로 그에게서 달아났다'고 적혀 있다. 그가 신의 영광을 잃은 이유는 '거짓과 허위의 말을 기뻐' 했기 때문이었다. 젬쉬드와 이마에 뒤이어

이마 페르시아 신화에 나오는 최초의 인간. 인류의 조상. 그러나 조로아스터교에서는 인간을 즐겁게 하기 위해 수소의 고기를 내준 죄인이다.

그 마법의 힘을 지닌 인물은 페리둔이다. '호리호리한 사이프러스' 페리둔이라고 기록한 『샤나마』는 '고귀한 파르가 그에게서 발산되었다'고 적고 있다.

그럼 신의 영광이란 실제로 무엇을 나타내는가. 페르시아의 전설을 접하다 보면, 왕이나 영웅들이 한결같이 커다란 키와 고귀한 파르로 여겨지는 성스러운 얼굴빛 등 특정한 자질을 갖추고 있음을 알 수 있다. 조로아스터도 빛나는 광휘를 갖고 태어났으며 적어도 하나의 완전한 탁월성을 가진 인물로 묘사되고 있다.

여기서 놀라운 사실은 이 두 가지의 육체적 특징이 주시자들과 같다는 점이다. 그리고 거대한 키의 '빛나는' 신들이라고 불리는 이란의 아후라와도 관련되어 있다는 점 역시 흥미로운 일이 아닐 수 없다.

고대 페르시아의 예술을 보면 특징이 있다. 아후라 마즈다가 들고 있는 커다란 고리나 왕관이 곧 신의 영광이고, 그것을 주고받는 것이 왕의 정당성을 인정하는 표현으로 묘사되

아케메네스조의 다리우스 1세가 아후라 마즈다의 보호를 받으면서 전차를 타고 사자 사냥을 하고 있다. 원통형 인장. 런던 대영박물관 소장.

고 있다는 점이다. 말하자면, 왕관은 신의 영광을 나타내는 유일한 징표인 셈이다. 어쩌면 이 방식은 한때 타락한 종족의 빛나는 안색을 강조하던 것이 발전되어 나타난 형태가 아닐까 싶다.

빛나는 얼굴들

만일 나의 추정이 옳다면, 새로 태어난 아이가 먼 옛날의 '빛나는' 종족들과 너무나 흡사한 모습일 때, 처음에는 타락한 아후라의 후손이라고 여기고 산에다가 내다버렸을 가능성이 높다. 그러다가 시대가 흐르면서 그것이 잘못임을 깨닫고는 정반대로 신성한 왕이 갖추어야 할 조건이라고 생각하지 않았을까 생각된다. 그리고 다시 그 범위가 넓어져서 위대한 예언자나 영웅 역시 왕과 마찬가지로 갖춰야 한다는 믿음을 갖지 않았을까. 조로아스터와 같은 전설적인 인물에 대해서는 사후에 덧붙여졌을 것이다.

다니엘서에서 '빛나는 얼굴'을 한 주시자 같은 존재를 묘사한 대목을 주의 깊게 읽으면, 이 믿음이 바빌론(페르시아)에 유배되었던 유대인들에게 얼마나 강한 영향을 끼쳤는지를 알 수 있다. 적어도 유대인들이 바빌론 수사에 유폐되기 이전에는 어느 유대 전설에서도 그런 대목이 전혀 나타나지 않았기 때문이다.

그렇더라도 차이가 전혀 없지는 않다. 히브리인들은 페르시아인들과 달리 진실로 유덕한 스승이나 족장만이 그런 얼굴을 했다고 믿었던 것 같다. 바빌론 유배 이후 쓰여진 외경과 민간 전승에서 나타난 아브라함과 엘리야, 에녹, 노아와 같은 성서 인물을 보면 한결같이 얼굴에 광채가 있고 키가 몹시 큰 것으로 묘사되고 있다. 그러다가 세월이 흘러, 기독교와 이슬람의 도상학에 와서는 천사와 성인, 성자들의 머리 주위에 커다란 후광이 그려지는 형태로 변한 것 같다. 대표적인 인물이 예수 그리스도이다. 아기 예수가 세 명의 동방박사를 맞이하는 그림을 보면, 19세기의 히브리 학자 토마스 인만이 언급한 것처럼 '인광유燐光油로 덮인 듯이 빛나는' 광채를 발하고 있다.

어쨌든 천사의 아이와 관련하여 빛나는 얼굴이란 믿음은 20세기의 런던에서도 남아 있었다. 앞서 언급한 중년부인 마가렛 노먼이 어머니에게서 들었다는 이야기 중 얼굴이 '그냥 빛났다'는 '천사 아이'에 대한 언급이 그 단적인 예이다.

만일 아름다운 얼굴빛이 한때 존재했던 '빛나는' 천사 종족의 표시였다면, 페르시아 전설에서 왕에게 부여된 파르는 사실일까. 사실이라고 하자.

그렇다면 그들은 어떻게 해서 재래식 도구를 사용하지 않고 금속을 만들고 상아에 조각할 수 있으며 신을 알 수 있었는가. 주시자들이 사람의 딸들에게 전해준 것처럼, 파르 역시 세대를 거쳐 전해온 비밀스런 지식과 관련이 있을까. 고대 이란의 왕조들은 정말로 인도-이란 신화에 등장하는 아후라와 다에바의 혈통을 잇는 후손들일까.

설사 얼굴이 빛나고 키가 큰 모습의 종족이 이 지상에 한때 존재했었다고 해도 그들을 찾기란 거의 불가능하다. 그들이 지상에서 사라진지 수천 년이 지났기 때문이다. 그러나 결정적인 실마리가 하나 남아 있다. 『샤나마』를 보면, 시무르그란 새는 잘이 태어날 때, 또 그의 아들 루스탐이 출생할 때 등장한다. 그리고 아이에 대해 보모나 스승의 역할뿐 아니라 의술에서도 뛰어난 능력을 지닌 것으로 묘사된다.

여러분은 이처럼 놀라운 능력을 지닌 새가 얼마나 된다고

인광유 야광도료로 쓰이는 기름. 인광은 어느 물질이 빛을 비추다가 그쳐도 계속 빛을 내는 현상을 말한다.

생각하는가. 살펴볼 가치가 있다고 여기지 않는가. 어쩌면 이 '고귀한 콘도르'가 타락한 종족의 기원에 대한 수수께끼를 풀어줄 첫 번째 단추일지 모른다. 물론 시무르그가 단순히 새라는 조류가 아니라 깃털로 치장한 인간을 표현한 것이라는 전제에서 하는 말이다.

얼굴은 사람이고 몸은 짐승인데 날개가 달린 스핑크스. '활보하는 스핑크스'라고도 불리는 사마리아의 상아 스핑크스. BC 9~8세기. 예루살렘 이스라엘박물관 소장.

제9장
죽음의 끝에서

성스러운 은둔자

『샤나마』의 한 판본을 보면, 시무르그가 엘부르즈산에서 아기 잘을 돌보아주는 대목에 다음의 주석을 달아놓고 있다.

이 이야기는 다만 산에 사는 성스러운 은둔자를 의미하는 것이며, 그는 아버지에게 버림받은 그 불쌍한 아기를 기르고 교육시켰다.

말하자면, 시무르그란 거대한 새처럼 차려입고 '고귀한 콘도르'의 역할을 하는 성스러운 은둔자라는 이야기이다. 그렇다면 이 '성스러운 은둔자'는 과연 누구일까. 삼과 나리만 왕가와는 어떤 관계일까.

시무르그가 등장하는 다른 이야기에도 그 새가 본래 인간이라는 점을 강하게 풍기고 있다. 이라크 남부의 아랍 습지와 남서부 후지스탄 지방에 현존하는 만다교의 민간전승에 따르면, 시무르그는 여성으로서 히르미즈라는 왕의 궁궐에서 외국 사절처럼 환대를 받는다. 왕은 시무르그를 위한 옥좌까지 준비하고, '고기를 먹지 않기' 때문에 '산의 과실들'로 만찬이 베푼다. 나라에서 가장 뛰어난 무희들을 불러 노래와 춤을 선보이기도 하는데, 심지어 그 무희들이 기르는 새조차 공연하도록 한다. 그런가 하면, 시무르그는 왕과 나누는 대화를 통하여 비밀의 지혜에 대한 심오한 지식과 강한 예언력을 보여준다.

온몸을 새의 깃털로 장식한 샤먼과 같은 모습은 이탈리아 중부에 있었던 고대 에트루리아에서 출토된 테라코타에서도 볼 수 있다. BC 5세기. 상트 페테르부르크 에르미타주 박물관 소장.

우리는 이 이야기에서 그 불가사의한 새가 여성이며, 새처럼 치장한 샤먼이라는 인상을 강하게 받게 된다. 무희들이 기르는 새조차 공연하도록 한다는 대목은 새의 깃털로 치장한 사람들이 행하는 춤 의식을 표현한 것 같다. 이번에는 『샤나마』에서 루스탐이 나오는 대목을 보자.

루스탐과 그의 애마愛馬 라크쉬가 커다란 상처를 입었다. 사막과 평원, 산과 광야를 거쳐 시무르그 한 마리를 칼로 죽인 이스펜디야르로부터 입은 상처이다.

루스탐의 아버지 잘이 시무르그의 깃털 하나를 높은 곳에서 태우자 시무르그가 홀연히 나타난다. 시무르그는 루스탐과 그 말을 낫게 해줄 테니 걱정하지 말라고 말한 뒤, 커다란 부리로 말의 몸에 박힌 여섯 개의 화살을 빼내고는 말의 온몸을 자신의 깃털로 쓰다듬는다. 루스탐에게도 비슷한 방법을 쓴다. 여덟 개의 독화살을 빼내고 독이 퍼진 피를 빨아낸 다음, 그 상처 부위를 자신의 깃털로 쓰다듬는다.

거짓말처럼 루스탐과 라크쉬가 낫는다. 그러자 루스탐은 시무르그에게 이스펜디야르와 싸워 이길 수 있는 비법을 가르쳐달라고 청한다. 시무르그는 그러한 복수는 옳지 않다고 반대한다. 왜냐하면 이스펜디야르는 루스탐과 같은 종족의 영웅이기 때문이다. 시무르그는 만일 자기가 도와주어서 루스탐이 이스펜디야르를 이긴다 해도 루스탐은 그 행위 때문에 벌을 받게 되어 반드시 죽게 될 것이라고 말한다.

루스탐은 그것이 자기 운명이라면 받아들이겠다고 답한다. 이 말을 들은 시무르그는 곧 '깊은 생각에 잠겨… 한동안 말을 하지 않았다'고 적고 있다(부족사회에서 제사 때 샤먼이 몰입하는 무아지경과 같은 모습일 것 같다).

마침내 무언가 결심을 한듯, 시무르그는 루스탐에게 애마 라크쉬를 타고서 자기를 뒤따르라고 한다. 두 사람은 멀리 여행하여 신비한 카주나무가 있는 갈대 숲에 도착한다(이것은 거의 그 새에 의한 환영인 듯하다). 그곳에서 시무르그는 루스탐에게 카주나무의 가지로 죽음의 화살을 만드는 비법을 가르쳐 주고, 루스탐은 그 화살로 이스펜디야르를 죽이고 그 자신도 최후를 맞는다.

불멸의 영약

죽음을 목전에 둔 순간, 루스탐은 이스펜디야르의 형 바슈탄을 만나는데, 바슈탄은 루스탐에게 전날 자기 동생에게서 입은 상처가 그토록 빨리 치유된 비밀이 무엇인가를 묻는다. 루스탐은 불과 하루 전에 동생의 화살에 맞아 부상을 당했던 것이다. 루스탐은 다음과 같이 대답한다.

나와 내 말의 상처는 완전히 나았다. 아무리 심한 상처일지라도 바르기만 하면 바로 그 순간에 낫는 불사의 영약을 갖고 있기 때문이다. 더욱이 이스펜디야르의 화살은 내 몸을 찌르는 바늘에 불과하다.

아무리 심한 상처라도 치유되는 '불사의 영약'이란 어떤 것일까. 앞에서 루다베가 제왕절개 수술로 아이를 낳을 때 생긴 상처를 낫게 한 바로 그 약일까. 그것은 우유, 사향과 섞은 약초였는데…. '영약'은 지난 날 연금술사들이 저급한 물질을 순수하게 만드는 물질이라고 믿고 찾으려 했던 신성한 액체이다. 그것은 젊음을 되찾게 해주고 수명을 연장시킨다는 전설적인 약으로 알려지고 있다.

내가 보건대, 그 영약은 페르시아 신화에 나오는 '하오마'와 관련되어 있지 않을까 싶다. 이란의 식물학자들은 하오마가 그네타세아과(바다포도科) 덩쿨나무속屬 에페드라종種 에 속하는 식물로서, 산꼭대기나 강의 계곡에서 자란다고 한다. 즙을 내어 우유나 물에 섞어 마시면 마취 효과를 낼 뿐 아니라 상처를 치유하는 초자연적 성분도 있다는 것이다. 최근의

왼쪽 사진은 무스카린 등 유독성분이 들어있는 파리광대버섯. 북유럽에서 중앙아시아, 시베리아, 일본에 걸쳐 자작나무 등이 사는 춥고 척박한 땅에서 자란다.
오른쪽 사진은 영약을 찾으려고 애쓰던 연금술사를 그린 데이비드 테니르스 작. 피렌체 파리미술관 소장.

연구에 따르면, 실제 성분은 파리광대버섯이며, 1만 년 가까이 샤먼 문화에서 사용되었다고 여겨지는 환각제라고 한다.

아무튼 하오마는 페르시아 종교에서 엄청난 영적 효험 때문에 치유의 신으로 숭배되었다. 『종교와 윤리학의 백과사전』이란 책에는 시무르그가 바로 하오마의 수호자임을 언급하면서 시무르그가 하오마의 비밀을 인간들에게 알려준 것으로 적고 있다.

인도-이란의 전설에서는 (그 약은) 신비한 새와 밀접하게 관련되어 있다. 그 새는 … 감추어진 곳에서 하오마를 꺼내 신들과 인간들에게 가져다주었다. 『아베스타』에서 그 새는 사에나라고 하며, 페르시아에서는 시무르그가 그 역할을 한다.

초기 힌두 신화에서는 이 역할을 '가루다'가 맡고 있다. 가루다는 반은 거인이고 반은 독수리인데, 아수라 신에게서 초자연적인 힘과 불멸을 주는 암브로시아, 암리타, 넥타 혹은

하오마 치유의 신으로서의 하오마는 신념이 곧고 죽음에 적대적이며 땅과 하늘의 매개자로 나타나고 있다.

암리타 인도의 감로甘露, 생명의 물이다. 암리타는 '죽지 않는다'는 뜻. 그리스어로 암브로시아이다.

가루다 '가루라' 또는 '가류라'로 음역된다. 사천하四天下의 큰 나무에 살며 용을 먹고 산다. 두 날개를 펼치면 길이가 336만 리里나 되며 황금빛이다. 왼쪽 그림은 16세기, 부탄 심푸 수도원 소장. 오른쪽 그림은 8세기, 인도네시아 자카르타 국립박물관 소장.

금지된 신의 문명 1 | 201

소마 인도의 제석천帝釋天 인드라가 애용하는 음료. 생명의 원천 역할을 담당한다. 제사 때 신주神酒로서 사용된다. 젖같은 액을 내는 덩굴풀로 만든 이 음료에는 술같은 흥분성이 있다.

인드라 두 마리의 붉은 털이 난 말이 이끄는 황금전차를 타거나 코끼리를 탄 모습으로 묘사된다. 『리그베다』에서는 주권의 상징이었다.

소마가 들어있는 달의 술잔을 훔친다. 이때 비와 벼락의 신雷神 인드라가 벼락을 내리쳤지만 가루다의 깃털 하나를 뺏어서 땅에 떨어뜨렸을 뿐이었다. 가루다는 '뱀들'에게 잡혀있던 자신의 어머니가 풀려나자 그 대가로 암리타를 준다. 그 후, 가루다는 '뱀의 치명적인 적, 황금 태양의 새'로 알려지는데, 이는 주시자들-새-인간과 뱀이라는 토템 형태와 연결되는 구도이다.

확실히 가루다는 시무르그의 인도식 표현이며, 소마는 수명을 연장하고 초자연적인 힘을 발휘하는 이란의 하오마와 같은 존재이다. 전설에 따르면, 하오마는 엘부르즈산 부근에 있는 특별한 나무에서 자라며 영원히 죽지 않는 불사자不死者들에게만 알려져 있다고 한다. 초자연적인 약을 먹음으로써 수명을 계속 연장한다는 이야기이다.

하오마에 얽힌 이야기를 듣다보면, 성서에서 아담과 이브가 생명나무의 과실을 먹고 에덴에서 쫓겨나는 장면을 떠올리게 된다. 여러분은 생명나무의 과실이 바로 하오마와 비슷하다는 생각이 들지 않는가. 신화와 전승의 모든 암시에서, 우리는 그러한 약이 꽤나 오래된 샤먼 문화에서 유래되었을 것임을 짐작할 수 있다. 그들은 죽음을 일으키는 의식의 하나로 그것을 사용했을 것이다. 그리고 콘도르라는 새를 영혼 변형의 상징으로 이용했을 것이다.

그럼 『에녹서』의 수수께끼 같은 새-인간과는 어떤 연관이 있을까. 타락한 종족이 그러한 약을 알고 있었다면, 왜 엘부르즈산이 불사자들의 영역으로 소문났을까. 여러분은 하오마나 소마라는 신비한 약이 전설적인 새에 의해 인간들에게 주어졌다고 믿어지는가. 더욱이 그 새는 약과 의술 외에 카주나무 가지로 만든 화살처럼 치명적인 무기를 만드는 기술에도 능통했다고 하는데, 이것 역시 새와는 별로 관련 없는 것들이다.

여기서 우리가 주목할 점은 이스펜디야르가 시무르그 하나를 죽였다고 기술한 점이다. 페르시아인들은 틀림없이 시무르그 같은 존재가 무리를 지어 엘부르즈 지역에 살고 있다고 믿었다. 내가 보건대, 시무르그는 이란의 산속에서 홀로 사는 단 한 사람의 '성스러운 은둔자'가 아니라, 많은 사람들의 행위와 업적을 상징하는 명칭이다.

콘도르와 조장

이란 신화와 인간적인 특징 및 특질을 가진 새는 무척 친숙하다. 중세 시대에 페르시아의 이슬람 신비주의자들인 수피들이 쓴 작품에도 새는 어김없이 등장한다. 추측하건대, 페르시아의 이야기꾼들은 조류, 특히 독수리나 콘도르와 관련된 의식과 결합된 선사문화의 존재를 보존하기 위해 무의식적으로 전설과 신화를 사용했던 것 같다.

그들은 왜 다른 새가 아닌 콘도르를 선택했을까. 시베리아의 샤먼들이 순록과 함께 생활하고, 남아프리카의 샤먼들이 리복을 보다 높은 차원의 구현으로 본 것과 마찬가지로, 이란인들 역시 의식儀式에서 어떤 특별한 장소를 가졌던 것일까.

문헌을 보면, 시무르그를 가리켜 '고귀한 콘도르'로 묘사하기도 하고 '공작, 사자, 그리핀, 개'를 합성한 짐승으로 묘사되기도 한다. 또 어느 대목에서는 독수리의 머리와 날개에다가 사자의 몸통을 한 신화적 동물 '그리핀'의 한 종류로 묘사하고 있다. 조로아스터교의 전설에서는 일반적으로 사

수피 이슬람교계가 수니파와 시아파로 분열된 후, 시아파에서 금욕주의자들이 수프(양모)를 몸에 걸치고 고행하거나 떠돌아다닌 데서 비롯되었다. 수피는 꾸지나무로 만든다. 13세기 초, 페르시아의 시인 파리드 우딘 아타르의 저서 『새들의 회의』에는 공작, 매, 나이팅게일 등 많은 새들이 후포(솔로몬왕을 시마 여왕에게 인도했다는 전설속의 새)의 인도 아래 그들의 왕 시무르그를 찾아 나선다. 여행은 일곱 계곡(추구, 사랑, 지식, 초연, 결합, 불안, 탐자아)을 가로지르는 것이다. 마침내 살아남은 30마리의 새들이 주인 앞에 섰다. 그 주인은 곧 30마리의 새들이 인격화된 존재이다. 페르시아어로 시무르그는 30마리(시)의 새(무르그)라는 뜻이다.

조로아스터교에서는 사자를 앙그라 마이뉴의 동물로 여긴다. 델 할라프 출토.

날개 달린 그리핀으로 장식한 가구. BC 5세기의 페르시아 작품. 시리아 알레포박물관 소장.

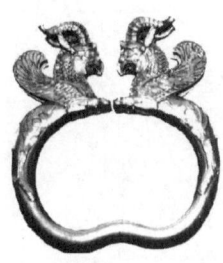

그리핀으로 장식한 팔찌와 마구특具의 금제장식품. 아케메네스조 페르시아 시대인 BC 5~4세기의 작품. 런던 대영박물관 소장.

자는 앙그라 마이뉴의 동물로 여겨지는데, 독수리와 그리핀을 결합시킨 것은 기본적인 오해에서 비롯된 것으로 보여진다. 실제로 독수리는 신화학의 토템적 상징물로서 훨씬 못생기고 미움받는 콘도르를 대신하여 자주 등장한다. 구약성서에서도 그러하다.

그러나 그리핀과 콘도르의 관계는 먼 옛날 이란과 이라크의 산간지방에 그리핀 콘도르(깁스 풀부스)라는 종족이 실재했었다는 점에서도 입증된다. 조류학자들은 '그리핀 콘도르'란 이름은 고전우화의 그리핀에서 유래한 것이며, 그리핀이란 단어는 콘도르 부리의 모양을 아주 적절하게 표현한 매 부리코라는 뜻이라고 해석했다. 그러므로 시무르그가 주로 전설적인 콘도르였으며 다른 새일 가능성은 거의 희박하다고 하겠다.

그럼 왜 콘도르가 '새들의 왕'의 지위에 오르게 되었을까. 나는 조로아스터교의 문헌을 뒤져서 그 해답을 찾아냈다. 그리고 콘도르가 조로아스터교의 믿음과 신화와 의식, 특히 장례 풍습에서 없어서는 안 될 역할을 했다는 사실을 알았다.

BC 5세기 중엽, 그리스의 역사가 헤로도토스는 페르시아 제국을 여행하고 각 지방의 풍습과 의식을 기록으로 남겼다.

총 9권으로 된 『역사』라는 책이다. 이 책의 제1권에는 메디아에서 목격한 내용, 즉 마기들과 관련된 독특한 장례 풍습이 적혀 있다.

페르시아 남자의 시체는 개나 사나운 새들에게 갈가리 뜯기기 전까지는 결코 불에 태우지 않는다고 한다. 마니교도들에게도 이 풍습이 행해졌는지는 의심할 바가 못된다. 그들은 거리낌없이 그 풍습을 행하기 때문이다. 시체는 밀랍이 발라지고 땅 속에 묻힌다.

오늘날 '조장鳥葬'이라고 알려진 이 의식에서 죽은 사람의 시체는 들짐승들이나 까마귀, 콘도르 같이 썩은 고기를 먹는 새들의 먹이가 되도록 방치된다. 헤로도토스에 따르면 이 풍습은 남자 승려, 특히 마기들에게 적용되는데, 이때의 마기들은 조로아스터교 승려계급의 경쟁자가 아닌 일반적인 메디아의 승려를 의미한다고 한다.

나는 헤로도토스의 기록에 신빙성이 있다고 본다. 왜냐하면 당시 마고포비아 의식(캄비세스 2세가 이집트 원정을 할 때 마기승 가우마타가 왕위를 찬탈한 사건 이후 마니교가 박해를 받을 때, 만나는 마기는 누구든지 죽이도록 장려되던 축제)이 공공연히 행해졌다는 사실을 기록한 사람이 바로 헤로도토스이기 때문이다.

죽은 시신을 유기하는 풍습은 BC 3세기 이후 5백 년간 페르시아를 지배해온 파르티아 왕조, 그리고 서기 4세기경 파르티아 왕조를 멸망시킨 사산조의 통치하에서도 계속되었다. 그러면서 승려뿐 아니라 일반 민간인에게도 널리 퍼져 일반적인 장례 풍습으로 정착되었다. 학자들은 이처럼 조장이 장례 풍습으로 정착된 것은 마기들이 사산조의 군주와 국

그리스의 역사가 헤로도토스가 지은 『역사』 목각본의 표지. 이 책에는 북쪽으로 스키타이, 동쪽으로 유프라테스를 거쳐 바빌론, 남쪽으로 이집트의 에레판티네, 서쪽으로 이탈리아와 아프리카 키레네까지의 여행기가 담겨 있다.

밀랍 벌집에서 채취하는 동물성 고체 랍(蠟).

조장鳥葬 시체 처리를 조류鳥類에게 맡기는 장례법. 히말라야 티벳인들은 시체를 산 중턱까지 운반하여 발가벗긴 뒤, 서쪽으로 머리를 두고 안치한다. 그 다음에는 승려의 집도로 시체를 해부, 독수리와 까마귀가 뜯어먹도록 한다.

교에 강한 영향을 미친 결과라고 분석한다. 마기들은 교묘한 술책을 써서 다시금 권력의 핵심에 서 있었다는 것이다.

9세기경, 조로아스터교도들이 아랍의 박해를 피해 인도로 건너간 이후, 이 장례법은 보다 널리 퍼졌으며 더욱 구조화되었다. 이때부터 조로아스터교도들, 특히 파루시들은 죽은 후에 발가벗겨져 노출되었는데, 탁 트인 높은 땅이 아니라 다크마(침묵의 탑)라는 거대한 석조 건축물 위에 놓여졌다.

거주지에서 멀리 떨어진 이 침묵의 탑을 보면, 천정이 열린 원형극장 모양의 커다란 건물 안에 방사형의 단壇이 있고, 그 둘레를 석재 바퀴살처럼 파비라는 석판으로 이루어진 3개의 동심원 열께이 있다. 사람들이 시체를 그 위에다 놓아두면, 반시간도 채 안 되어 콘도르들이 달겨들어 시체를 뜯어먹는다. 파비 가장자리에는 피나 빗물이 흐르도록 홈이 파여져 있는데, 시체에서 흘러나오는 피는 브한다르(돌로 안을 댄 중앙의 구덩이)로 흘러가게 되고, 다시 숯과 사암으로 된 거름장치가 설치된 4개의 도랑을 따라 바깥벽으로 보내진다.

이란의 조로아스터교도들이 죽은 자의 시신을 처리하던 조장터. 이란 야즈드에 있는 침묵의 탑.

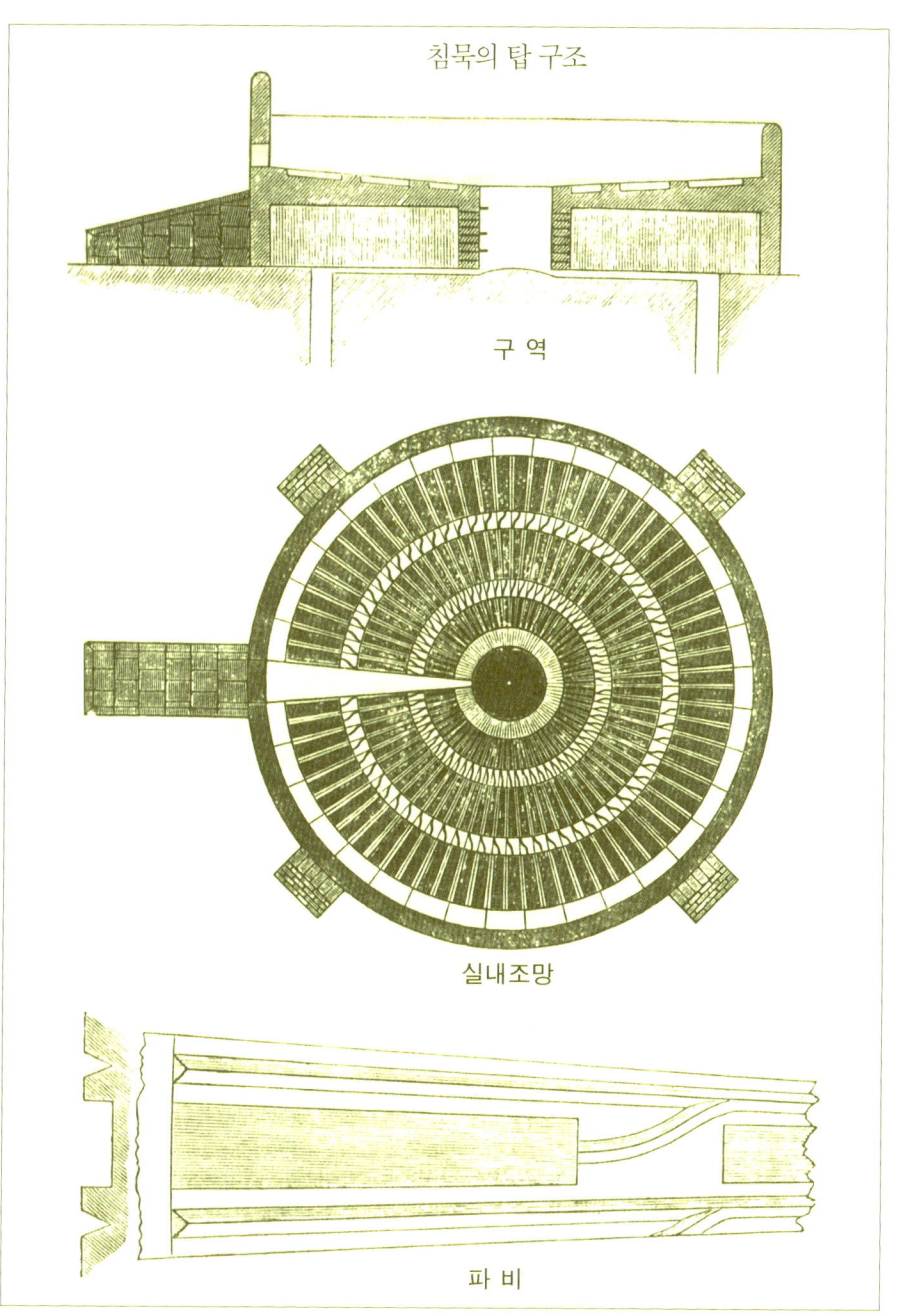

며칠 뒤, 사람들은 뜨거운 태양으로 말려진 해골을 한데 모아 브한다르 안으로 던지는데, 그 곳에서 해골은 결국 먼지로 변하여 비에 씻겨 가게 된다.

참으로 서구인들이 보기에는 야만적인 풍습일 것이다. 그러나 생각하기에 따라서는 무척 일리 있는 의식일 수 있다. 무엇보다 살과 피를 처리하는 방식이 자연순응적이며 '어머니 대지는 불순한 물질로 더럽혀지지 않는다'는 조로아스터교의 가르침을 충실하게 따르고 있다.

콘도르의 의식

초기 마니교도들은 어떤 이유에서 이 풍습을 갖게 되었을까. 조로아스터교도들은 선사시대 때부터 페르시아인들이 행하던 것이라고 주장한다. 먼 옛날, 시체들을 산꼭대기로 옮겨서는 쇠못으로 땅에 단단히 고정시킨 다음, 개나 콘도르에게 맡겼다는 것이다. 그리고 뼈를 추려서 단지 혹은 상자에 담은 다음 땅에 묻거나 동굴에 모아두었다는 것이다.

그러나 이 장례법은 마니교와 조로아스터교의 풍습만은 아니었다. 이란과 이라크의 만다교에서도 시체를 조류에게

시체를 새들의 먹이가 되도록 유기하는 장례 풍습을 지녔던 파르티아 왕조. 사진은 이라크 북부지방의 고도古都 하트라에 있는 파르티아 왕조의 유적.

독수리(콘도르)는 히말라야의 티벳계인들에게도 태양의 상징으로 신성시되고 있다. 16세기. 인도 라다크 치크세사원 벽화.

맡겼는데, 만다교에서 위대한 스승으로 불리는 셰이크호 네짐은 "한때 우리의 장례는 페르시아인들의 장례와 같았다. 우리는 죽은 자를 벽으로 둘러싸인 곳에 두었고, 새들이 날아와 그것을 먹었다"고 기록하고 있다.

또 중앙아시아의 발루치스탄 지역에 거주하던 원주민들 사이에서도 발견되고, 선사 시대의 인도-이란 문화에서도 시체를 내놓은 후에 뼈를 모아 땅에 묻는 의식이 단편적 혹은 부수적으로 행해졌다. 이밖에 BC 3500년경 이란 남서부의 원시 엘람인들과 BC 2500년경 인도 인더스강 계곡에 살던 부족들에게도 조장 풍습이 있었다.

이 풍습에서 주로 등장하는 새는 콘도르였다. 원기둥의 봉인이나 채색도기에는 콘도르가 팔을 높이 치켜든 샤먼에게 다가오는 모습이 그려져 있는데, 일반적으로 콘도르가 아닌 맹조猛鳥로 잘못 알고 있지만 그것은 분명 콘도르이다.

콘도르라는 새는 본능적으로 눈이 밝다. 또 짐승이나 사람

발루치스탄 파키스탄의 서부, 아프가니스탄 및 이란과의 경계지역에 접하는 지방. 광대한 산악 고원지대이다.

금지된 신의 문명 1 | 209

의 시체를 아주 순식간에 먹어 치운다. 아마도 이 능력 때문에 영혼을 내세로 인도하는 운반인, 그리고 명백한 죽음의 상징이 되었을 것 같다.

무엇보다도 콘도르는 높은 산악 지대에서만 서식하기 때문에 하늘과 땅, 그리고 지하세계가 만나는 지점, 즉 신성한 산봉우리의 높은 곳을 통해 닿을 수 있는 하늘과 별의 왕국으로 영혼을 인도한다고 믿었을 것이다. 초기 신석기 시대, 즉 구석기 시대와 중석기 시대의 수렵인들과 달리 농경문화를 정착시킨 유라시아의 공동사회에서는 콘도르가 죽음의 정령을 상징했다.

이러한 믿음의 증거는 인도 파루시들의 장례 풍습에서도 확인된다. 그들은 사람이 죽고 나서도 영혼은 3일간 시체 가까이 머무른다고 여긴다. 따라서 죽은 자 곁에서 3일 동안 기도와 성가를 부르고, 다음에는 사그디드라 불리는 점을 통해 영혼이 떠났는지를 확인한다. 사그디드는 보통 개를 시체 곁에 데려다 놓고 그 반응을 지켜보는 방식으로 진행되는데, 이때 친척들은 검은 까마귀나 콘도르의 그림자가 시체 위를 지나가는가를 지켜본다는 것이다. 그림자가 시신을 지나갔다고 여겨지면 영혼이 집과 시신에서 떠났으므로 내다 놓아도 좋다고 판단했다.

여기서 우리는 이 풍습이 『샤나마』에서 시무르그 깃털의 그림자가 루다베의 상처를 낫게 한 것과 어떤 연관이 있는가를 생각하지 않을 수 없다. 내가 보기에는, 옛날 페르시아인들에게 콘도르는 육체적 죽음뿐 아니라 오늘날 우리가 임사체험 NDE : near-death experience 이라고 말하는 것과 깊은 연관이 있는 것 같다.

이상심리학의 연구에 따르면, 의학적으로는 분명히 사망

사그다드 여기서 선택된 개는 '네 개의 눈을 가진 개'라 불렀고 두 눈꺼풀 위에 노란 점이 있어서 두 눈이 더 있는 것으로 보였다. 귀는 노란색, 몸은 노란색과 흰색이 섞여 있다. 일종의 최면 능력이 그 눈에 있었다고 묘사되고 있다.

조로아스터교에서는 개를 존경하는 상징물로 삼고 있다. 사진은 개 형상의 테라코타. 5세기. 우즈베키스탄 타시켄트 역사박물관 소장.

했다고 판단했는데, 다시 소생하는 사람들의 경험세계가 있다. 그들은 대개 영혼이 몸밖으로 빠져나가 내세를 보았으며 죽은 친척들이나 빛나는 존재를 만났다고 말한다.

우리는 이 경험을 가리켜 순수한 심리적 현상이라고 해석하지만, 샤먼 세계에서는 그것과 비슷한 상태를 인위적으로 만들 수 있는 것으로 여기고 있다. 즉, 마취제나 감각 마비, 또는 죽음과 비슷한 최악의 상황을 일부러 만들고는 정신적으로 죽음이 눈앞에 있다고 믿는 것 등이 그것이다. 예컨대, 물이나 불로 몸을 고통스럽게 만드는 것, 치명적인 독을 몸에 주입하는 것(해독제를 바로 옆에 둔다), 한쪽 다리에 줄을 묶고는 높은 절벽에서 뛰어내리는 것 등 죽음에 도전하는 수많은 묘기로서 임사체험을 경험하게 할 수 있다는 것이다. 그러한 경험을 통하면 천상 세계를 여행하거나 영혼과의 대화가 가능하다는 것이다.

이렇듯 콘도르가 죽음의 궁극적인 상징이었으므로 고대 인도-이란 문화에서는 이 새의 영혼이 인간을 다른 세계로 인도하기를 바랐을 것이다. 때문에 종교적 관습을 가급적 콘도르와 가깝게 한다는 뜻에서 샤먼들로 하여금 깃털 옷을 입게 했을 것이다. 또 천상을 여행할 수 있도록 도와줄 것이라는 믿음으로 여러 가지 의식을 행했을 것이다. 그리고 샤먼 세계의 뛰어난 인물이 죽었을 때, 그 영혼이 내세에 가도록 비는 마음으로 시체를 바깥에 내놓아서 콘도르의 정령과 계속 교감하고자 노력했을 것이다.

확실히 고대의 인도-이란 문화에서는 콘도르가 숭배의 대상이었다. 그러나 그것이 유대의 타락천사 이야기와 어떤 식으로든 연관되어 있다는 증거는 발견

유프라테스강 중류 지역에 위치한 텔 하리리에서 출토된 BC 3000년대 말의 항아리에도 날개를 편 새(콘도르로 추정)가 새겨져 있다. 시리아 다마스커스박물관 소장.

고대 이집트에서는 사람이 죽으면 그 구성요소가 흩어진다고 믿었다. 죽은 사람의 바(영혼의 새)가 사람을 떠나는 장면, 이집트 델 엘 바하리의 아리네페르 무덤 벽화 일부.

아나톨리아 평원 터키의 소아시아 반도 내륙에 있는 분지. 대부분 고도 800~1200m의 고원지대이다.

할 수 없었다. 결국 나는 터키 아나톨리아 평원의 남부에 위치한 오래된 마을 코냐로 갔다.

사탈 휘익의 콘도르 벽화

1958년 11월의 어느 날, 영국의 고고학자 제임스 멜라트가 이끄는 일단의 연구팀이 '사탈 휘윅'이라 불리는 거대한 이중토루二重土壘를 조사하기 위해 아나톨리아 평원에 도착했다. 잡초로 뒤덮여 있었지만 사람이 살았었다는 흔적은 확연했다. 진흙 벽돌, 손도구, 질그릇 조각과 회색 잿더미들이 이곳 저곳에 딩굴고 있었다. 그러나 연구팀의 어느 누구도 이곳에서 엄청난 고대유적이 발굴되리라고는 생각조차 하지 않았다.

발굴이 본격적으로 진행되면서 사람들은 입을 다물지 못했다. 8천5백 년전에서 7천7백 년전 사이에 살았던 원시 신석기시대 사람들의 집터와 성소가 그물처럼 세워져 있었다는 흔적이 발견된 것이다. 건축물의 장식, 보석류, 생활도구와 무기류, 그리고 벽화들로 미루어, 이곳에는 신앙과 생활양식, 예술적 능력에서 뛰어난 사람들이 살았던 곳이었다. 그야말로 전세계적으로 처음 보는 위대한 문명이었다.

성소 신에게 제물을 바치고 종교의식을 행하는 신성한 장소.
폴리크롬 패턴 여러 가지 색깔을 배합시키는 양식.

BC 1900~BC 1190년에 걸쳐 아나톨리아, 시리아 북부를 무대로 했던 히타이트 왕국의 술잔과 그 잔에 새겨진 조각. 뿔 달린 황소머리상이 독특하다.

발굴은 1961년부터 시작되어 1964년까지 이루어졌다. 성소와 성소 사이에는 실물 크기의 뿔 달린 황소머리 석고상과

세 잎으로 된 고리 문양, 태어나면서 날개를 쭉 펴는 독수리 문양이 새겨진 표범상도 있었다. 쌍도끼, 손자국, 마름모 눈 모양의 갖가지 기하학적인 무늬들과 폴리크롬 패턴의 벽이 늘어서 있었는데, 하나같이 황토빛 붉은 색이나 검은 색으로 칠해져 있었다.

발굴 팀을 가장 당혹스럽게 만든 것은 성소의 콘도르 벽화였다. 왜냐하면 BC 7000년경 아나톨리아 평원 아래에서 행해진 기이한 의식에 대해 의문을 제기하기 때문이다. 예컨대, 제7성소는 상당히 위압적이다. 날개를 편 길이가 5피트나 되는 거대한 콘도르 다섯 마리의 벽화가 양쪽 벽면에 가득 채워져 있다. 콘도르는 성냥개비 같은 여섯 사람을 잡아먹으려고 덮치는 듯 보이는데, 사람들은 하나같이 머리가 없다. 그 중 넷은 다리가 가슴 쪽으로 구부려져 있다. 콘도르 또한 대머리에 짧은 다리, 그리고 눈에 띄는 볏은 페르시아 신화와 전설에 나오는 시무르그의 근원, 즉 깁스 풀부스, 그리펀 콘도르와 동일하다는 점을 확인시켜 준다. 이밖에 시체에 달려드는 콘도르를 쫓으려는 사람들의 모습의 벽화가 그려진 성소도 있다.

제6성소는 더욱 특이하다. 열린 꼭대기에서 천사의 사다리가 땅으로 이어진 나무 탑들과 그 주위에 콘도르들이 어울려 있는 모습의 프레스코화를 볼 수 있다.

한쪽에는 두 마리의 거대한 콘도르가 탑 위에 균형을 잡고 서서 사람의 머리 하나를 날개로 둥글게 감싸고 있다. 그리고 이 그림 옆으로는 비슷한 모양의 탑에 머리 없는 성냥개비 같은 사람이 거꾸로 매달려 있고 그 양쪽으로 콘도르 한 마리가 당장이라도 덮칠 자세를 취하고 있다. 계단 경사로의 아랫 부분에는 승려로 보이는 두 사람이 탑에서 도망치는 모

프레스코화 회칠한 벽면이 완전히 마르기 전에 수채화를 그리는 벽화 기술.

습이 보인다. 그들은 무릎 정도 내려오는 치마와 삼각형 모양의 어깨 받침이 있는 웃옷을 입고 있다.

이 벽화는 무엇을 그린 것일까. 조장을 추상적으로 표현하고 있음이 분명하다. 거꾸로 매달린 성냥개비 같은 사람은 곧 맹금류에게 잡아먹힐 생명 없는 몸을 상징한다. 천장이 열려 있고 사다리가 있는 나무 탑은 파루스의 침묵의 탑이다. 그리고 분리된 머리는 날개, 즉 콘도르 수호신의 보호 아래 내세로 여행을 시작하는 영혼을 나타낸다.

학자들의 견해에 따르면, 이들 콘도르는 암컷이라고 한다. 실제로 한 성소의 벽에는 석고로 된 사람의 젖가슴 모형이 있는데, 그 안에 콘도르의 머리가 들어 있는듯 부리가 젖꼭지에서 밖으로 튀어나와 있다. 다른 벽화에는 콘도르 한 마리와 갓난아기를 붙들고 있는 포동포동한 어머니 여신이 그려져 있다. 성소의 벽화는 전체적으로 여성을 상징하는 것이 많다. 따라서 사탈 휘윅 문화의 주요 의식이 생명과 죽음, 그리고 내세로 다시 태어남을 축하하는 것이었음이 분명하다.

벽화만이 조장을 상징하고 있는 것은 아니다. 매장물을 보면 조장이 사탈 휘윅의 콘도르 성소에서 행해진 의식과 전체적으로 연관되어 있음을 알 수 있다. 고고학자들이 발견한 두개골 중 하나는 눈 부분이 자패紫貝 껍질을 얇게 벗겨낸 것으로 되어 있는데, 이것은 죽은 후에도 영혼이 머리에 있다는 믿음을 바탕으로 어떤 의식에 사용되었음을 보여준다.

이 머리 모형은 팔레스타인 예리고 유적지의 가장 낮은 층에서도 발견되는데, 예리고는 BC 9000년경 원시 신석기 문명이 번창한 도시였다(제20장 참조). 이곳에서 발견된 매장물 역시 사탈 휘윅과 마찬가지로 장례를 조장으로 치루는 풍습이 있었음을 보여준다.

터키 아나톨리아의 차탈 회위크에서 발견된 BC 8000년의 벽화 (제6성소). 콘도르들이 나무의 탑 위에 놓인 시체를 덮치고 있다. 초기 신석기 시대의 콘도르 샤머니즘을 보여주고 있다.

여기서 우리의 관심을 끄는 것은 콘도르 벽화 중에 거대한 새들이 비처럼 생긴 날개로 머리 없는 왜소한 사람들을 보호하는 장면이다. 말하자면, 그 새들이 인간보다 우월하다는 점을 드러내고 있는 것이다. 어떤 성소에서는 새가 관절이 있는 모습으로 묘사되고 있고, 아예 콘도르가 아니라 콘도르처럼 차려 입은 남자나 여자임을 보여주기도 한다. 즉, 샤먼들이 장례 의식 또는 내세의 목적으로 인간이 아닌 콘도르로 변장하고 있는 것이다.

이렇게 볼 때, 비슷한 의식이 이란과 동부아시아의 다양한 선사시대 문화에서도 행해졌을 것으로 보인다. 그들 역시 장례 풍습으로 조장을 택했을 것이다. 그리고 이 샤먼적 전통에서 마지막까지 살아남은 부분이 바로 조로아스터교의 믿음과 관습이 아닐까 생각된다.

콘도르 샤먼들

사탈 휘윅 문화가 지구상에서 사라진 것은 BC 5600년경이었다. 이들이 13개의 유적층을 남긴 채 왜 갑자기 소멸되었는지에 대해서는 전혀 알려지지 않고 있다. 다만 일부는 강의 지류 너머에 새로운 터를 닦아 7백 년 정도 번영했고, 또 다른 일부는 가까운 부르두르 마을 근처의 부락 하실라로 거주를 옮긴 것 같다. 제임스 멜라트가 그곳에서도 BC 5700~5000년 사이의 신석기 시대의 문화 흔적을 발굴한 것이다.

나는 1967년에 출판된 제임스 멜라트의 저서 『사탈 휘윅: 아나톨리아의 신석기 도시』를 읽으면서 다시 한번 타락한 종족에 대한 나의 연구와 연결짓지 않을 수 없었다. 그들은 가장 초기 형태의 원시 농경 지식과 금속 주조술, 그리고 고고학자들도 전혀 알지 못하는 발달된 여러 기술들을 갖고 있었던 것으로 보인다. 멜라트는 다음과 같이 적고 있다.

흑요석 규산이 풍부한 유리질 화산암. 가장 가벼운 타격으로 예리한 날을 만들 수 있으므로 석기시대에는 칼, 화살촉, 도끼로 사용되었다.

예를 들어, 그들은 단단한 화산 유리인 흑요석 거울을 전혀 아무런 흠도 없이 연마할 수 있었을까. 그리고 (흑요석을 포함한) 돌구슬에다가 오늘날 정교한 금속바늘도 들어가지 못할 정도로 작은 구멍을 뚫을 수 있었을까. 또 언제 어디서 구리와 납을 제련하는 법을 배웠을까.

멜라트는 사탈 휘윅이 고도의 석기문화를 가졌다는 점을 고려하여 이 문화가 2천여 년간 유럽과 아시아를 뒤덮은 마지막 빙하기가 끝나기 훨씬 전인 구석기 시대까지 거슬러 올라간다고 추정했다. 그렇다면 그들의 뛰어난 지식은 어디에서 온 것일까. 『에녹서』와 사해문서처럼 역시 천상으로 비행하기 위해 새 형태의 샤머니즘으로 하늘의 지식과 기술을 인간에게 누설했다는 그 타락한 종족일까.

여기 하나의 그림이 그 해답을 주고 있다.

화가 앨런 소렐이 고고학자 에드워드 베이컨의 부탁을 받고 그린 그림을 보자. 베이컨은 사탈 휘윅의 콘도르 성소 내부로 미루어 그들의 문화가 최고조에 달했을 시점을 BC 7000년 중엽으로 상정하고, 그 느낌을 그림으로 그려달라고 했다. 소렐은 발굴 과정에서 얻어진 모든 지식을 참조하여 그림을 그렸다. 놀라운 사실은 그 그림이 나의 연구와 놀랄 만큼 연관되어 있다는 점이다.

깃털옷과 부리가 달린 머리 장식을 한 세 명의 콘도르 샤먼이 그들 앞에 있는 벽에서 튀어나와 있는 거대한 황소머리 앞에 무릎을 꿇고 있다. 한 명은 고리버들 바구니에 담긴 인간의 두개골을 지키고 있는데, 그 목조구조물의 맨 윗부분의 열린 틈으로 햇빛이 들어와 콘도르 프레스코화와 멀리 있는 벽의 황소머리를 비추고 있었다. 두건이 달린 긴 망토를 입은 네 번째의 인물은 명상에 잠겨 있고, 바닥에는 많은 두개골이 널려있으며 작은 불꽃이 타오르는 사각형의 화덕이 있는 그림이었다.

그 그림을 보는 순간, 나는 등골을 타고 내려오는 흥분, 동시에 절로 쓴웃음이 나왔다. 앞서 이야기한 것처럼 존 워커가 그린 깃털옷의 주시자와 너무나 흡사한 모습이었다. 8천5백 년

고리버들 버드나뭇과에 속하는 낙엽 활엽관목. 냇가나 들에서 자생하며, 가지 껍질을 벗겨 버들고리나 키 같은 것을 만듦.

터키 아나톨리아의 사탈 휘윅에서 발굴된 지하 성소의 내부. 화가 앨런 소렐이 발굴 과정에서의 모든 지식을 참조하여 그린 이 시각적 연출은 깃털옷을 입은 주시자와 매우 흡사했다.

전에 아나톨리아 고원에 살았던 콘도르 샤먼들의 구상적 표현, 그리고 그들의 외관에서 묘한 친숙함마저 느껴졌다. 그리고 네피림을 '새-인간'으로, 주시자들이 '매우 어두운' 혹은 '깃털의 모습을 한' 옷을 입었다고 묘사한 에녹의 이야기를 생각나게 했다.

그렇다면 주시자들은 실제로 이란의 산악지대에서 한때 살았고, 근동 지방의 덜 진화된 종족에 비해 훨씬 뛰어난 지식과 기술을 갖고 있었던 샤먼적 문화의 왜곡된 기억일까. 만일 그것이 맞다면, 그들이 타락한 종족의 눈에 띄는 육체적 특징을 지녔던 시무르그가 이란의 초기 왕들과 교류했다는 전설의 배경에도 자리잡고 있다는 말인가. 오늘날의 아제르바이잔, 메디아 마기들의 이원적 교의에 가장 잘 보존되어 있는 전설(빛나는 아후라의 타락과 다에빅족의 융성에 대한 이야기들)은 어떠한가. 모습은 코카서스 백인이고, 외모는 동아시아인처럼 길고 독사 같은 얼굴을 한 큰 키의 큰 새-인간 종족이 범한 죄가 이란 전설에서도 설명될 수 있을까.

나는 직감적으로 추적이 제대로 굴러가고 있음을 알 수 있었다. 그것은 단순한 개인적인 흥미가 아니었다. 사탈 휘윅의 콘도르 샤먼에 대한 앨런 소렐의 구상화가 어느 천사 그림보다도 실제에 가장 가까이 있을 것이라는 가능성을 갖고 있기 때문이었다.

인류 문명의 역사는 강이 아닌 산에서 시작되었다. 세계의 산을 감싸고 있는 뱀. BC 12세기 초 페르시아만 북방에 있는 고대 도시 수사에서 출토되었다.

제10장
불멸자들의 왕국에서

콘도르의 신비한 능력

먼 옛날, 수천 년에 걸쳐 고립된 공동사회를 꾸려오면서 수많은 이야기꾼들이 모닥불 주위에 모여 앉아 놀라운 새 시무르그에 대해 갖가지 이야기를 해댔을 것이다. 아마도 그들은 잘과 시무르그의 극적인 만남이 가장 압권壓卷이라고 말했을 것이다. 아내가 출산할 때, 잘은 시무르그의 도움을 청했고, 시무르그는 기꺼이 나타나 그의 아들 루스탐을 어머니 뱃속에서 꺼내준다는 스토리야말로 흥미진진한 초자연적 이야기가 아닐 수 없다.

새 깃털을 태우기만 하면 언제든지 도움을 받을 수 있다는 그 이야기는 아름다운 여왕이 어느 운 좋은 구경꾼에게 나타나 세 가지 소원을 들어준다는 유럽의 민간 설화와 비교될 수 있다. 실제로 이 민간 설화에는 시무르그나 타락한 종족과 비슷한 점이 한두 가지가 아니다. 그러나 이 동화 같은 설화는 너무 오래된 이야기여서 나에게 별로 도움을 주지 못한다. 다만 시무르그의 전설은 콘도르의 정령을 죽음의 수호신이자 영혼을 다른 세계로 이끄는 안내자로 믿었던 문화, 지금은 사라진 선사문화에 대한 귀중한 정보를 함축하고 있다.

여러분은 이 잊혀진 종족이 다른 종족에 영향을 끼쳐 기억으로나마 그 흔적을 남겼을 것이라는 가정을 해본 적이 있는가. 그리스 여인들은 얼마 전까지만 해도 출산 때 그리핀 콘도르의 깃털을 손에 쥐고 있으면 고통 없이 분만할 수 있다고 믿었는데, 이 역시 영향을 받아 생겨난 믿음이 아닐까. 두 가지의 가능성이 있다. 그리스 여인들의 믿음이 루스탐의 탄생을 도왔다는 시무르그의 방법을 모방한 것인지, 아니면 콘도르 깃털을 쥐고 있지 않으면 산모를 죽일 만큼 커다란 아이를 낳게 된다는 믿음에서 비롯된 것인지 궁금하다.

나는 어느 쪽이든 모두 '그렇다'는 대답이 가능하다고 본다. 사실 이 풍습은 유럽과 아시아에서 숭배되었던 초기 형태의 여신 '위대한 어머니'와 콘도르간의 관계와도 연관성이 있다. 예를 들어, 고대 이집트에서는 콘도르를 나타내는 상형문자가 '어머니'라는 단어와 동의어였다. 뿐 아니라 사탈휘윅의 성소 벽면에 그려진 그리핀 콘도르의 깃털은 눈이 멀었을 때 눈을 낫게 하고, 그 깃털을 든 사람은 뱀이나 전갈(앙그라 마이뉴와 관련된 동물. 이란 전설에서는 앙그라 마이뉴의 자식인 다에바)로부터 보호받는다고 여겼다.

힌두신화에서는 '모든 뱀의 천적'이라는 전설적인 새 가루다에게 뱀을 죽일 수 있는 능력이 있다고 한다. 물론 가루다는 종종 독수리와 동일시되는데, 그 움직임으로 보아 독수리보다는 콘드라일 가능성이 높다고 생각하는 사람도 있다.

콘도르와 신비한 깃털의 초자연적 능력이 연관성 있다고 보여지는 근거가 또 하나 있다. 13세기까지만 해도 사람들은

신비한 능력 힌두 신화에서 뱀과 새는 적대관계이다. 신 비슈누는 물뱀 칼리야의 힘센 머리 위에서 춤을 추어 뱀을 기진 맥진하게 만들었다. 그리고 "더 이상 야무나강에서 살지 마라. 넓은 대양에서 살라. 황금의 태양새이고 모든 뱀의 천적이며 무한한 공간을 오가는 가루다도 너의 목숨만은 영구히 빼앗지 않을 것이다" 라고 말한다. 이 전설로 크리슈나는 인간의 모습을 한 신 크리슈나로 대체된다.
오른쪽 사진은 새의 형상을 한 몸에 코브라 사신蛇神을 딛고 서 있는 태양신 만둘리스 신상 神像. 이집트 칼라부샤 소재.

한 마리의 시무르그의 깃털이 실제로 존재했었다고 믿었다. 페르시아의 신비주의 시인 우딘 아타르의 작품 『새의 말』을 보면 "만약 바로 이 깃털이 떠내려오지 않았다면, 세상은 그 (시무르그)의 명성으로 가득 차지 않았을 것이다"라는 대목이 나온다.

이 작품은 중세 수피들의 고전으로 통하는데, 깃털의 명성이 사방으로 퍼졌다는 표현은 깃털이 머나먼 순례 여행의 중심이 되었다는 것을 암시한다. 물론 이 깃털이 콘도르의 것인지, 아니면 다른 새의 것인지 알 수 없다. 그러나 그러한 유물이 있었다는 사실은 콘도르의 신화적 실재를 확인케 해주는 것이 분명하다.

아타르 사나이, 루미와 함께 페르시아의 3대 신비주의 시인 (1136?~1230). 『새의 말』 외에 『충언의 서書』 『신의 서書』 등이 대표작이다.

대천사 가브리엘의 깃털

조로아스터교의 경전 『아베스타』에는 천사의 깃털과 뼈에 귀신 쫓는 능력이 있다고 언급한 구절이 있다. 한 예언자가 '적의 저주'에 걸려들었을 때 어떻게 해야 하는가를 아후라 마즈다에게 물었다. 아후라는 새와 인간을 포함하여 열 가지 형태로 변하는 승리의 천사 베레트라그나의 깃털을 몸에 문지르라고 말해 준다.

그 깃털로 너는 적들에게 저주를 되돌리게 되리라. 만약 그 새의 깃털을 손에 쥔다면, 누구도 그 사람을 물리치거나 패배시킬 수 없을 것이다. 그 새의 깃털이 도움을 주기 때문이다.

베네트라그나(바라그나)는 『아베스타』의 전설에서 고귀한 파르를 전달하는 새이다. 바로 이 점에서 새의 형상을 취했고 천사의 뼈와 깃털을 가진 고대 페르시아의 신성한 왕의 빛나는 안색과 관련이 있는 것이다.

정말로 옛날에 그 천사의 유골이 존재했을까. 지금 당장 답하기는 힘들지만, 기독교 전통에서 천사 유골의 표상이 순수한 물건으로 받들어졌다는 것만은 분명하다. 예컨대, 영국 월트셔 지방의 퓨지교구에 있는 한 교회에는 하얀 거위 깃털 묶음이 보존되어 있다. 대천사 가브리엘이 '성당 안에' 떨어뜨렸다는 것이다. 1800년 복구공사 때 돌기둥 안에서 발견된 이 깃털들에 대해 알려진 바는 거의 없지만, 유럽의 몇몇 교회에서 십자군전쟁 당시 성스러운 땅에서 가져온 깃털들을 소장하고 있다는 사실은 널리 알려진 일이다.

비록 퓨지교구의 교회가 소장하고 있는 천사 깃털이 콘도르의 것이 아니고 거위 깃털이라 할지라도 천사와 콘도르, 조로아스터교 사이에는 깊은 연관성이 있다. 이슬람교의 전승에서는 사아디야일이란 천사가 콘도르로 변장한 천사 무리의 지도자라고 말한다.

초기 유대교 전설에서는 이와 조금 다른 형태로 대천사 사다엘이 있다. 그의 이름이 라파엘, 티리엘이란 이름과 함께 성호로 사용된 부적 반지의 별 모양 안에 새겨져 있다. 조로아스터교 전설에서 사아디야일은 티르의 동료 셋 가운데 하나인 야자타 사드웨스 혹은 사타베아사가 되고, 마니교 전승에서는 비를 부르는 신이 된다.

콘도르의 깃털, 시무르그의 깃털, 그리고 천사의 깃털.

이 셋의 기원은 모두 동일한 것일까. 그렇다면 주시자들은 수천 년 전에 멀리 이란의 산악지방에 살면서 콘도르와 뱀 샤머니즘을 가졌던 실제의 선사문화였을까.

시무르그의 주거지이자 성스러운 식물 하오마의 본산지인 엘부르즈산이 실제로 어디인가를 찾는 일이 급선무였다. 엘

십자군전쟁 중세 서구제국의 기독교도가 이슬람교도를 정벌하기 위해 모두 7차에 걸쳐 일으킨 전쟁(1096~1291).

부르즈산은 어디를 말하는가. 『샤나마』에서 삼이 아들 잘을 들짐승과 콘도르의 자비에 맡기는 대목이 자꾸만 마음에 걸렸다. 높고 개방된 장소에서 행해진 조장 의식과 시무르그가 살던 엘부르즈산은 결코 무관하지 않을 것이다.

나는 다시 조로아스터교 문헌을 하나하나 주의 깊게 읽기 시작했다. 특히 장례 의식과 풍습에 관한 대목을 집중적으로 읽었다. 그리고 마침내 엄청난 사실을 밝혀냈다.

이란 광원

조로아스터교도들은 사람이 죽은 지 4일째 되는 날(시체가 침묵의 탑 위에서 콘도르들의 먹이로 주어지는 날)이면 영혼이 모험적인 여행을 떠난다고 믿는다. 영혼은 신바드 다리라는 곳에서 미트라 신과 스라오샤, 라쉬누 천사들로부터 심판받는데, 구원을 받은 자는 현세와 내세를 잇는 유별幽別의 다리를 건너 아이르야나 바에자흐(파루시의 『분다히쉰』에서는 에란베지)라고 알려진 천국으로 들어간다. 그곳에는 영원히 죽지 않는 자들과 죽음을 넘어선 자들이 살고 있다.

아이르야나 바에자흐라는 단어는 글자 그대로 이란인들 또는 '아르얀廣原'을 의미하며, 신화에서는 지구의 거대한 땅덩어리 크바니라타의 중심부에 자리하고 있다. 바로 이곳에서 최초의 인간들, 그리고 키유마르스로부터 시작되어 삼과 나리만의 왕가로 끝맺는 신인족神人族 피쉬다디아 왕조가 생겨났다는 것이다. 여기서도 엘부르즈산이 나오는데, 조로아스터교 전설에서는 이 산을 가리켜 '하라' 또는 '하르부르즈산'이라고 언급한다.

이 전설은 분명 환상적인 구조이며 가공의 공간으로 꾸며져 있다. 그러나 아이르야나 바에자흐의 개념이 고대 페르시

미트라 태양이 떠오를 때 태양에 앞서는 빛으로 어둠을 내쫓는 페르시아의 신. 전쟁의 신이기도 하다.
스라오샤 '귀를 기울이는 것'이란 뜻으로 청취와 순종의 신이다. 지상에서 학대받는 인간의 모든 부르짖음을 듣는다.
라쉬누 '공정한' 심판자로 인간의 영혼을 생전의 행위에 따라 심판한다.
유별의 다리 저주받은 부정한 영혼이 건너는 이 다리는 면도날처럼 비좁다. 지옥 또한 아주 좁아 견딜 수 없다고 한다.

아 문화의 발전, 어쩌면 이란 종족의 발생에 중요한 역할을 맡았던 실제적 장소에 바탕을 두고 있다고 추정할 만한 이유는 많다.

아이르야나 바에자흐는 어디일까. 가능성 있는 실마리부터 풀어 보자. 조로아스터교의 전설에 따르면, 엘부르즈 혹은 하라산의 남쪽에 보우루카샤라고 불리는 바다가 있다. 그 바다는 아주 거대해서 전세계의 3분의 1을 뒤덮고 있으며, 모든 강물이 모이는 곳이다.

이 내해의 중심에(아마도 섬 위에) 두 그루의 신성한 나무가 있는데, 첫 번째 나무는 치료의 나무, 씨앗의 나무 혹은 사에

사자死者의 서書 고대 이집트인의 내세관도 페르시아 신화와 비슷하다. 죽은 자가 아누비스 신의 인도를 받아 심판정으로 들어가 오시리스 신 앞에 서서 심판받는다.
위 사진은 투트모스 3세가 태양의 배를 타고 하늘을 건너고 있다. 델 엘 바하리 소재 투트모스 3세 무덤에서 출토된 파피루스 일부.
아래 사진은 죽은 자의 심장을 달아보는 아누비스 신. 후네페르의「사자의 서」일부. 런던 대영박물관 소장.

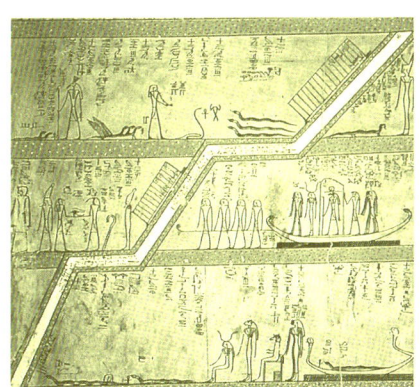

겨울철 눈 덮인 엘부르즈 산맥. 멀리 데마벤드 산이 보인다.

핸콕은 저서 『신의 지문』에서 아이르야나 바에자흐의 기후는 남극대륙과 같은 극지방을 암시하고 있다고 밝혔다. 남극대륙은 마지막 빙하기(BC 15000 ~9500) 말의 지각대변동 이전에 남극에 살고 있던 고도의 문명이 기원한 곳이라고 추정되는 장소이다.

데마벤드산 이란 북부 엘부르즈 산맥의 최고봉이며 휴화산(5601m). 정상의 좀 아래쪽에 두 개의 소빙하小氷河가 있다.

나(팔라비어의 센무르브, 후기 페르시아어의 시무르그를 뜻함) 나무라고 한다. 그리고 이 나뭇가지 위에 '새들의 왕'이 앉아 있다. 시무르그가 엘부르즈산에 있다고 한 피르다우시의 『샤나마』와는 모순되는 대목이다.

또 하나의 나무는 '강대한 가오케레나' 나무로서, 치유의 능력이 갖고 있다. 구원을 받은 영혼이 영원히 죽지 않게 하는 불멸의 열매를 맺는다. 말하자면 식물 하오마를 가리키는 말이다. 이 두 그루의 나무는 성서에서 나오는 두 그루의 나무, 즉 선악을 알게 하는 나무, 생명의 나무와 각각 동일시된다.

문헌에서 아이르야나 바에자흐는 '거주지와 땅들 중에 으뜸이요 제일'이라고 언급된다. 그리고 열 달의 겨울을 견디며 두 달의 여름을 지낸다고 되어 있다. 학자들은 이 사실, 특히 신성한 산이 보우루카샤 북쪽에 있다는 대목을 근거로 하여 그곳이 고대 이란의 영역이었던 중앙아시아의 크와레즈미아 지방이라고 보기도 하고, 바다 보우루카샤는 흑해이거나 카스피해라고 추정하기도 한다. 그러나 흑해든 카스피해든 전세계의 3분의 1을 뒤덮은 적은 없었다.

한편, 페르시아인들은 전통적으로 엘부르즈산을 엘부르즈 산맥에 위치한 데마벤드산과 연결시켜 왔다. 그렇다면 수도 테헤란의 북쪽, 그리고 카스피해의 남안南岸 주위가 아이르야나 바에자흐의 영역일까. 그렇지는 않다. 신화에 등장하는 엘부르즈산을 데마벤드산의 눈 덮인 정상, 그리고 엘부르즈 산맥 전체와 동일시하는 것은 잘못이다.

페르시아인들은 데마벤드산이 이란에서 가장 높은 봉우리이고 북쪽 지평을 상징한다는 단순한 이유로 다른 산들보다 더 좋아한다. 아마도 이 산맥의 이름을 '엘부르즈'라고 부른 것도 그러한 이유 때문일 것이다. 그러나 그곳은 아니다. 만일 신화 속의 엘부르즈산이 데마벤드산과 관련 있다면, 보우루카샤 바다는 흑해나 카스피해가 될 수 없다. 신화에는 분명 바다가 남쪽에 있다고 했는데, 흑해나 카스피해는 데마벤드산의 북쪽에 있지 않은가.

어쩌면 이렇게 정확히 말하려고 노력하는 것 자체가 어리석은 일일지 모른다. 신화와 전설은 수천 년의 세월이 흐르면서 엄청나게 왜곡되기 때문이다. 페르시아 학자들조차 페르시아 신화의 장소는 그 신화를 만든 사람들에 의해 결정되며, 그 이야기를 전하는 유목민들이 자신의 취향에 맞게끔 바꾸기도 한다는 점을 인정하고 있지 않은가.

마다이의 산

진짜 엘부르즈산을 어디일까. 나는 이 산에 대한 많은 전설이 마니교 전설에서 유래했다는 점에 눈길을 돌렸다. 마니교 전설은 이란의 고대 신화 발전에 영향을 끼쳤고, 조로아스터가 이란의 고대 신화를 교의로 삼을 때에는 이미 오랜 세월이 흐른 뒤였다.

이제 나의 갈 길은 뚜렷해졌다. 마니교의 영역이 이란 북서부의 외딴 산악지역(아제르바이잔)이었으므로 그쪽으로 눈을 돌려야 한다는 생각이 들었다. 조로아스터교의 문헌을 꼼꼼이 들여다봐도 그것은 확실했다. 그들은 이란의 가장 신성

아제르바이잔 서남아시아의 카프카즈 산맥 남부와 이란 북서부에서 카스피해 서안(西岸)에 이르는 지역.

한 장소를 오늘날의 아제르바이잔인 메디아 안에 혹은 그 주위라고 여기고 있었던 것이다. 『분다히쉰』이란 문헌에서 에란베지(더 오래된 문헌의 아이르야나 바에자흐)가 아제르바이잔 지방에 있다고 적은 것 자체가 마니교의 영향을 입은 것이기 때문이다.

그러나 다시 한번 생각해 보자. 과연 내가 마니교의 말을 믿어야 할까. 왜 이란의 다른 부족들이나 왕국들이 가장 신성한 장소의 진짜 위치를 안다고 주장하는 말보다 마니교의 말을 믿어야 한단 말인가. 조로아스터는 마니교를 가리켜 거짓과 허위만을 가르치는 '거짓의 추종자'들이라고 하지 않았는가. 그렇지만 내가 마니교의 말을 더 신뢰하는 이유는 있다. 아제르바이잔을 정신적인 고향으로 생각한 사람들이 마니교만은 아니기 때문이다.

이란과 이라크의 만다교도들은 그들 나름대로 신의 영역에 대한 독특한 견해를 갖고 있다. 그들 역시 시무르그를 중시했고 장례 풍습으로 조장 의식을 행했다. 그들은 조상의 고향이 투라 드 마다이, 즉 마다이의 산이라고 부르는 곳 부근이라고 믿고 있다. 그리고 마다이의 산은 므슈니아 쿠쉬타, 즉 '이상세계理想世界'라고 알려진 신비한 영역에 있다고 보는데, 그 영역은 이란의 아이르야나 바에자흐 또는 에란베지와 매우 유사하다. 사실 만다이와 대조되는 이름 마다이는 메디아를 뜻한다. 본래 메디아족은 마드 혹은 마다라고 알려져 왔던 것이다.

그럼 마다이의 산은 어디에 있을까. 만다교도들은 '북쪽' 어딘가에 있다고 여겼는데, 이것을 말 그대로 해석하면 이라크 북부, 이란 북서부, 그리고 메디아 왕국의 서쪽 경계에 있는 산악지방이 된다. 1930년 영국의 저술가 E. S. 드로워가

"그것은 이란에 있다. 마디아(메디아)가 이란에 있기 때문이다"라고 언급했을 때, 만다교의 한 승려가 확인해준 대목이기도 하다. 더욱이 유럽 학자들은 만다이란 본래 메디아의 한 부족이며 만다이의 승려계급 나수라이는 마니교 승려계급의 계통을 잇는다는 점에 일치된 견해를 가지고 있다. 이 견해가 옳다면, 마다이의 산은 신비한 엘부르즈 혹은 하라산과 대응될 뿐 아니라 마기의 고향 아제르바이잔 부근에 있다는 것도 분명하다.

그러나 만다교의 신화는 바빌로니아, 페르시아, 유대, 기독교 영지주의의 전설들을 마구 뒤섞은 것이어서 특정한 이야기의 기원을 시대적 지리적으로 추적한다는 것이 불가능하다. 때문에 나는 만다교의 '첫째 승려'인 아누쉬 혹은 에녹이 마다이에서 유래했는지부터 살펴봤다.

여기서 에녹이란 인물은 유대 전설에 나오는 고대 족장과 동일한 인물이다.

영국 저술가 드로위는 책에서 만다이의 믿음과 제의祭儀에서 마기나 조로아스터, 인도의 파르세와 흡사한 점을 열거하고 있다. 예컨대, 청결, 육체적 건강, 순종, 순결, 제의 의복과 행위, 불의 숭배 등이다.

이란 북서쪽에 있는 아제르바이잔 지방의 어느 촌락 풍경.

천사들 사이에서

만다교도들이 에녹을 숭배했다는 사실은 전혀 놀랄 일이 아니다. 에녹은 팔레스타인보다 이라크에서 훨씬 더 많이 숭배받는 인물이다. 특히 에녹은 아랍인 사회에서 한때 이라크에 살았던 예언자이자 스승으로 알려져 있으며, '에드리스' 또는 '이드리스'라는 이름으로 불린다. 바그다드 외곽의 한 마을에는 에드리스의 무덤이 있다고 하는데, 최근까지도 아랍인들은 그곳으로 정기적인 순례 여행을 다녀오곤 했었다.

이드리스 무덤 특히 '사이드 이드리스'라 불리는 에녹의 무덤에는 부활절 일요일에 모슬렘 교도들이 순례한다.

에녹과 아제르바이잔의 연관성은 여러 가지로 증명된다. 아제르바이잔의 전설에 따르면, 이란과 온 세계의 전설적인 첫 번째 왕 키유마르스의 스승이 바로 에녹이고, 키유마르스 왕은 바로 아이르야나 바에자흐 산의 권좌에서 통치했기 때문이다.

또 창세기 외경으로 알려진 사해문서를 보면, 므두셀라는 아기 노아의 탄생에 대한 조언을 구하기 위해 그의 아버지 에녹을 찾아 '파르와인'이란 곳으로 여행을 떠난다. '파르와인'에는 에녹이 '천사들 사이에서' 살고 있다는 곳이다(대부분의 번역본에서 아람어인 '파르와인'은 파라다이스로 번역되고 있다). 이렇게 본다면, 만다교 전설에서 마다이 산은 아누쉬, 즉 에녹과 연관될 뿐 아니라 '파르완' 또는 '파르와인산'이라는 이름의 '하얀 산'과도 관련된다.

물론 '파르와인산'이 마다이산의 또 다른 명칭인지 아닌지 뚜렷하게 명시되어 있지는 않다. 그러나 '파르완'이란 단어의 어원이 '갈빗대, 옆, 변경'을 뜻하는 메디아의 고어 '파르스와나'이고, 메디아 국경 너머의 땅과 그곳에 사는 사람들을 가리키는 데 사용되던 말이란 점은 흥미롭다. 그 땅의 남쪽에는 파르사 지역이 있고, 서쪽에는 파르수아라는 산악지역이 있다.

그렇다면 에녹은 고대 메디아 왕국의 경계 너머에 있는 험악한 산악지대에서 '천사들 사이에서' 살았다는 이야기일까. 그 중에서도 메디아의 서쪽 파르수아의 외딴 지역일까. 이 추론이 맞다면 주시자들은 바로 그곳에서부터 나왔다는 이야기가 된다. 또한 타락한 종족의 육체적 특징을 지녔다는 점에서 그들의 직계 후손으로 여겨지는 이란의 신왕神王들이 살던 곳이 된다. 그리고 영원히 죽지 않는 불멸자들의 거주지인 아이르야나 바에자흐가 있는 곳이 되는 셈이다.

아제르바이잔!

이제 타락한 종족의 근원을 쫓는 탐구에서 그곳은 대단히 중요한 의미를 갖기 시작했다. 그곳은 분명 중동 전역의 문화와 종교들이 항상 문명의 발상지로 보는 곳이고 전세계적인 대홍수 이후 인류의 시조가 노아의 방주에서 내려온 곳으로 여겨지는 곳이다.

아제르바이잔은 그 태반이 거대한 산맥 또는 황량한 고원지대이다. 서쪽으로는 아나톨리아 동부와 시리아 북부의 타우루스 산맥에까지 뻗어 있는 광대한 산맥의 가장 동쪽 측면이다. 꼭대기가 눈에 덮인 그 산맥은 북쪽으로는 러시아 아르메니아의 산악 지역에 이르고, 남서쪽으로는 자그로스 산맥 끝까지 나란히 접하였는데, 자그로스 산맥은 페르시아만 쪽으로 완만하게 기울어져서 이란과 이라크 사이의 장벽이 된다.

아제르바이잔은 무엇보다도 방랑하는 유목민들의 안식처이자 반란군의 본거지이며, 종교적 공동사회들이 대부분 모여 있는 곳이다. 또 몹시 고난을 겪는 쿠르드족의 문화적, 정치적 고향으로 알려져 있다. 그러나 성서와 외경에 따르면,

타우루스 산맥 터키 나부 소아시아의 지중해 연안을 동서로 달리는 토로스 산맥의 별칭. 길이 800km이며 최고봉은 에르지야스산(3916m)이다.
아르메니아 터키의 동부 산악지대와 아르메니아공화국을 포함하는 지역.
자그로스 산맥 이란 서부에서 남부에 걸쳐 뻗어 있는 대습곡 산맥. 이란고원의 남서쪽 가장자리이다. 길이 2000km 너비 200~300km이다.

에덴동산, 보물의 동굴, 노아의 방주, 그리고 위대한 족장들이 모인 곳이기도 하다.

에덴동산의 진짜 위치는 어디였을까. 예루살렘 성전을 원 안에 묘사하고 그 위에 'CIVITAS DEI(하느님의 나라)'라고 썼다. 원 밖에는 창세기에서 에덴동산으로부터 흐른다는 네 강줄기인 비손(왼쪽), 기혼(위쪽), 티그리스(오른쪽), 유프라테스(아래쪽)의 위치를 보여주고 있다.

제11장
동방의 에덴동산에서

에덴의 어원

야훼 하느님께서는 동쪽에 있는 에덴이란 곳에 동산을 마련하시고 당신께서 빚어 만드신 사람을 그리로 데려다가 살게 하셨다. 야훼 하느님께서는 보기 좋고 맛있는 열매를 맺는 온갖 나무를 그 땅에서 돋아나게 하셨다. 또 그 동산 한가운데는 생명나무와 선과 악을 알게 하는 나무도 돋아나게 하셨다. 에덴에서 강 하나가 흘러나와 그 동산을 적신 다음 네 줄기로 갈라졌다.

이 구절은 성서의 창세기에 나오는 구절이다. 에덴이라는 곳에 하느님이 창조하신 지상 정원의 실재에 대해 말하고 있다. 여러분들이 잘 아는 것처럼 하느님은 아담과 이브가 선악과를 먹은 것을 알고는 그들을 이 아름다운 세계의 문 밖으로 내쫓았다.

에덴동산이란 정확히 무엇일까. 그곳은 초기 유대인들에게 무엇을 의미하는 곳일까. 만일 에덴동산이 주시자들의 몰

락 이야기와 관련 있다면, 그곳은 천국과 낙원이란 개념과 어떤 연관성을 가질까.

히브리 학자들은 '에덴'이라는 단어를 가리켜 '즐거움' '기쁨'을 의미하는 것이라고 해석한다. 하느님이 인간의 즐거움을 위해 에덴동산을 만드셨음을 강조한 것이다. 그러나 이 해석은 잘못된 것이다. '에덴'이란 말은 본래 아카드어이다. 아카드어란 BC 3000년대 후반에 오늘의 이라크인 고대 수메르 왕국의 주도권을 잡은 아가데 혹은 아카드족이 메소포타미아에 들어온 원시 히브리어 또는 원시 셈어이다. 그들 언어에서 '에덴' 혹은 '에딘'이라는 단어는 쌓아올린 영농 대지와 같은 '대초원' '대지'를 뜻한다.

'낙원paradise'이란 단어는 어떠할까. 그 말의 페르시아 어원은 '둘레에'라는 뜻의 pairi, 그리고 '담'이란 뜻의 daeza이다. 간단하게 말하면 '담으로 둘러싸인 땅'을 의미한다. 이 말이 유대-기독교 종교문헌에 들어와 사용되기 시작한 때는 1175년 이후였다.

한편 영어의 '천국heaven'이란 단어는 '하늘'을 뜻하는 히브리어의 복수형인 ha'shemim에서 유래했다. 그 말은 매우 높은 정착지 같은 '높은 곳들'을 의미하는 데에도 쓰였다. 그리고 히브리어의 어근 shm은 '높이' '식물' '초목'을 의미하기도 한다. 다시 말하면, '천국'이라는 말의 정확한 의미는 '식물이 심어진 높은 땅'인 셈이다. 이처럼 어원상의 뜻을 고려할 때, 에덴동산이라고 하면 어느 고원지방의 대초원에 있는 담으로 둘러쳐진 농촌 부락을 연상케 된다.

이렇게 말하면 여러분은 전설적인 에덴동산을 너무나 세

마리 유적에서 출토된 조공자朝貢者의 상. BC 3000년대 말.

아카데A-GA-DE 메소포타미아 북부에 있던 도시. 여기서 아카드란 이름이 유래했다.
셈어 북아프리카로부터 서남아시아에 걸친 중동 지방에 쓰이던 언어. 셈족이란 구약성서에 나오는 셈의 자손을 일컫는 말로 햄족, 아리안족과 함께 유럽의 3대 인종을 이룬다.
수메르 왕국 BC 27세기 이전에 메소포타미아 남부에서 고대 초기문명을 이룬 왕국.

왼쪽 사진은 에덴동산. 얀 브뤼셀 작(1607~1608). 동판, 유채. 파리 루브르미술관 소장.

금지된 신의 문명 1 | 239

속적인 방식으로 생각한다고 탓할지 모른다. 더욱이 에덴, 천국, 낙원이 모두 하나의 동일한 장소라는 내 견해에 의문을 품을 것이다. 천국이란 분명히 우리의 심리적 필요에 의해 창조된 하나의 이상세계이거나 혹은 죽은 이들의 영혼이 심판의 날에 하느님과 천사들과 함께 기뻐하는 천상의 왕국이라고 여기고 있기 때문이다.

에녹의 천국 여행

히브리 신화는 아담과 이브가 쫓겨난 후 최초로 에덴동산에 들어간 사람은 족장 에녹이라고 말한다. 이 점에 대해 학자들은 에녹은 본래 하늘로 높이 들려져 보통대로 죽지 않았다는 창세기 구절을 말 그대로 해석한 데서 유래했다고 생각한다. 『에녹서』에는 이와 관련된 대목이 매우 상세하게 기술되어 있다. 단순히 하늘로 안내된 것만이 아니라 다시 이 세상에 돌려 보내지기 전까지 7개의 개별 '천국'을 구경하고 있다. 이제 에녹의 승천 이야기를 살펴보자.

이야기는 '매우 키가 큰' 두 사람이 나타나 에녹에게 자신들과 함께 가자고 명령하는 데서부터 시작한다. 얼굴이 태양처럼 찬란하고 '깃털의 모습을 한' 의복을 입은 두 사람은 에녹을 하늘로 데려갔는데, 에녹은 두 '사람'의 날개에 실려서 떠났다. 낙원 같은 왕국이 가까워지자, 에녹은 움직이는 구름 위에서 잠시 쉬도록 허용되었다. 여기서 그는 '눈과 추위의 보물저택'을 보았고 '무시무시한 천사들'이 거기를 지키고 있다는 것도 알았다. 그의 앞에는 또 '지상의 바다보다 더 넓은 바다'가 있었다.

이어 에녹은 일곱 천국 중 첫 번째 천국으로 들어갔다. 거

왼쪽 사진은 아카드어로 쓰여진 표주박柱. BC 12세기 신바빌로니아의 왕 네부카드네자르 1세에 의해 세워진 것으로 추정된다. 바빌로니아의 신관神觀, 우주관을 엿볼 수 있다. 이라크 수사 출토.

기에는 2백 명의 천사와 '별의 모든 궤도와 해마다 거듭되는 그 운행을 다스리는' 원로가 있었다. 이 대목에서 에녹이 천상이 아닌 지상의 왕국에 온 것이라고 가정해 본다면, 그것은 분명히 천문학 연구와 시간 측정을 위한 높은 천문대를 의미한다고도 볼 수 있을 것이다.

두 번째 천국으로 가서, 에녹은 '매달려' 있고 끊임없이 울고 있는 죄수 천사들을 보고 경악을 금치 못했다. 말하자면 반역 주시자 2백 명의 우두머리 셈야자가 인간들에게 행한 죄로 인해 거꾸로 매달렸던 잔인한 방법을 상기시켜주는 대목이다. 이 가련하고 비참한 영혼들을 감시하는 천사들 역시 '지상의 암흑보다 더 캄캄한 표정'이었다.

에녹을 데리고 간 두 사람은 죄수와 했던 대화 내용을 에녹에게 다음과 같이 들려주었다.

쇠사슬에 묶인 죄수들이 두 사람에게 인사를 했을 때, 두 사람은 "목숨이 유한한 인간인 내가 무엇이라고 천사들을 위해서 기도한단 말인가. 내가 어디로 가고 있는지, 무슨 일을 당할지 누가 알겠는가. 누가 나를 위해서 기도하겠는가"라고 답했다는 것이다. 그러나 내가 보건대 불멸자들을 감금한다는 것은 도저히 하느님의 영적인 사자들이 취할 올바른 행동으로 볼 수 없다.

에녹은 다시 세 번째 천국으로 갔다. 그곳에서 에녹은 자신이 비로소 에덴동산에 와 있다는 것을 알았다. 그는 에덴을 다음과 같이 묘사하고 있다.

모든 장소가 축복을 받았다. 나는 향기로운 꽃이 핀 모든 나무와 감미로운 냄새를 풍기는 그 열매와 그것으로 만든 모든 음식이 향기를 내뿜는 것을 보았다. 모든 나무 한가운데에 생명의 나무가 있고 거기는 주님이 낙원에 들어가면 쉬는 곳이다. 그 나무가 얼마나 좋고 향기로운지는 입으로 이루 말할 수가 없다. 무엇보다도 찬란하게 장식되어 있었다. 그 나무의 형태는 사방이 황금색과 주홍색이고 불과 같았다. 그 뿌리는 땅 끝에 있는 정원에 박혀 있다.

이 나무의 뿌리에서 두 줄기의 강물이 시작된다. 순수한 꿀과 젖, 기름과 포도주가 흐른다. 이들은 각각 네 방향으로 갈라져 '부패하는 것과 부패하지 않은 것 사이'에 있는 에덴동산으로 흘러 들어간다. 거기에 있는 나무는 모두 열매를 맺고 모든 장소가 축복을 받았다. 그리고 3백 명의 찬란한 천사가 정원을 지키고 아름다운 노래와 끊임없는 목소리로 모든 날과 시간에 주님께 봉사한다.

이렇게 보면, 에덴 동산은 천사들이 사는 천상의 왕국이라기보다는 오히려 이스라엘의 키부츠나 수도원의 정원들과 흡사하다. 게다가 주님이 '낙원에 들어가면 쉬는 곳'이라는 생명의 나무는 묘하게도 페르시아 전설에서 시무르그 새가 쉰다는 '치료의 나무' 또는 '씨앗의 나무'를 연상케 한다. 페

키부츠 이스라엘의 집단농장의 한 형태. 농업 외에도 식품가공, 기계부품 제조 등 경공업을 포함한다.

천국, 틴토레토 작(1590), 파리 루브르미술관 소장.

르시아 전설에서 이 나무는 보우루카샤 바다의 중심에 있다고 했고, 그곳은 이란의 불멸자들의 영지인 아이르야나 바에자흐에 있다. 그런데 보오루카샤 바다는 에덴동산과 마찬가지로 모든 물이 모이는 곳으로, 거대한 강 하라흐바이티라의 강물을 받아들인다. 이곳에서부터 두 개의 강물이 갈라져 나와 동쪽과 서쪽으로 땅에 퍼져 나가는데, 그 강물이 다시 바다로 돌아오면 물의 모든 불순물은 정화된다.

에녹은 세 번째 천국에서 두 사람을 따라 북쪽으로 올라갔다. 그곳은 매우 참혹했다. 죄수들이 묶인 사슬은 대단히 잔인했고, 무시무시하고 잔혹한 분노의 무기를 가진 천사들이 무자비한 고문을 해댔다. 빛은 없고 오직 희미한 불이 끊임없이 타오르고 있는 어둠의 장소였다. 『에녹서』는 이곳이 하느님을 공경하지 않고 본성을 거스르는 죄를 범한 자들을 위해서 마련해두었다고 적고 있는데, 주술과 마술을 땅에서 일삼는 행위, 도둑질이나 거짓말, 모함, 시기, 원한, 간통, 살인 등 사악한 행동을 자랑하는 행위 등을 나열하고 있다.

네 번째 천국에서, 에녹은 또 하나의 천문대 같은 곳으로 들어갔다. 그곳에서 그는 '해와 달의 움직임을 측량하고 그 빛을 비교'할 수 있어서 태양이 '달보다 일곱 배의 빛을 가지고 있다'고 했다. 또 8천 개의 별을 거느린 '커다란 별 넷'이 있다는 것도 알게 되었다. 우리는 이 대목에서 천문학에 대한 천사들의 관심을 다시 한번 확인할 수 있다. 물론 별에 대한 학문은 반역 주시자들이 인간들에게 누설한 금지된 지식에 포함된 것이었다.

다섯 번째 천국에서, 에녹은 하늘의 법을 어기고 그 금지된 기술을 누설했으며 사람의 딸들 중에서 아내를 취한 주시자 2백 명을 보았다. 그들은 마치 천한 죄수들처럼 감금되어

인류 구속사救贖史를 기록하고 있는 독일 쾰른 대성당 서쪽 정면의 팅팡. 맨 위에 아담과 이브가 에덴동산에서 추방되는 장면이 묘사되어 있다.

있었다. 『에녹서』는 이들을 '그리고리'라고 적고 있는데, 이 단어는 주시자들을 뜻하는 그리스어이다. 그들의 외모는 '사람'과 같으며, 키는 '아주 큰 거인족(즉, 그들의 자손 네피림) 보다 더' 크다고 했다. 에녹은 또 '얼굴이 우울하고 말라붙었다'고 적고 있는데, 우리는 이 대목에서 전설적인 이란의 왕들이 진리의 길을 버릴 때 고귀한 파르를 잃게 된다는 점을 떠올리게 된다.

여섯 번째 천국에서, 에녹은 얼굴이 '태양보다 훨씬 더 찬란하게 빛나는' 일곱 무리의 천사들을 만났다. 그들은 얼굴이나 행동이나 옷차림이 똑같았다. 첫 번째 천국의 천사들처럼, 이들은 '별들의 진행, 달의 변화, 태양의 회전'을 지켜본다. 이로 미루어 '주시자'라는 용어는 인간을 관찰하는 것 뿐 아니라, 별들의 움직임과 시간의 순환을 연구하는 것과도 관련이 있다는 것이 확실하다.

천사들은 또 '세상의 올바른 정치를 감시'하는데, 아마도 기후와 지진, 그리고 그것이 지구에 미치는 영향을 연구하는 것을 가리키는 말인 듯하다. 이밖에 이들은 '악행을 보면 명령과 지시를 내리며, 감미롭고 우렁차게 노래하고 모든 찬미가'를 부른다. 왜냐하면 '이 무리는 천사보다 높은 대천사들'이기 때문이다.

일곱 번째이자 마지막 천국에서, 에녹은 하느님을 보좌하는 대천사들과 세라핌과 케루빔, 그리고 모든 계급의 영적인 권능자들을 보았다. 어떤 『에녹서』 필사본에는 에녹이 '불의 혓바닥들로 둘러싸인 수정의 성벽'에 들어갔다고 적고 있다. 즉, 집의 벽돌은 바둑판 무늬의 수정이고 바닥도 수정이었는데, '천정은 별들과 번개의 길이었다. … 불이 벽을 둘러싸고 문들이 불타고 있었'다. 그러나 에녹에게는 '불처럼 뜨겁고 얼음처럼 싸늘하게' 느껴졌다. '안에는 생명의 기쁨이 없었'다. 다시 말하면, 그곳에는 어떠한 가구나 장식도 없어서 너무나 텅 비고 공허했던 것이다.

에녹은 두려움에 휩싸여 부들부들 떨기 시작했다. 나 역시 어렸을 때에 성 바오로 성당에 가서 똑같은 느낌을 받았던 것을 기억한다. 성당 내부의 광막함이 너무나 위압적이어서 나는 그만 울고 말았던 것이다. 에녹은 이어 '찬란하고 그렇게 웅장할 수가 없는' 두 번째 집으로 가서 '투명한 우박으로 만든 옥좌'를 보게 된다. 거기에는 '태양과 같은' 수레바퀴가 있었고, '옥좌' 밑에서 불줄기가 흘러나왔다. 그리고 '거기'에 '위대한 영광'인 주님이 앉아 있었는데, 그의 '옷은 태양보다 더 찬란히 빛나고 눈보다도 더 희었'다. 그 순간의 느낌을 에녹은 다음과 같이 적고 있다.

> 그분의 위대함과 영광 때문에 들어가서 그 얼굴을 볼 수 있는 천사가 하나도 없었다. 그 어떠한 육체도 그분을 쳐다볼 수가 없었다. 그분 주위와 앞에 불이 있어, 아무도 접근하지 못했다.

에녹은 영광의 주님을 잠시 접견하고 나서 깃털 옷의 두 '사람'과 함께 하늘의 일곱 왕국을 떠났다. 그러나 주시자 같은 그들은 "우리는 여기까지만 같이 여행하도록 지시를 받았다"고 하면서 에녹을 떠났고, 혼자 일곱 번째 하늘의 끝에 남게 된 에녹은 두려움에 떨게 되었다. 인간으로서 볼 수 있다고는 생각조차 할 수 없는 가장 장엄한 광경을 방금 목격한 사람이 그러하듯, 에녹은 정신적 타격을 받아 거의 미친 상태였다. 그는 땅에 엎드려 혼잣말로 '내게 일어난 일은 얼마나 무시무시한가?'라고 말했다.

에녹이 낙원을 방문한 이야기는 여기서 끝이 난다. 이렇게 본다면 에덴은 분명히 하느님이 아담과 이브의 즐거움을 위해 만든 기쁨의 동산이 아니다.

『에녹서』에는 대천사 가브리엘이 에녹을 다시 천국으로 불러들이기 위해 반쯤 미친 그를 데려갔다고 적혀 있다. 심지어 에녹이 여덟 번째, 아홉 번째, 열 번째 천국을 방문했다는 기록도 있지만, 이 부분은 창세기에 에녹이 승천했다는 사실에 토대를 두고 읽는 이들에게 에녹이 천국에서 일생을 마쳤다는 점을 강조하기 위해 후대에 삽입한 것으로 보인다.

천국의 실체

여러분은 천국을 방문한 에녹의 이야기가 지극히 공상적이라고 생각하지 않는가. 어느 누구도 그 점을 부인하지는 않을 것이다. 생각이 있는 사람이라면, 일종의 환영 같은 그 이야기의 많은 부분은 진지하게 받아들이기는 어렵다. 나 역시 그러하다. 그러나 나는 그 이야기에는 일말의 진실이 있다고 본다. 직접 또는 간접적으로, 혹은 그보다 더 와전되긴 했지만, 한때 이 세상에는 비범한 종족이 실제로 거주했다는 사실을 포함한 이야기라고 생각한다.

어쩌면 천국은 그 본질에 대해 이해가 전혀 없었던 사람, 그리고 자신이 직접 목격한 것의 결과가 어떠하리라는 것을 전혀 몰랐던 사람이 방문했던 어떤 곳이었을 것이다. 그것은 에덴동산이 천국이란 이름의 장소와 동일할 뿐 아니라 주시자들이 사는 곳일 가능성이 매우 높다는 것을 암시한다. 만일 나의 이 대담한 가정이 옳다면, 다음과 같이 추정할 수 있을 것이다.

먼저 그곳은 천문관측소와 학교, 유실수가 있는 풍요로운 과수원, 잘 손질된 경작지, 그리고 신성한 법을 어기는 자들을 가두어 고문하는 감옥까지 있었던 어느 비범한 공동체 사회의 존재를 암시한다. 물론 그곳은 고원지대에 있었고, 그 사회에 대한 기억이 아래 세상, 즉 산기슭과 평지에 살았던 초기 셈족 혹은 고대 페르시아인들 사이에서 전해져 내려온 것이 아닐까 싶다. 다시 말하면 이 공동체 사회에 속한 사람들의 극단적인 생리적 특징과 샤머니즘적 특색으로 인해 히브리 전설에서 뱀 같은 얼굴의 새-인간, 그리고 빛나는 천사들이 된 모습으로의 기억을 간직한 것이 아닐까 보여진다.

『에녹서』에서 주시자들이 헤르몬산 '위에' 내려왔다고 기록한 것은, 그들이 하늘에서 땅으로 내려왔다는 뜻이 아니라 높은 지대에 살다가 산기슭과 평지로 내려왔다는 의미일 것이다. 그리하여 마치 신들이 사람들 사이를 걷듯, 불사자不死者들이 인간들 사이를 걷듯, 그리고 죽은이들이 산 자들 사이를 걷듯이 문화가 덜 발달된 목축사회에 나타났다는 뜻이다. 길고 빛나는 얼굴에 눈처럼 흰 머리칼, 창백한 상아빛 피부와 붉은 뺨을 한 이들의 모습, 게다가 키가 크고 깃털로 덮인 그 모습은 분명 저지대에 살던 사람들에게 엄청난 두려움을 불러일으켰을 것이고, 후대에 내려오면서 그들을 악마, 마귀, 악령으로 묘사하게 만들었을 것이다. 한마디로 고원지대의 발달된 문명과 발전도상에 있는 저지대 문화의 교류가 바로 하느님의 아들들이 사람의 딸들에게 내려온 개념의 토대가 아닐까 추정된다.

만일 이 추정이 맞다면, 그 동안 아후라와 다에바에 관한 페르시아 전설을 연구하면서 에녹이 방문한 낙원에 대한 지식이 페르시아의 신화적 왕들의 고향인 이란 광원廣原, 즉 아이르야나 바에자흐의 개념 뒤에 있는 것이 아닌지 궁금했었는데, 이제 모든 것이 분명해진 셈이다.

이란 광원 이란 중부에서 아프카니스탄, 파키스탄 서부에 걸친 서아시아의 대고원. 표고는 500~2000m에 달한다.

그러나 보다 중요한 것은 에덴이 우리의 마음속에만 존재하는 것인지, 아니면 지상의 어딘가에 존재하면서 다시 발견되기를 기다리고 있는 것인지를 확실히 가리는 일이었다.

낙원의 강들

만일 에덴동산이 지리적으로 실제 존재했던 장소라면, 어

비손 '분천'이라는 뜻.
기혼 '경주자'라는 뜻.

떻게 찾을 수 있을까. 강들이 그 해답이 될 것 같다. 성서를 보면 에덴에서 본류 하나가 네 '근원'으로 갈라져, 그 각각이 하나의 강을 이룬다고 기록되어 있기 때문이다. 성서는 그 강의 이름을 비손, 기혼, 티그리스(원문에서는 히데켈이라고 적혀 있고, 히데켈은 티그리스를 가리키는 히브리어이다. 우리의 공동번역 성서에는 티그리스라고 명기하고 있다: 역자 주), 그리고 유프라테스라고 적고 있다.

오늘날 우리는 이 넷 가운데 마지막 둘만을 확인할 수 있을 뿐이다. 초기 신학자들은 나머지 둘에 대해 인도의 갠지스강(때때로 시리아 북부의 오론테스강이라고도 한다), 아프리카의 나일강이라고 했다. 물론 이들은 지리적으로 한 곳에서 발원되지 않는다. 그런데도 이들을 택한 것은 고대 문명세계에서 가장 강력한 강이라고 여겼기 때문이었다. 지도 작성법이 개발된 것은 16세기였던 것이다.

이 강들의 본류가 다르다는 점을 알게 되면서 초기 신학자들의 주장이 잘못된 것으로 드러나자, 종교비평가들은 이 모순을 근거로 하여 에덴동산은 지리적 실재가 없는 개념적 영역일 뿐이라고 주장하기 시작했다. 그러나 모세 시대의 이스라엘인들에게 에덴은 의심할 여지 없는 실제의 장소였다. 창세기에는 분명히 "야훼 하느님께서는 동쪽에 있는 에덴이라는 곳에 동산을 마련하셨다"고 적혀 있기 때문이다.

동쪽이라면 어디를 기준으로 하여 동쪽을 말하는 것일까. 이

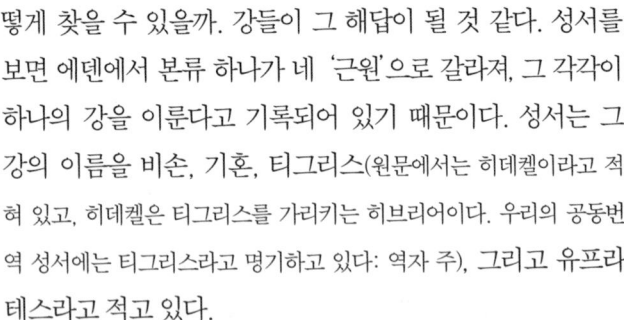

유프라테스 강과 티그리스 강이 함께 흐르는 메소포타미아는 수메르, 바빌로니아, 아시리아, 카르디아 등 문명의 발상지이다. 사진은 BC 3300년경 이곳에 자리잡은 우르 유적지에서 출토된 난슈와 가족상. BC 2600년경 신전에 바쳤던 조각품으로 추정된다. 파리 루브르 미술관 소장.

250

스라엘의 동쪽인가, 예루살렘의 동쪽인가. 예루살렘은 BC 1000년대 초기에 이스라엘 왕국이 건립된 이래로 팔레스타인에서 가장 성스러운 곳이었으므로 창세기의 기록은 아마도 예루살렘의 동쪽일 것이다.

예루살렘에서 동쪽으로 방향을 잡고 어디로 갈지를 정해야 할 차례이다. 서아시아의 지도를 펴놓고 자를 대고 선을 그었다. 그랬더니, 선은 위도 32도선 바로 아래로 지금의 아랍공화국인 요르단과 사우디 아라비아를 지나 이라크에 이르렀다.

그렇다면 창세기의 편찬자들은 고대의 도시왕국 바빌론에 있었다는 말인가. 이 가정은 별로 가치가 없다. 왜냐하면 바빌론 유배 시대 이후, 유대인들은 바빌론을 죄악의 도시로 여겨왔기 때문이다. 계속 동쪽으로 나아가자, 선은 자그로스 산맥의 최남단에 이르렀다. 이곳 동쪽에는 이란 평원이 있으나 유대족의 발상지로서는 어쩐지 설득력이 없어 보였다. 에덴이 있었다는 하느님의 산이 이라크 사막 한가운데에 있을 것 같지는 않았기 때문이었다. 그렇다면 '동쪽의 에덴'이란 자그로스를 의미하는 것일까.

유대인들은 이라크 부근의 어디인가에 에덴동산이 있다고 믿고 있었음이 분명하다. 창세기에 나오는 초기 사건들이 모두 '시날 지방'이라고 적힌 이 지역을 중심으로 하고 있기 때문이다.

'시날 지방'이란 한때 수메르 혹은 수메리아라고 알려진 땅을 가리키는 말인데, 이곳에는 BC 3000년부터 서기 1600년경까지 수많은 도시국가들이 존재하여 이라크 고원지대와 이라크 남부 페르시아만 사이의 평원을 다스려왔다. 대홍수 이후에는 노아의 자손들이 번창했는데, 성서에는 이곳 사람

세계지도 현존하는 가장 오랜 세계지도. 바빌론을 세계의 중심으로 하고 그 주위에 둥근 고리 모양의 바다를 둘러 바빌로니아인들이 페르시아만으로부터 인도양, 홍해, 지중해를 항해했음을 암시한다. 유프라테스강 상류의 산악, 아시리아 지방, 남바빌로니아의 비트야아킨 지방, 페르시아만 하구의 습지가 그려져 있다. BC 6~7세기 점토판. 런던 대영박물관 소장.

시날 구약성서에서 사용하는 티그리스강과 유프라테스강 사이의 충적 평야에 대한 명칭.

금지된 신의 문명 1 | 251

티탄족 그리스 신화의 신족 神族. 우라노스(天空)와 가이아(大地) 사이에 태어난 일족으로 남녀 6명의 신으로 이루어져 있다. 그리스 신화의 주류를 이루는 올림포스 신들보다 앞섰다.

들이 하늘에 닿는 탑을 세우고 이름을 날리려 하자, 하느님이 이 가증스러운 것을 내리치고 세상을 벌하였고, 이때부터 사람들은 한 가지 말을 쓰지 못하고 여러 말을 쓰게 되어 서로 알아듣지 못하게 되었다고 적혀 있다.

유폴레무스라는 고전 저술가는 그 탑의 창건은 강력한 폭군 님로드를 포함한 '거인들'에 의한 것이라고 기록하고 있다. 즉, 건축물이 신의 노여움으로 파괴된 이후, 거인들(그리스의 '티탄족')은 '온 땅으로 흩어졌다'는 것이다. 분명히 그 탑은 바빌론에 있었던 것 같다. 유대-기독교인들이 바빌론이란 혼란이란 뜻의 '바벨'이란 단어에서 유래했다고 말하지만

구약성서 창세기에 나오는 바벨탑의 상상도. 7층 높이. 1층은 길이와 너비가 각각 90m, 높이 33m로 알려져 있다. 일부 학자들은 고대 도시 바빌론에서 출토된 점토판과 거대한 지구라트로 바벨탑은 실존했었다고 주장한다. 사진은 브뤼겔 작 (1563). 판. 유채. 오스트리아 빈 미술사박물관 소장.

그것은 잘못이다. 어쨌든 빅토리아 시대의 많은 학자와 고고학자들의 훌륭한 연구에도 불구하고, 님로드나 그 전설적인 탑의 실재를 증명할 만한 증거는 현재까지 하나도 발견되지 않고 있다.

이밖에 유대인들이 에덴의 위치가 고대 수메르의 '비옥한 초승달 지대' 위쪽의 고원이라고 해석하는 근거들은 무엇일까. 우선 몇몇 고대 성서학자들은 에덴동산에서 발원한다는 네 강 가운데 밝혀지지 않은 두 강의 발원지 역시 똑같은 지역일 것이라고 보고는 비손과 기혼을 북부 터키고원에서 발원하는 대 자브Greater Zab강과 아락세스 강으로 연관짓는 것이 옳다고 보았다. 이 가설은 매우 그럴 듯해서, 바빌론 유배 시절까지 많은 유대인들은 비트 아디니, 또는 베트 에덴이라 불리는, 아시리아 군대가 점령한 유프라테스강 하류의 한 마을을 에덴이라고 오해하기도 했다. 그러나 유대인들과 기독교인들은 다른 적당한 대안이 없었기 때문에 에덴동산이 그 고원에 있었으며, 천사들의 거주지는 쿠르디스탄 고원이 확실하다는 것을 받아들이고 있다.

대자브강 티그리스강 상류의 지류. 터키와 이란 국경 부근의 산지에서 발원한다.

쿠르디스탄 서아시아의 이란 고원에서 토로스 산맥에 걸친 약 8만km²에 달하는 지역.

여러분은 이 견해가 정말로 옳다고 보는가. 그리고 이 지역이 정말로 유대-기독교 신화와 전설의 발전에 중대한 역할을 했다고 보는가. 이란 신화와 만다교의 문헌은 그들 조상이 한때 서쪽으로 뻗어 이란 고원 전체를 포괄했던 고대 메디아 부근의 어디라는 것을 암시하고 있다. 그렇다면 과연 이 전설들은 유대인들과 기독교인들이 에덴동산이었다고 믿고 있는 그곳을 가리킨 것일까.

내림의 장소 아라랏산

나는 최종 판단을 내리기 전에, 유대인들이 이 지역을 인

오른쪽 사진은 노아의 홍수가 시작하여 끝난 뒤 번제를 드리는 장면까지 순서대로 보여준다. 13세기. 모자이크. 이탈리아 베네치아 산 마르코 성당.

류의 기원으로 보는 이유부터 찾아보기로 했다. 다시 한번 주시자의 특징을 지니고 태어난 노아와 대홍수에 관한 창세기의 기록을 보자.

유대인이나 기독교인이라면 누구나 아는 대로, 노아는 곧 홍수가 닥칠 것이라는 하느님의 경고를 받고는 아내와 세 아들, 세 며느리들과 함께 잣나무로 거대한 배를 만들고 안팎으로 역청을 칠했다. 그리고 온갖 종류의 짐승과 새를 한 쌍씩 배에 태웠는데, 드디어 비가 내려 온 땅이 물에 잠겼다. 40일간 비가 거침없이 내렸고, 물은 산을 잠기게 하고도 열 다섯 자나 더 불어났다.

1백50일이 지난 후, 물이 빠지기 시작하자 노아는 땅을 찾기 위해 먼저 까마귀 한 마리를 내보냈고, 이어 비둘기 한 마리를 내보냈는데, 그 비둘기는 부리에 금방 딴 올리브 나뭇잎을 물고 돌아왔다. 7일 뒤, 비둘기를 다시 내보냈더니, 이번에는 돌아오지 않았다. 마침내 방주는 성서에 언급된 '아라랏산'의 등마루에서 문을 열게 되는데, 아르메니아 전설에서는 나취드슈안, 즉 '내림의 장소'라고 알려져 있다.

신학자들간에는 '아라랏산'이라는 장소가 어디인가를 두고서 오랫동안 뜨거운 논쟁을 벌여 왔다. '아라랏'이란 이라크의 아시리아인들이 인도-이란의 왕국 '우라르투'를 부른 아카드어이다. BC 1275년 문헌에 처음으로 등장했다.

우라르투 왕국의 문화는 BC 590년경 아카메네스조의 캬크사레스왕에게 멸망될 때까지 근동 지방에 많은 영향을 끼쳤다. 그들은 초기에는 터키 고원과 러시아 아르메니아공화국 사이의 반호湖 부근에 살았으며, 영토를 점점 넓혀 동쪽으로는 고대 메디아의 우르미아 호수, 북쪽으로는 코카서스 산맥, 서쪽으로는 시리아 북부에까지 이르는 광대한 지역을 통

우라르트 '고지高地'를 뜻하는 말로서, 히브리어로는 우라르두라 한다. 이들이 사용한 설형문자는 셈어가 아닌 하르디아어였다.

반호湖 터키 동부에 있는 염호鹽湖. 길이 60마일에 너비가 35마일 되는 거대한 내해이다.
우르미아호湖 이란 북서부에 있는 염호鹽湖. 옛날에는 리자이예호라 불렸다.

치했다. 따라서 '아라랏산'이란 장소는 오늘날의 러시아 아르메니아, 이란, 이라크, 터키 사이의 황량한 접경 지역에 있는 고원의 산 가운데 하나를 가리키는 말이다.

이처럼 성서의 지적이 애매모호함에도 불구하고, 기독교인들은 '아라랏산'을 터키 고원에서 가장 높은(5185미터) 아라라트산과 연관시키는 것이 옳다고 주장해 왔었다. 그리고 수많은 탐험가들과 기독교 근본주의자들이 이곳에서 노아의 방주 흔적을 찾으려고 애썼다. 그러나 그들의 성과는 저마다 달랐다.

이슬람교의 성서 『코란』에도 노아의 방주와 대홍수에 대한 이야기가 되풀이된다. 그러나 여기서는 그 배가 '주디산 위'에서 쉰다고 기록되어 있다. 주디란 '높은 곳'을 뜻하는 아랍어이다. 그에 따라 쿠르드 전설에서는 '아라랏산'을 터키 고원의 반호 남쪽으로 약 65마일 가량 떨어진 곳에 위치한 해발 2천 미터 높이의 알 주디 또는 주디 다그와 연관짓고 있다.

20세기초, 영국인 윌리암 위그램 신부와 그의 아들 에드거는 여러 해 동안 쿠르디스탄의 문화사를 연구하면서 쿠르드가 내림의 장소임을 확인했다. 1914년에 펴낸 저서 『인류의 요람』을 보면, 두 사람은 이곳에서는 노아가 상륙한 것을 기념하여 해마다 동물 희생제를 행하고 있다면서 다음과 같이 적고 있다.

시아파 시아는 '분파'의 뜻이다. 수니파 이외의 분파를 총칭한다. 마호멧의 사위 알리(제4대 칼리프)만을 칼리프로 본다. 훗날 수피즘과 같은 신비주의적 색채가 보태졌다.
수니파 정통파로서 전통적인 행동양식을 남기려는 색채가 강하다. 현재 이슬람교의 주류를 형성하고 있다.

모든 나라와 기독교인들, 시아파와 수니파를 포함한 이슬람교도들, 만다교도들, 유대인들, 그리고 은밀하고 내성적인 예지드족들까지도 그곳에 모여서

양이나 새끼염소 한 마리를 희생하였다. 그리고 가장 소란스러운 쿠르디스탄에서도 하룻 동안 '하느님의 휴전'이 이루어졌고 고대의 제단 위에서는 수백 개 제물의 연기가 올랐다.

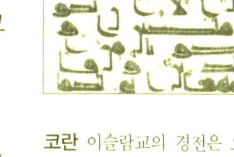

코란 이슬람교의 경전은 오른쪽에서부터 왼쪽으로 읽는다.

이 고풍스런 축제는 일반적으로 노아의 방주가 마른 땅에 상륙한 날이라고 인정되는 9월 14일에 행해졌다. 성서에는 배에서 나온 노아가 야훼 앞에 제단을 쌓고 모든 정한 들짐승과 정한 새 가운데 번제물을 골라 그 제단 위에 바쳤다고

아라랏산에서 노아가 포도주를 마시고 취해 누워 있고 세 아들들이 서 있다. 기베르티(1425~1452) 작. 청동 금도금. 이탈리아 피렌체 산 조반니 세례소.

금지된 신의 문명 1 | 257

기록되어 있다. 주디산 아래에 하사나라는 마을이 있는데, 위그램 형제에 따르면 그 마을 사람들은 '여전히 노아의 무덤과 그의 포도밭이 있다고 말하지만, 이상하게도 오늘날 그 포도밭에서는 포도주가 전혀 생산되고 있지 않다'고 밝히고 있다.

아라라트산의 북동쪽 아구리(아호라)의 한 도시에 있는 성 야곱 아르메니아 수도원은 노아의 방주 나무조각을 보관하고 있다.

포도주와 관련하여 아라라트산이 내림의 장소라고 주장하는 사람들은 창세기에 노아가 최초의 포도주 제조자로 되어 있다는 점과 아라라트산 기슭의 포도주 재배를 연관짓는다. 그러나 내가 보기에 그 전설은 그 자체로 의미가 별로 없다. 그런데도 서기 1세기경의 유대인 사가 플라비우스 요세푸스는 '반호 근방의 주디산'이 방주가 상륙한 장소라고 주장하고 있다.

그렇다면 내림의 장소는 정확히 어디일까. 한 가지 분명한 것은 모세 오경의 편찬자들이 중시했던 쿠르디스탄 중부와 북부 지역을 무시하기는 어렵다는 점이다. 실제로 그곳은 고대 문화의 방랑시인과 이야기꾼들이 정신적, 문화적으로 중요한 이야기를 할 때면 으레 언급하는 곳이고, 특히 왕과 귀족들이 등장하는 이야기를 할 때면 국가적, 지역적으로 인용하는 중요한 장소의 하나이기도 하다. 모세 시대의 이스라엘인들 역시 쿠르디스탄 고원을 정신적으로 매우 중요하다고 여겼다. 탈무드에 따르면, 아브라함이 감옥생활 10년(바빌론 부근의 쿠타에서 3년, 쿠르디스탄의 옛 셈어 카르두에서 7년)을 보낸 곳이어서 관련이 깊다고 여긴다.

탈무드 유대교의 교전(教典). 히브리어로 '가르치다'의 뜻. 구약성서가 쓰여진 뒤, 유대교의 법률, 전통적 습관, 축제, 민간 전승, 해설 등을 모은 것이다. 팔레스티나 탈무드(서기 4세기말)와 바빌로니아 탈무드(서기 6세기)의 두 종류가 있다.

인류의 요람

과연 쿠르디스탄 고원은 히브리 신화와 전설에 그토록 중요한 역할을 했을까. 그렇다면, 나 역시 낙원의 장소, 주시자들의 거주지가 실제로 이 지방에 있었다고 진지하게 고려해야만 했다. 쿠르드 지방 사람들은 노아의 방주가 상륙한 내림의 장소가 어디인가를 너무나 확신하고 있었으므로, 에덴 동산의 위치에 대해서도 비슷한 신념을 가졌을 것이기 때문이다. 특히 주시자들과 같이 진보된 문화가 이 지역에 정말로 존재했다면, 그들에 대한 기억은 분명히 잊혀지지 않았을 것이다. 비교적 최근까지 고립된 목축생활을 영위해온 쿠르드인들의 것과 같은 토착문화는 그들 안에서 일어났던 일에 대한 기억을 반드시 간직하고 있을 것이다.

앞서 언급한 영국인 형제인 위그램과 에드거는 쿠르디스탄에서 여러 해 생활하면서 쿠르드족의 풍습과 전설을 연구했다. 그 결과를 『인류의 요람』이란 저서로 남겼는데, 이 책은 많은 학자들이 가치 있는 참고문헌으로 인정하는 훌륭한 책이다. 이제 이 책을 통해서 쿠르드 고원에 있다는 에덴동산의 실재에 대해 그들이 무엇을 알았는가를 보기로 하자.

먼저 쿠르드인들은 에덴에서 흘러나오는 네 줄기의 강을 유프라테스, 티그리스, 대 자브, 그리고 동쪽의 카스피해로 흘러 들어가는 아락세스강江으로 본다는 점에서는 똑같다. 그 지방의 네스토리우스파 교인들, 즉 아시리아 교회의 기독

네스토리우스파 그리스도 안에는 신성神性과 인성人性이라는 두 가지 분리된 인격이 존재한다는 교리를 믿는 그리스도교의 교파. 콘스탄티노플의 대주교 네스토리우스(?~451?)의 교설을 신봉한다. 서기 431년 에페소 공의회에서 이단 판정을 받은 뒤, 페르시아로 가서 교회를 세웠다. 14세기에 이르러 티무르가 지배하면서 박해받아 거의 절멸했고, 현재 이라크 북부에 소수가 남아 있다. 사진은 네스토리우스를 이단으로 파문한 에페소 공의회.

교인들이 대 자브강이 다름 아닌 비손강이라는 것을 얼마나 굳게 믿고 있는지, 위그램 형제들은 편지를 쓸 때마다 '에덴의 강 위의 나의 독방에서'라고 서명했어야 했다.

에덴동산의 지리적 실재에 대한 그들의 믿음은 유프라테스와 티그리스 원류에서 확고했다. 이 두 강은 반 호수를 둘러싸면서 일종의 요새처럼 역할하는 산을 휘감아 돌아 나간다. 그 결과, 위그램과 에드거 형제는 에덴동산이 오늘의 터키 반현縣의 주도州都인 반, 반 호수 동쪽 연안의 옛 우라르트 왕국의 수도 투쉬파이거나, 반 호수 남서쪽 해안선 너머의 고대 도시 비틀리스 주위의 어딘가에 있었으리라고 추정했다. 그 어느 곳이건 반 호수를 정점으로 하고 있다는 점에서는 동일했다.

반 터키 동단에 있는 고도古都. 반 호수의 동쪽 연안, 해발 1720m에 위치한다.

거인들의 자손 님로드

과연 인류의 발생지이자 에녹이 방문한 일곱 천국인 에덴동산이 반 호수 부근에 있었을까. 그럴 가능성은 매우 높다.

아르메니아 전설에서는 에덴동산이 대홍수로 물에 잠긴 이후, 지금은 반 호수의 '밑바닥'에 있다고 전하고 있다. 이 호수는 노아의 자손들과도 관련이 많다.

서기 5세기의 아르메니아 역사가인 코레나치의 모세에 따르면, 노아의 방주가 '아라랏산'에 정박한 이후, 노아의 아들 셈이 임시로 그 호수의 서쪽 제방에 있는 타라운 지방에 정착해서는 강과 산에서 두 달간 지체했다고 한다. 그래서 그 산은 오늘날까지도 '심' 또는 '삼'이라고 불린다. 셈의 아들 타르반 역시 30명의 형제들과 15명의 누이들, 그리고 누이의 남편들과 함께 같은 장소에 정착했다고 하는데, 이 장소가 오늘날 '흩어짐'이란 뜻의 츠라운크라고도 알려져 있다. 말하자면 타르반의 아들과 가족이 흩어졌다는 것을 의미한다.

　실제로 반 호수는 거대한 내해이다. 염해의 따뜻한 물은 이 지역의 기후를 따뜻하게 만든다. 아마도 에녹 문헌에 언급된 종류의 세련되고 인간다운 생활이 유지될 수 있게 했을 것이다. 넓은 수면을 둘러싼 산은 외부 침입을 막는 자연적인 방패 역할을 했을 것이다. 그리하여 호수를 둘러싼 산 가운데 하나가 파라다이스산으로 정해졌을 것이다. 호수 남서쪽 해안에 있는 님로드산 또는 넴루트 닥이 으뜸가는 후보지일 것이다.

　님로드란 시날 지방의 강력한 왕 님로드(혹은 벨)의 이름이다. 아르메니아 전설에서 님로드는 단지 거인일 뿐 아니라, 동료 거인들의 도움을 받아 바벨탑을 세웠다고 한다. 이 이야기는 고전 저술가 유폴레무스도 기록했던 내용이다. 역사가 코레나치의 모세에 따르면, 이 거인들 중 한 명은 하이크로서, 노아의 세째 아들 야벳의 직계 자손인 토르곰의 아들이다.

　아르메니아 전설에 따르면, 하이크란 아라라드인 또는 전前 아르메니아 종족의 창설자라고 전하는데, 그가 처음에 하르크 영토를 정한 곳은 반 호수의 북서면이었다고 한다. 아마도 하르크라는 지명은 바벨탑이 파괴된 이후, 그의 아버지 토르곰의 조상들이 정착했었다는 사실을 반영했을 것이다. 그리고 넴루트 닥이란 이름은 두 무리의 거인족이 반 호수 남동쪽에서 크게 싸웠을 때, 하이크가 쏜 화살에 님로드가 맞고 죽었다는 아르메니아 전설에서 나온 듯하다.

　나는 아르메니아 전설에서, 전前 아르메니아 종족은 반 호수 부근에 정착했고 『에녹서』와 사해문서에서 언급한 주시자의 특징을 지니고 태어난 노아의 자손들인 거인족 혹은 티

님로드 히브리 전설에서 그는 하느님이 인간의 선조에게 준 선물, 즉 아담과 이브가 입었던 옷을 소유함으로써 세계의 통치권을 손에 쥐었다. 동물들은 그 옷을 입은 자의 권위를 인정했고, 또 싸움에서 언제나 승리를 거둘 수 있어서 신격화되었고 사람들로부터 숭배를 받았다. 그러나 그에 만족하지 않고 바벨탑을 쌓아 하느님의 노여움을 사서 멸망했다. 시날 지방의 왕으로 되어 있다.

벽돌로 꼭대기가 하늘에 닿을 바벨탑을 쌓고 있는 장면. 13세기. 모자이크. 이탈리아 베네치아 산 마르코 대성당.

탄족의 후손이라고 말하는 점에 관심이 쏠렸다. 실제로 아르메니아어에서 하이크라는 이름은 '거인 같은'이란 뜻과 직접 관련되는데, 이는 마치 그들 조상이 거대한 몸집이었음을 강조하는 것처럼 들린다. 아르메니아 전설의 사실 여부는 차치하고라도, 이 지역과 주시자의 신화적 고향을 연관짓고 있음은 분명했다.

해발 9천5백67피트의 넴루트 닥은 쿠르디스탄의 가장 큰 휴화산이다. 정상에는 길이 6마일의 거대한 분화구가 있어서, 지난날 쿠르드 반란군이 즐겨 숨었던 장소로 알려져 있다. 이 산이 활동하던 시절, 흘러나온 용암이 둑을 이루어 반 호수를 형성시킨 것으로 보인다.

반면에 반 호수 북동쪽에 있는 대大아라라트산은 최근까지도 화산 활동을 하고 있다. 만일 위그램 형제의 주장대로 에덴동산이 이 지역에 있었다면, 그곳은 반 호수의 밑바닥이 아니라 용암에 묻혀 있는 셈이다.

화산을 주목하는 이유

내가 화산 현상을 언급하는 데는 이유가 있다. 『에녹서』를 보면 에녹이 지상의 낙원을 방문했을 때, 주위가 온통 '밤낮으로 타오르는 불의 산맥'이기 때문이다. 이것은 아마도 활화산을 암시하는 것이리라.

에녹은 '불이 물처럼 흘러나와 서쪽으로 흘러 거대한 바다로 들어가는' 것을 보았는데, 만일 이것이 그가 첫 번째 천국으로 가는 중에 보았던 '거대한 바다'라면, 이는 분명 용암이 넓게 펼쳐진 호수로 흘러 들어가는 것을 보았다는 것을 의미한다. 바로 그 화산이 넴루트 닥이고, 그 '거대한 바다'는 반 호수가 아닐까. 그렇다면 이 거대한 호수는 이란 전설에 나오는 보우루카샤 바다의 위치를 설명해줄 수 있을 것이다.

쿠르디스탄의 화산 현상과 『에녹서』의 불의 묘사 사이에 깊은 연관성이 있다는 점을 제기한 사람은 내가 처음은 아니다. 고대의 불가사의에 대해 연구한 프랑스 저술가 로베르 샤룩스는 1964년에 펴낸 저서 『신들의 유산』에서, 쿠르디스탄 지역이 천사들의 타락의 장소였다고 추정하고 있다. 그는 다음과 같이 덧붙였다:

죄를 지은 천사들은 불의 계곡으로 내던져지는데, 이것은 노아의 방주가 상륙한 근처의 불의 땅(아제르바이잔)을 가리키는 것일 수도 있다.

샤룩스는 에녹의 수수께끼를 풀기 위해 눈 덮인 헤르몬산 너머의 레바논 앞 산맥을 보았고, 나와 비슷한 결론에 도달했다. 그러나 그것을 증명하는 데는 실패했다. 위그램과 에드거 형제가 깨달았듯이, 에덴동산의 유물이든, 주시자들의 정착지로 여겨지는 '천국'이든 단단하게 굳은 용암 밑에 10피트 깊이로 묻혀 버렸다면, 그 지역으로 고고학 탐험을 떠나는 것은 의미 없는 일이다.

따라서 나는 일단 쿠르드인들을 주목하기로 했다. 그들의 종교나 전설, 설화에서 주시자들의 현존에 대한 지식을 어떻게 보존하고 있는가를 살피기로 했다. 우선 나는 유럽인들에게 '악마 숭배자'로 알려진 쿠르드의 한 종파 '예지드족'에 대한 연구부터 하기로 했다.

고대 문화의 방랑시인과 야담가들이 정신적, 문화적 고향으로 자주 언급하던 곳. 모세 시대의 이스라엘인들조차 정신적으로 매우 중요하게 여긴 지역은 쿠르디스탄 고원지대였다. 사진은 키르기즈스탄 고원지대.

제12장

쿠르디스탄의 공작천사

예지드족의 첫 유럽 손님

1846년 10월의 어느 날, 고고학자이자 탐험가, 외교관인 오스틴 헨리 레어드 경이 이라크 북부의 모술산 북쪽 기슭을 오르고 있었다. 부영사관의 통역원이었던 호드자 토마가 함께 동행했다. 당시 레어드는 후원자인 스트랫포드 캐닝 경과 함께 영국 박물관을 대표하여 모술 근처의 티그리스강과 북부 자브강의 합류 지점에 있는 아시리아의 님루드 유적 발굴을 책임지고 있었다. 그리고 토마는 카왈(예지드교의 승려)로서, 예지드교의 주승主僧인 족장 나스르가 보낸 사람이었다.

두 사람의 목적지는 이라크 고원. 코르사바드 근처의 한 작은 마을에서 하룻밤을 보낸 후, 넓은 평원을 가로질러 바드리 마을로 향했다. 그 마을에는 예지드족의 우두머리인 족장 후세인 베이가 살고 있었다.

마을 가까이 다가갈 무렵, 후세인 베이가 마중 나왔다. 그의 뒤에는 승려들과 마을 사람들이 뒤따랐는데, 그들은 긴

레어드 영국의 고고학자(1817~1894). 메소포타미아 문명 발굴의 선구자이다.

모술 이라크 북부에 있는 이라크 제2의 대도시. 중세부터 직물의 산지로 유명하다. 근처에 니네베, 코르사바드, 님루드 유적이 있다.

님루드 이라크 북부에 있는 아시리아의 유적. 고대에는 '칼후'라고 하여 BC 9~8세기경 수도였다.
코르사바드 이라크 북동부에 있는 아시리아 사르곤 2세(재위 BC 721~705)의 도시유적.

옷을 입고 갈색, 검은 색, 흰색 모자를 쓰고 있었다.

레어드가 처음 본 후세인 베이의 인상은 '가장 잘 생긴 사람 중 하나'였다. 열 여덟 살쯤 되어 보이는 그는 단정하고 섬세한 얼굴에 빛나는 눈을 가졌고, 두꺼운 검은 터번 아래로 길고 검은 고수머리를 늘어뜨리고 있었다. 레어드가 인사하려고 서둘러 말에서 내리려 했지만, 그는 어느새 다가와서는 레어드의 손에 입맞춤을 하려 했다. 레어드는 손을 뒤로 피하면서 얼른 상대방을 껴안았다. 말에 탄 채 서로 포옹하는 것은 이들의 인사법이었다.

두 사람은 말에서 내려 이야기를 나누면서 마을까지 걸어갔다. 레어드가 들어간 집은 촌장집이었다. 응접실에는 융단과 안석들이 가득했고, 곁에서는 샘에서 나온 물이 흐르는 작은 개울이 있었다. 이라크와 이란의 마니교도나 만다교도가 그러하듯, 이들도 흐르는 물을 몹시 신성하게 여긴다. 두 사람이 자리에 앉자, 호기심에 찬 마을 사람들이 방의 한쪽 끝에 모여들었다. 아마도 후세인 베이가 허락을 한 모양이었다. 그들은 두 사람을 경외하는 눈으로 쳐다보면서 조용히 자리에 앉아 있었다.

레어드가 이곳 쿠르드 구릉지대를 방문한 까닭은 예지드

족의 연례 종교행사인 잠 축제에 초대를 받았기 때문이다. 이 축제는 랠리쉬라는 마을에서 며칠 동안 벌어질 예정인데, 레어드는 유럽인 최초로 그 행사에 초대받은 최초의 인물이었다. 독실한 기독교인인 레어드로서는 유럽에서 '악마숭배자'로 알려진 이들의 종교의식에 참가하는 것이 꺼림칙했지만, 그 종파의 지도자와 함께 있다는 점에서 다소 안심이 되었다.

천사족

예지드족은 쿠르드족의 한 부족이다. 외세의 박해를 두려워한 나머지, 깊은 산 속의 본거지에 틀어박힌 채 외부 세계와 접촉을 피하고 있다. 이들은 페르시아어로 '천사' 또는 '천사들'을 뜻하는 야자타, 야지드, 예자드란 단어와 관련된 부족으로, 시아파나 수니파와 달리 그 실체가 가장 모호한 집단이다. 이슬람 신앙에 의거한 기도와 의식을 행하지만 그들 나름대로 고유한 우주기원론과 신화, 의식을 간직하고 있다. 그리고 그것은 대체로 이슬람교나 유대-기독교의 신앙보다는 마기 혹은 영지주의적 이원론과 공통점이 많다.

'악마 숭배자'라는 명칭은 초기 유럽인 여행자들이 붙인 것이지만, 이들의 신앙을 들여다보면 그 표현이 얼마나 잘못된 것인가를 알 수 있다. 예지드라는 말은 천사적 존재의 토착 혈통을 이어오고 있다는 이들의 신념에서 유래된 말이다.

이들의 신앙에는 천사로 불리는 인물이 많다. 그 가운데 우두머리는 멜렉 타우스, 즉 공작천사이다. 그는 유대-기독교 개념의 사악한 자(사탄 혹은 루시퍼)에 해당하지만, 이곳에서는 전혀 다르다. 세상의 모든 일에 대한 주권을 지닌 지고한 존재로 여겨지기 때문이다. 즉, 멜렉 타우스는 자신의 정령이 깃든 근원적인 우주의 알 혹은 진주의 부서진 조각들로서 물질세계를 만든 창조주이다. 레드 시대의 유럽인들에게는 그 내용이 전혀 알려지지 않았던 예지드의 경전『메샤 피레쉬(검은 책)』에는 다음과 같이 기록되어 있다.

태초에 하느님(쿠르드어의 쿠다)이 그의 가장 고귀한 정수로 흰 진주를 창조하고, 안파라는 새를 만들었다. 그는 그 진주를 새의 등 위에 놓고 그 위에서 4만 년을 살았다. (창조의) 첫째 날인 태양의 날에 하느님이 아자질이라는 천사를 창조하였으니, 그가 바로 모든 (천사들의) 우두머리인 멜렉 타우스이다.

예지드족의 신앙에는 조류 형태를 띠고 있는 주제들이 많다. 그 중 하나인 안파는 분명히 페르시아와 조로아스터교의 새 시무르그의 우주적 형태이다. 13세기경 기록되었다고 여겨지는 예지드의 경전을 보면, 공작천사의 최초의 이름은 아자질이라고 적혀 있다. 이는 유대-기독교 외경에서 주시자들의 우두머리인 아자젤의 아랍식 이름이다.

코란에 따르면, 이 타락천사는 자신이 불에서 태어났으므로, 진흙으로 지어진 아담 앞에 절하기를 거부한다. 때문에 하느님으로부터 추방당하는데, 아자젤은 이때부터 영원히 땅 위를 걷도록 운명지어졌다는 것이 전통적인 해석이다. 그러나 예지드족의 이야기에서는 아자젤이 하느님의 용서를 받아 다시 천국으로 올라간 것으로 되어 있다. 말하자면 이들은 공작천사에 대한 그들 나름대로의 이해와 지식을 이슬람교 교의 안에 포함시키고 있는 것이다.

예지드족은 공작천사를 사탄 혹은 아랍의 샤이탄의 한 형태로 보고 있음이 틀림없다. 그들은 공작천사의 이름을 발설

샤이탄 '악을 행하는 사람들'이란 뜻의 아랍어.

하지 않기 위해 무척 애를 쓰고, 이를 지키지 못하는 자는 눈이 멀게 된다고 믿고 있다. 그리하여 샤이탄과 발음이 비슷한 단어들까지 금지하도록 만들었다. 또 이웃 사람들에게 들리지 않을 정도로 떨어져 있거나 다른 신앙을 갖고 있는 자 외에는 어느 누구도 샤이탄의 이름으로 저주를 할 수 없게끔 되어 있다.

한편, 조로아스터교도들과 바빌론 유배 이후의 유대인 사해 공동체들처럼, 쿠르디스탄의 천사족들 역시 모든 야자타(천사)들을 숭배한다. 그들은 일곱, 때로는 여섯 명의 천사 무리가 그들의 전체 계급을 이끌고 있다고 믿는데, 이 역시 이란의 아메샤 스펜타스 개념과 유대-기독교의 일곱 명의 대천사와 동일한 선상에 있다고 보여진다.

예지드족에서 천사 무리의 지도자는 멜렉 타우스의 우주적 화신인 라시파루스이다. 그는 자신의 지역적 특성을 드러내려는 듯, 특별히 쿠르드어를 말한다고 한다. 학자들은 라시파루스란 이름을 사탄의 기독교적 형태인 루시퍼와 연관시키기도 했다. 일곱 천사들 중 나머지 이름은 기독교-이슬람교의 표준 이름인 제브라일(가브리엘), 미카일(미카엘), 에즈라일(아즈라엘), 그리고 에스라필(라파엘) 등이다. 예지드족의 또 다른 천사 계급은 40명으로 구성된 케헬미르 혹은 켈미르이다.

쿠르드어 인도-유럽어족 중 현대 이란어의 하나. 이란, 이라크, 터키의 경계지구, 주로 터키령 쿠르디스탄 지방에서 쓰인다.
루시퍼 라틴어의 '빛을 가져오는 것'에서 나온 말. 일반적으로 나쁜 영혼의 우두머리인 악마를 가리키는 말로 쓰인다.

예지드족의 근원

이야기를 다시 레어드로 옮겨보자.

물론 위에서 언급한 내용은 당시의 레어드로서는 전혀 모르는 것들이었다. 그가 아는 것이라고는 함께 앉아 있는 후세인 베이가 그들 종족의 가장 위대한 족장 중 하나인 알리

오스만투르크족 소아시아의 서북 변경에 살던 유목민족. 13세기 말 오스만투르크 제국을 건설했다.

베이의 아들이라는 점뿐이다.

알리 베이는 이란과 이라크의 이슬람 군대와 쿠르드의 이슬람교도들인 오스만투르크족의 무수한 침략에 맞서 예지드족을 지킨 영웅이었다. 이슬람교도들의 입장에서는 예지드족은 이단자이고, 그들의 고유한 신앙을 버리고 완전한 이슬람교도가 되지 않는 한 영원히 제거되어 마땅한 이교도들로 생각했을 것이다. 때문에 그 옛날 쿠르디스탄 전역의 넓은 영토를 장악한 매우 강력한 종족이었던 예지드족은 이슬람교도의 끊임없는 공격과 박해를 받아오면서 점점 그 세력을 잃어가고 있다.

지금은 일부가 이라크와 터키 쿠르디스탄의 구릉지대와 그 남쪽의 이라크 사막에 있는 예벨 신자르 부근을 중심으로 고립된 생활을 꾸려가고 있다. 예벨 신자르란 '새의 산'이라는 뜻이다. 그리고 중앙 쿠르디스탄과 러시아 코카서스의 일부 지역을 비롯하여 북부 시리아, 아나톨리아, 이란에서 다른 공동체들 속에 생존하고 있다. 오늘날 예지드족은 쿠르드 인구의 약 5퍼센트를 차지하는 것으로 알려져 있다. 하지만 그 숫자는 해가 갈수록 줄어들고 있다.

후세인 베이와 이야기를 나누며 즐거운 하룻밤을 보낸 레어드는 다음날 아침 후세인과 함께 말을 타고 캘리쉬로 떠났다. 역시 많은 사람들이 뒤따랐다. 말에 탄 채 하늘에 대고 계속 총을 쏘면서 예지드족의 전쟁가를 부르는 무리가 있는가 하면, 피리와 탬버린을 연주하는 악사들도 있었다. 마을 사람들도 열을 지어 뒤따라 걸었다. 길은 험했고 계속 올라가는 산길이었다. 때로는 길이 너무 좁아 말에서 내려 일렬로 걷기도 했다.

마지막 고개의 정상에 이르자, 멀리 수목이 우거진 계곡이 보였다. 계곡 아래에는 눈부신 흰색의 원뿔모양 첨탑의 건물들이 꽤나 많이 늘어서 있었다. 그 탑들은 수직으로 물결모양 이랑이 패여 있었다. 마자르라고 알려진 이 탑들은 예지드의 성소와 무덤들의 위치를 나타내는 표시였다.

갑자기 총소리가 다시 요란하게 울렸다. 사람들이 랠리쉬에 도착한 것을 기뻐하며 쏜 축포였다. 잠시 후, 계곡 아래 마을에서도 총소리가 들려 왔다. 레어드 일행은 빽빽한 떡갈나무 숲을 지나면서 일단의 순례자들과 마주쳤다. 그들 역시 레어드와 마찬가지로 축제에 참가하기 위해 가는 길이었다.

잠 축제는 예지드족의 창시자인 족장 아디를 기리기 위한 행사였다. 아디의 무덤이 있는 랠리쉬에서 해마다 개최되는데, 그는 서기 12~13세기경에 살았던 인물로 추정된다. 예지드족은 그를 멜렉 타우스의 화신으로 숭배하고 있다. 물론

이라크 고원의 구릉지대에 있는 랠리쉬 마을 입구. 원뿔 모양의 탑은 예지드족의 성소와 무덤을 나타낸다.

이들의 시조가 족장 아디는 아니다. 이들의 종교와 종족의 기원은 훨씬 더 고대로 거슬러 올라간다.

흥미로운 한 가지 사실은 예지드족의 경전 『메샤피레쉬』가 케르만지라는 고대 쿠르드어로 쓰여 있고, 이 언어는 메샤피레쉬가 완성된 시기라고 보여지는 중세 당시 에덴동산의 장소라고 추측되는 반 호수 부근의 하카리 산악지대에서만 쓰이던 언어라는 점이다. 따라서 오늘날 예지드인들은 족장 아디가 레바논의 베카 계곡에서 태어났다고 믿고 있지만, 실제로는 하카리가 그의 본고장이다.

족장 아디는 예지드인들이 '창시자'로 여겨질 만큼 분명히 그들이 고수해오던 믿음을 부흥시켰을 것이다. 그러나 그들의 독특한 종교적 견해가 어디에서 비롯되었는지에 대해서는 알려진 바가 거의 없다.

앞서 언급했듯이, 예지드족의 우주기원론과 신화는 기독교, 이슬람교의 기원과 다르고, 페르시아인들의 교의, 특히 마니교와 유사하다. 즉, '선'과 '악'의 두 원리를 동등하게 존중하는 이원론적 형태의 신앙을 갖고 있다는 점에서 흡사하다. 사실 아후라와 다에바 사이의 영원한 대결은 근동 지방에 흩어진 모든 이원론의 뿌리이기도 하다.

그렇다면 예지드족은 메디아 마기의 후손일까.

그렇다. 학자들은 예지드족 신앙의 발전에 영향을 끼친 것은 조로아스터교가 아니라 마니교임을 확신하고 있다. 왜냐하면 이들은 멜렉 타우스의 다음 화신이 고대 메디아의 영적 지도자들의 피와 권위를 지니게 된다고 믿는데, 그는 족장 메디 혹은 마흐디라는 이름의 인간이라고 하기 때문이다. 따라서 예지드족이 마니교의 마지막 생존자라는 점은 이론의 여지가 없다.

하카리 터키 서남쪽에 위치한 도시. 이라크와의 국경지대가 까이에 있다.
베카 레바논을 남북으로 달리는 레바논산맥과 시리아 국경을 따라 뻗은 안티레바논 산맥 사이의 지역. 길이 120㎞, 너비 10㎞에 표고 1000m 내외의 고원지대이다.

실제로 예지드족도 족장 아디가 마기였다고 믿고 있다. 위 그램과 에드거 형제의 저서 『인류의 요람』에는 "그(족장 아디)가 10세기(불확실한 연대임)에 살았으며, 마니교가 탄압받았을 때 (시리아에 있는) 알레포에서 도망친 마기였다는 몇몇 역사적 증거가 있는 듯하다"고 적고 있다. 확실히 이들의 신념과 경전을 정립한 인물이 바로 족장 아디였고, 최후의 날에 다시 오는 것은 바로 그의 정령이다. 이것이 바로 멜렉 타우스의 화신 족장 메디 혹은 마흐디에 대한 예언인 것이다.

검은 뱀들
레어드 일행이 떡갈나무 숲을 통과하여 마을에 당도하자, 예지드 승려의 우두머리인 족장 나스르가 흰옷을 입은 승려들과 함께 마중 나왔다. 나스르는 40세 남짓 되어 보였다.

일행은 족장 아디의 묘소로 갔다. 묘소에는 안뜰과 바깥뜰이 있는데, 모두 무덤이 있는 어두운 방으로 이어지는 구조였다. 레어드가 보기에 건물은 네스토리우스 교회 건물이었다. 레어드는 신발을 벗고 안뜰로 들어가 후세인 베이, 나스르와 나란히 융단 위에 앉았다. 둘레에는 담이 쳐져 있었는데, 여러 족장들과 카왈들이 앉아 있었다. 그들의 전통에 따르면, 이 성스러운 자리에 앉을 수 있는 사람은 성직계급의 으뜸 서열인 족장과 카왈뿐이었다.

담 주위에는 거대한 나무들이 있었고, 그 너머로는 사방이 모두 바위 계곡들이어서, 전체적으로 보면 마치 아래에서 벌어지는 일을 굽어볼 수 있도록 설계된 원형극장과 같았다. 그리고 무덤의 한쪽 끝에는 샘이 있는데, 족장 아디가 기적을 행하여 메카의 젬젬 샘에서 이곳으로 흐름을 바꾸어 놓았다는 샘이다. 그밖에 순례자들은 나무 그늘 아래와 지붕 위

메카 이슬람교의 교조 마호멧의 출생지로 사우디 아라비아의 서부 히자즈 지방에 있다.

에 사리를 잡고 의식을 기다리고 있었다.

어두운 무덤으로 들어가는 동쪽과 서쪽의 출입구 주위에는 갖가지 형상들이 조각되어 있었다. 무엇을 상징하는 것인지 얼른 알 수는 없었지만 빗, 새들(아마도 공작들), 초승달, 손도끼, 별, 사자를 포함한 여러 동물들이 있었다. 그 중 가장 눈에 띄는 것은 동쪽 출입구 오른쪽에 조각되어 있는 길고 검은 뱀이었다. 그 출입구 가까이에는 작고 붉은 꽃들이 검은 역청으로 칠해져 있었다.

레이드는 족장 나스르에게 이 뱀이 무엇을 의미하는가를 물었다. 나스르의 답변은 간단했다. 몇 년 전, 한 기독교인 석공이 장식으로 그 뱀을 새겨 넣었다는 것이다. 그러나 그 말이 사실과 다르다는 것을 레이드는 얼른 알아차릴 수 있었다. 묘소에 들어오는 사람은 누구나 그곳에 멈추어 서서 그

이라크 고원의 예지드족 마을 랠리쉬에 있는 족장 아디의 묘소. 문의 오른쪽에 예지드족 신앙의 최고천사 아자젤의 상징인 검은 뱀이 부조되어 있다.

곳에 입을 맞췄다. 조각의 검은 광택을 보존하기 위해 매일 같이 숯으로 칠한다는 것도 알아냈다.

레어드의 판단은 정확했다. 그 뱀은 예지드족에게는 대단히 특별한 의미를 갖는다. 축제일을 맞을 때마다 숭배하는 대상일 뿐만 아니라 토템 마법의 상징이기도 했다. 일부 족장들, 특히 족장 만드, 루흐시트의 후손들은 자신들에게 뱀을 지배하는 힘이 있으며 뱀의 독에 해를 입지 않는다고 믿고 있다. 그들은 마을을 떠돌면서 뱀을 부리는 재주로 돈을 벌기 때문에, 유럽인 여행자들은 이들을 '뱀을 부리는 자'라고 불렀다.

이들의 신앙에 대한 유일한 연구서적 『공작천사』를 쓴 영국인 저술가 E. S. 드로워가 1940년 바쉬카라는 마을을 방문했을 때의 일이다. 그녀는 그곳에서 뱀 부리는 한 부녀父女를 만났는데, 그들은 족장 만드의 후손이었다. 딸의 이름은 야헤라, 즉 '뱀의 독'이라는 이름이었다. 이들 부녀가 커다란 무늬뱀을 어깨에 두르고 안뜰로 들어오는 모습을 드로워의 책을 통해 보기로 하자.

먼저 아버지가 딸의 목에서 뱀을 거두어 땅에 떨어뜨렸다. '대단히 사악해 보이는' 그 뱀은 '듬성듬성한 풀 사이로' 미끄러져 갔다. '그것은 길이가 5~6피트, 몸통은 2인치 이상'으로 두꺼웠다. 그러자 아버지는 뱀을 집어들어 다시 딸의 어깨 위에 올려놓았다.

드로워 부인은 이들에게 선물을 주고는 사진을 찍어도 좋으냐고 물었다. 그러자 그들 부녀는 뱀의 납작한 머리를 입술 가까이 가져간 포즈를 취해주었다. 그날, 드로워 부인은 자신이 묵고 있던 집의 예지드인에게, 뱀을 부리는 자들에게는 신비한 힘이 있다는 것이 사실이냐고 물었다. 그러나 딸 야혜라가 들에서 갓 데려온 독뱀을 다루는 것을 본 적이 있고, 그 뱀은 독니를 없애지 않은 것들이라는 대답뿐이었다.

뱀을 부리는 일은 인도인의 코브라 묘기처럼 흥행의 한 수단이다. 하지만 천사를 숭배하는 예지드족에게는 먼 옛날부

오른쪽 사진은 예지드족의 뱀을 부리는 자와 그의 딸. 1940년 영국의 인류학자 E. S. 드로워가 찍었다.
왼쪽 사진은 피리를 불어 코브라의 곡예로 돈을 버는 모습. 오늘날에도 스리랑카와 인도에서 자주 볼 수 있다.

터 중히 여겨져 왔던 뱀 샤머니즘의 외적 표현인 것이다. 이 신비한 재능이 오랜 세월 세대를 거쳐 전해졌다는 것은 그들에게 무척이나 오래된 유전적 혈통이 있다는 것을 암시한다. 물론 이들에게 뱀이 무엇을 의미하는 것인지는 분명하지 않지만, 공작천사와 비슷한 역할을 했다는 점, 즉 아자젤이나 샤이탄의 상징이라는 것을 암시하고 뱀 샤먼들의 영적 에너지와 신비한 능력을 나타내는 것이라는 점만은 확실하다.

이 신비한 능력은 어디서 온 것일까. 단순히 세습적인 샤머니즘일까, 아니면 그 본래의 근원까지도 나타내는 것일까. 뱀 샤머니즘과 독사 같은 얼굴의 인물은 주시자들과 관련된 특징으로 보여진다. 따라서 만일 그들이 선사시대에 바로 이 지역에 살았던 문화로서 존재했다면, 예지드족의 뱀 숭배는 그들의 실재와 영향에 대한 기억일 가능성이 있다.

사악한 눈의 힘

레어드의 이야기를 계속하자. 레어드는 족장 아디의 무덤 앞 안뜰 한가운데에 사각형의 석고상자가 놓여 있는 것을 발견하고는 의아스럽게 생각했다. 그 안에는 작은 진흙 공이 가득 들어있었다. 그런데 이상한 일은 순례자들이 앞을 다투어 그 공을 사가는 것이었다.

알고 보니, 그것은 족장 아디의 무덤에서 가져온 진흙으로 빚어진 것이었고, 예지드인들이 성보聖堡로 여기는 물건이었다. 쿠르드의 모든 신앙이 가장 유의하는 악령을 물리치는 힘이 있다고 믿고 있는 것이었다. 사악한 눈을 포함하여 악령에 대한 그들의 관심은 실로 컸다. 예를 들면, 신자르 지역에 있는 다이르 아시라는 예지드족의 성소에는 신비한 바위의 틈이 있는데, '사악한 눈'에 시달린다고 생각하는 사람들이 자신의 불행을 없애달라고 그곳에다가 선물을 놓아둔다.

이슬람교도들과 기독교인들 역시 그 사악한 눈을 두려워했다. 드로워의 저서『공작천사』에 보면, 어머니들은 '아기의 옷에 파란 단추나 자패紫貝, 그리고 코란이나 성경의 조각을 꿰매어 달지 않고는 외출하려 하지 않았다'고 적고 있다. 파란색은 예지드족이 가장 신성시하는 색깔이다. 이들은 파란색의 옷을 입지 않는다. 그러나 다른 지역의 쿠르드 신앙에서 파란색은 사악한 눈을 물리치는 데에 사용되고 있다.

왜 쿠르디스탄에서는 사악한 눈에 대해 이토록 두려움을 갖는 것일까. 또 쿠르드 신앙 사이에서 그토록 모순되는 역할을 하는 것일까. 사악한 눈에 대한 문제는 다음에 논하기로 하고 여기서는 파란색에 대한 것만 살펴보기로 한다.

페르시아의『샤나마』에서는 청록색이 통치권과 왕권을 상징하는 색깔이었다. 피쉬다디아의 왕들은 파란색 왕관에 파란색 옷을 입었고, 고대 수메르와 아카드에서도 이 전통을 모방하여 군주들은 청금석 장신구들로 치장했다. 내가 보건대, 이란의 신화적 왕들이 다에바의 육체적 특징을 타고났다고 했으므로, 파란색은 타락한 종족과 관련되는 신성한 특징을 가졌다고 여겼던 것 같다. 이것이 맞다면, 후대의 인류가 각기 종교적 본성에 따라 파란색을 경외하거나 두려워하게 된 까닭을 이해할 수 있을 것이다.

종교사를 보면, 악은 항상 악을 물리치기 위해 사용되어 왔다. 교회 건물에 괴물 형상의 홈통 머릿돌이나 괴기한 장식을 한 것도 바로 악마를 쫓는다고 하여 조각된 것이며, 눈을 그려넣은 부적이 사악한 눈을 물리치는 데에 사용되는 것도 마찬가지이다. 쿠르드의 이슬람교도들과 기독교인들은 이것과 비슷한 능력으로 파란색을 사용한 것이 분명하다.

이집트의 무덤 벽화에서 흔히 볼 수 있는 이 눈은 태양신 호루스의 눈으로 건강과 행복의 원천을 상징한다. 제22왕조 세숑크 2세의 묘 출토. 이집트 카이로박물관 소장.

잠 축제

다시 잠 축제에 참석한 레어드의 이야기를 계속해 보자.

시간은 정오쯤이었다. 족장 나스르가 모두 따라하라는 신호를 하면서 자리에서 일어났다. 레어드 역시 그 뒤를 따라 바깥뜰로 나갔다. 그곳은 조용한 안뜰과는 달리 북새통을 이루고 있었다. 어떤 도붓장수는 유럽산 손수건이나 면직물을 팔고 있었고, 어떤 이는 이란 고원산 말린 무화과, 건포도, 대추야자, 호두가 들어있는 그릇을 앞에 두고 앉아 있었다.

남녀노소 가릴 것 없이 모두가 열광적으로 떠들고 있었다. 그러나 후세인 베이와 족장 나스르가 나타나자 갑자기 조용해졌다. 모든 사람이 허리를 굽혀 두 사람에게 존경심이 가득한 인사를 했다.

레어드 일행은 바깥뜰을 지나, 키 큰 가로수들이 그늘을 드리운 바깥으로 갔다. 끊임없는 피리 소리와 탬버린 소리가 주위를 가득 메웠다. 일행이 간 곳은 신성한 샘이었다. 여러 족장들과 승려들이 샘 주위에 둘러앉아, 여인들이 샘 아래의 작은 저수지에서 물을 길으러 다가오는 모습을 지켜보았다.

잠시 후, 한 행렬들이 가로수를 따라 다가오고 있었다. 레어드는 그들을 쳐다보았다. 순간, 그들 중 한 사람이 눈에 띄었다. 길고 검은 곱슬머리에 날카로운 검은 눈, 그리고 '가무잡잡한 피부의 신자르 사람'이었다. 그는 어깨에 총을 메고 있었고, 긴 옷은 따스한 미풍에 부드럽게 흔들리고 있었다. 그의 뒤에는 많은 사람들이 뒤따르고 있었는데, 화려한 색상의 터번을 두르고 허리띠에 장식 칼을 찬 남자들, 긴 머리를 곱게 땋아 내리고 긴 옷을 입은 여인들, 그리고 누더기가 된 흰 옷을 입은 가난에 찌든 사람들이 섞여 있었다.

그들은 마치 그 샘이 순례 여행의 마지막 단계라도 되는 듯이 샘으로 다가왔다. 남자들은 무기를 내려놓고 작은 개울로 가서 더러워진 옷과 몸을 씻었다. 물론 그 전에 후세인 베이와 족장 나스르, 그리고 레어드의 손에 입맞추는 것을 빼놓지 않았다. 그런 와중에도, 새로 계곡에 들어온 사람들은 자신들의 도착을 알리려는 듯 총을 쏘아댔고, 이쪽에서도 계속 총을 쏘고 있었다.

오후 내내 음악과 노래, 춤이 끊임없이 이어졌다. 레어드는 잠시 쉬기 위해 근처 건물의 지붕으로 올라갔다. 그러자 검은 터번을 두른 파키르 승려와 족장 나스르의 한 부인이 음식을 가져다 주었다. 안뜰을 내려다보니, 일단의 파키르 승려들이 주위의 계곡과 무덤 외벽의 벽감들에 놓여 있던 등불과 면-양털 등심지를 옮기고 있는 것이 보였다. 그러면서 그들은 오른손을 불에 그을려 생긴 검댕이로 왼쪽 눈썹을 문지르곤 했다. 아낙네들 역시 아이들에게 똑같이 했다. 다른 사람에게 해주는 아낙네도 있었다. 마기와 조로아스터교의 믿음과 같이 불은 예지드족에게도 신성한 것이었다.

어둠이 깔리자, 계곡은 온통 작은 불꽃이 뒤덮고 있었다. 그 모습은 마치 밤하늘에 별이 반짝이는 것과 같았다. 말 그대로 수천 명의 사람들(레어드의 짐작으로는 5천 명)이 횃불이나 등불을 가지고 이리저리 움직이고 있었던 것이다.

레어드는 흰옷으로 차려입은 많은 족장들, 검은 색과 흰색 옷을 입은 카왈 승려들, 긴 갈색 옷에 검은 터번을 두른 파키르 승려들, 그리고 하얀 옷을 입은 수많은 여사제들이 안뜰에 모여드는 것을 보았다. 카왈들은 플루트와 탬버린으로 달콤한 음악을 연주하고 있었는데, 그 음악은 점차 고조되면서 강렬해져 갔다. 그러면서 느릿한 합창이 주위를 둘러싼 언덕에 있는 남자 쪽에서 흘러나왔다. 그 소리는 거의 한 시간 이상이나 계속되었다. 이상한 것은 음조에 거의 변함이 없었다는 점이다.

때때로 안뜰에 자리잡고 있는 승려들로부터 불협화음들이 쏟아져 나왔다. 이 불협화음은 점차 빨라지고 더욱 커졌다. 탬버린 또한 더욱 요란스런 소리를 냈고, 플루트 역시 극도로 사납게 울어댔다. 사람들의 목소리마저 최고음으로 치달았다. 모든 것이 하나의 정점을 향해 미친 듯이 달리는 것처럼 보였다. 마지막이 점점 다가왔다. 마침내 극도로 고조된 분위기가 절정에 달할 즈음, 카왈들은 일제히 악기를 내던지고는 땅바닥에 쓰러졌다. 흡사 무아지경에 빠져버린 사람들 같았다.

바로 그 순간, 레어드는 이상한 광경을 목격했다. 사람들이 잘 보이지 않는 안뜰에서, 족장 한 사람이 붉은 천에 싸인 어떤 물건을 힘주어 붙들고 있는 모습이 눈에 들어왔다. 그것은 무척 소중한 것 같았으며, 영적으로 신비한 힘이 있는 것처럼 보였다.

잠시 후, 그 족장은 붉은 천을 벗겨내고는 그 속에 있던 물건을 하늘 높이 쳐들었다. 레어드가 보기에 그것은 놋쇠나 구리로 만들어진 듯한 기이한 새 형상이었다. 높은 횃대 위에 놓여져 있었는데, 횃대는 놋쇠나 구리로 만들어진 무거운 촛대 같았다. 구근 모양의 몸통에 맹조 같이 길고 구부러진 부리가 있는 그 형상은 다소 엉성해 보였다. 나중에 안 것이지만, 그 형상의 이름은 안잘이었고 예지드족이 가장 숭배하

예지드족이 경외하는 금속 새 형상인 산자크. 왼쪽의 것은 1849년 레어드가 그린 것이고, 오른쪽의 것은 1850년 밧저 부인이 그린 것이다.

는 것이었다. 고대 존재로서 최고천사인 멜렉 엘 코우트의 화신이다. 그리고 잠 축제에서 다시금 현존하는 모습으로 나타난 것이었다.

최고천사

최고천사란 누구일까. 랠리쉬에 있는 족장 아디의 무덤에 있는 새 형상 외에도 '표준' 또는 '감독'이란 뜻의 산자크라고 불리는 것들이 여섯 개나 더 있다. 이것은 여행하는 카왈들이 휴대할 수 있게끔 분해되도록 만들어졌다. 그들이 여행하는 것은 무아지경의 소통을 통해 멜렉 타우스의 정령을 그 새 형상으로 불러들이는 의식을 치를 적당한 장소를 찾기 위한 것이다.

예지드족은 이 산자크 형상에 대해 대단한 경외심을 갖고 있다. 따라서 그들은 1846년 그곳을 방문한 레드에게 6개 중 하나도 적에게 뺏긴 적이 없다고 말했다. 그러나 유감스럽게도 이 고대의 존재 안잘이 정확히 누구인가에 대해서는 학계에 보고된 바가 없다. 어쩌면 공작천사 아자젤의 또 다른 형태일 것 같지만, 단지 그렇다고 추정할 뿐이다.

다행히 그 정체를 밝힐 단서가 하나 있다. 그 형상이 얹혀있는 촛대 같이 생긴 횃대이다. 내가 보건대, 이것은 분명히 페르시아 전설의 사에나 혹은 시무르그 새가 앉는다는 신성한 나무를 상징하는 것이다. 그리고 이 고대의 존재를 통해 예지드족에게 전해지는 모든 지식과 지혜의 자리를 상징한다고 본다.

문제는 공작의 원산지가 쿠르디스탄이 아니라는 점이다. 그런데도 그것을 공작이라고 단정짓는 것은 완전한 불가사의에 속한다. 공작이 이라크에 들어온 것은 중세 시대였고,

공작의 원산지가 쿠르디스탄이 아닌 데도 예지드족이 공작새를 숭배하는 것은 불가사의한 일이다. 사진은 인도산 공작새.

인도 동부에 위치한 부바네슈워의 라자라니 사원에서 출토된 인드라상. 12세기. 인도 부바네슈워 주립박물관 소장.

라자스탄주 인도 북서부, 파키스탄 국경에 접하는 지방. 힌두교도가 대다수이다.
아수라 '영적' 또는 '신적'이란 뜻. 인도 신화에서는 인드라, 소마, 그밖의 초기 신들의 한 양태로서 '조물주'의 자손이다.

그것도 몇 마리만이 바그다드에 수입되었을 뿐이다. 물론 공작은 페르시아에서도 볼 수 있다. 일찍이 아리스토텔레스가 공작을 '페르시아의 새'라고 부른 것은 그 때문이었을 것이다.

공작이 가장 숭배받는 곳은 인도의 라자스탄주州이다. 힌두교도들은 공작을 가리켜 천둥과 비, 전쟁의 신, 즉 아수라 *asura*인 성스러운 인드라로 여긴다.

인도에는 공작새와 관련된 민간 전승과 미신들이 많다. 예컨대, 신화에서 공작새와 대응하는 존재 가루다와 마찬가지로, 공작은 뱀을 공격하여 죽일 수 있다고 한다. 암컷에게 구애求愛의 수단으로 최면을 걸어 순종케 만들고 그 울음소리와 춤은 비가 온다는 것을 알린다고 한다.

오늘날 우리가 다 알고 있듯이 공작은 비가 올 것을 미리 아는 동물이다. 비가 와서 깃털이 젖어 빠져버리기 전에 마지막으로 실컷 활개치며 다닌다고 한다. 또 족장 만드와 루흐시트 후손들의 뱀 부리는 재주에서 보듯이, 예지드족은 공작처럼 뱀을 지배한다는 점을 중시한다. 최면을 거는 듯한 공작의 눈초리는 사악한 눈의 힘과 연관이 있다고 믿어서, 예로부터 공작 깃털을 지니고 있으면 사악한 눈의 힘으로부터 보호받는다고 여겨져 왔다.

공작의 깃털에는 파랑, 검정, 녹색의 뚜렷한 눈 모양들이 있다. 아마도 이것이 예지드족에게 공작의 신성함을 믿도록 만들었는지 모른다. 그 중에서도 파란색을 신성시했는데, 그것 역시 파란색을 숭배하는 믿음에서 연유한 것으로 보여진다. 이밖에 예지드족은 어떤 물건이든 공작 깃털과 함께 놓으면 부패하지 않는다고 믿고 있는데, 아마도 페르시아 전설의 시무르그와 불멸의 영약 관계를 모방한 것일 것이다.

공작의 살은 잘 썩지 않는다고 해서 불사不死와 영원을 상징하는 것으로 해석한 그리스도교의 모자이크. 물을 가득 채운 암포라에서 성스러운 나무가 양쪽으로 퍼져 있다. 서기 5세기. 시리아의 서부, 오론테스강 연안에 있는 히타이트 시대의 옛 도시 하마 출토. 시리아 다마스커스박물관 소장.

노아의 후손들

내가 이들에게 가장 관심을 갖는 대목은 공작천사와 비를 부르는 행위가 어떤 연관성을 갖고 있느냐 하는 점이다. 쿰란 사해공동체의 떠돌이 승려 자디크와 마찬가지로, 이들도 자신들이 노아의 직계 후손이라고 주장한다. 차이가 있다면 이들은 성서에 기록되지 않은 노아의 아들 나우미의 후손들이라는 것이다. 그리고 세상의 모든 다른 종족들은 노아의 아들 셈에게서 나왔다고 믿고 있다.

예지드족은 노아의 홍수가 한 번이 아니라 두 번 있었다고 한다. 성서에 기록된 노아의 방주는 두 번째 홍수가 일어날 때의 일이며, 시기는 약 7천 년전이라는 것이다. 물론 그 근거는 알려져 있지 않다.

그들의 주장에 따르면, 노아의 방주가 망망한 바다 위를 떠다니다가 우연히 신자르산 정상에 부딪쳤다는 것이고, 그 바람에 배에 구멍이 났다. 이때 꾀바른 뱀이 배의 틈이 난 구멍으로 들어가 또아리를 튼 몸으로 물이 들어오는 것을 막았다는 것이다. 말하자면 그 뱀 덕택에 인류는 큰 사고를 당하지 않았다는 이야기이다(아르메니아 교회에서는 이와 똑같은 사건이 반 호수 북쪽 해안에 있는 시판 닥이라는 산에서 일어났다고 주장한다). 노아의 방주가 상륙한 곳 역시 아라라트산이 아니라 유대, 이슬람, 쿠르드의 전설과 똑같이 주디 닥에 도달했다고 믿고 있다.

따라서 예지드족은 노아에 대해 상당한 호감을 갖고 있음이 분명하다. 노아를 통해 전해져 온 태고의 기원을 계승할 뿐더러 자신들이 노아의 후계자라고 믿는 듯했다. 이들은 노아를 셋, 에녹과 함께 예지족의 '첫 아버지'로 간주하면서 스스로를 가리켜 '아담의 아들들'이라 한다.

나는 이들이 노아와 밀접한 관계가 있음을 강조한다는 점에 주목했다. 왜냐하면 사해 공동체와 마찬가지로 이들도 방랑하는 승려(코헥)를 알고 있고, 코헥을 선천적으로 능력을 이어받은 선지자, 예언자, 영매, 기적을 행하는 자들로 여기기 때문이다. 게다가, 이들은 사해 공동체의 자디크 승려와 마찬가지로 비를 부르는 능력을 갖고 있었다고 믿고 있다.

예지드족 연구가 R. H. W. 엠슨은 다음과 같은 이들의 민간 설화를 기록하고 있다.

아르메니아교회 터키와 카스피해, 흑해를 가르는 아르메니아 지방에 퍼진 그리스도교 동방교회의 하나. 527년 그리스도 단성설單性說을 채용, 로마 교회로부터 떨어져 나갔다.

유난히 가물었던 어느 해였다.

여러 공동체의 족장들이 베루라는 이름의 코헥에게 비를 불러달라고 청했다. 이에 코헥은 기꺼이 7일 안에 비를 부르겠노라고 했다. 그리고 하늘로 올라가 족장 아디의 도움을 얻었는데, 천상의 승려 이삭이 나타나 그의 청이 이루어질 것이라고 알려주었다.

그러나 7일이 지난 후에도 비는 오지 않았다. 족장들이 몰려와서는 그에게 비가 오지 않는다고 따졌다. 그러자 코헥은 비를 내려달라는 요청이 하늘에 너무나 많이 들어와서, 다른 사람들처럼 차례를 기다려야 한다고 말했다. 얼마 후, 비가 내렸고, 사람들은 코헥에게 초자연적인 능력이 있음을 믿게 되었다는 이야기이다.

날씨에 영향을 미칠 수 있는 코헥의 뚜렷한 능력은 타락한 종족 본래의 묘술 중 하나이기도 하다. 잘 알다시피, 비를 부르는 행위는 샤머니즘에서 가장 대표적인 역할의 하나이다. 예지드족이 노아의 시대로 거슬러 올라가는 조상의 전설을 자기들이 계승했다고 보는 것이 바로 그 가능성을 암시하는 것이다. 그렇다면 우리가 찾고 있는 전설의 지리적 중심은 터키 고원의 주디 닥 주변임이 분명하다.

비밀의 동굴

예지드족의 신화와 전설을 보면, 쿠르드 고원의 옛 토착문화로부터 많은 요소를 물려받고 있다는 것을 알 수 있다. 물론 그 토착문화의 주인공이 누구이며, 주시자와 어떤 관계에 있는지는 전혀 알려진 바가 없다. 작은 단서라도 있다면 이들이 가장 숭배하는 조각물에서 찾을 수 있다. 그 조각은 시리아와 터키의 국경에 있는 라스 알 아인이라는 곳의 한 동굴 안에 있고, 1940년 E. S. 드로워가 발견했다.

어느 날, 그녀는 시트 굴레라는 예지드족 노파를 앞세워 이곳에 도착했다. 그리고 험한 바위의 산을 올라가기 시작했다. 산은 가파랐다. 두 사람은 바위틈을 발판으로 삼아 한참 동안 위로 올라갔다. 어느 순간, 앞서 가던 노파가 돌연 걸음을 멈췄다. 길이 나타난 것이다. 물론 그 길은 산길이 아니었다. 사람이 만든 계단이었다. 깊게 패인 계단은 동굴로 이어져 있었고, 동굴 안에는 바위틈에서 흘러나오는 작은 샘물이 있었다.

그녀는 노파에게 누구를 모시는 장소냐고 물었다. 노파는 '카하프'라고 했다. 그녀가 '카프'라고 되묻자 노파는 '카프'가 아니라 '카하프'라고 다시 말했다. 카하프는 '동굴'을 뜻하는 쿠르드어이다. 노파는 이어 '카하프'란 이 동굴을 지키는 수호 정령의 이름이라고 덧붙였다.

주위를 둘러보자, 벽에는 연기에 검게 그을린 벽감들, 그리고 제물과 불을 올려놓는 선반이 있었다. 또 기이한 인간 형상이 조각된 커다란 널빤지 세 개가 눈에 띄었다.

그 중 하나는 마모되어 전혀 알아볼 수가 없었고, 다른 하나에는 위엄과 온화함이 마치 부처처럼 경배자를 향해 앉아 있는 인물 형상이 그려져 있었다. 그 인물은 가부좌를 틀고 앉아 있지는 않았지만, 불교의 연화좌와 비슷한 오목걸상 위에 앉아 있었다. 그리고 티벳 성인들이 쓰는 것 같은 원뿔 모양의 모자를 쓰고 있었다. 나머지 하나에도 원뿔 모자를 쓴 남자가 있었는데, 수염이 긴 그 남자의 앞에는 경배하는 자세로 밀려오는 사람들의 행렬이 그려져 있었다.

샘 가까이 다른 벽에는 낮게 부조된 사람의 얼굴이 있었다. 손상되긴 했어도, 수염이 있고 원뿔 모자를 쓴 모습이 다

연화좌 연꽃 모양으로 만든 불좌佛座.

른 두 인물들과 비슷한 양식이었다.

　동굴 안을 이리저리 둘러보던 드로워 부인은 바닥을 보다가 깜짝 놀랐다. 잘 닦인 바닥 틈으로 이상하게 생긴 직사각형판과 그 옆에 여섯 개의 물건이 눈에 띤 것이다. 직사각형판에는 12개의 작고 둥글고 움푹한 것이 있었는데, 얼핏 보아 도박판의 일종 같았다. 동굴의 신성함과 어울리지 않은 물건인 것처럼 보였다.

　이 동굴의 그림들은 어느 고대 문화에 속하는 것일까.

　수염을 기르고 원뿔 모자를 쓴 사람, 연화좌에 앉은 기이한 조각상의 의미는 무엇일까. 지금까지도 그 베일을 벗겨내지 못하고 있다. 확실한 것은 그 조각들이 매우 오래된 것이며, 예지드족과 마니교와는 연관성이 없다는 점뿐이다. 물론 평화스런 모습의 그 조각상이 드러내고 있는 불교적 색채를 간과할 수는 없지만 BC 543년에 입적한 인도의 선지자 부처의 가르침과 연관이 있을 것 같지는 않았다.

　실제로 원뿔 모자는 그리스 고전예술에 등장하는 프리지아 모자의 변형들이다. 이 원뿔 모양의 모자는 보통 아나톨리아인 혹은 페르시아인임을 나타낸다. 프리지아 모자 또는 하데스 모자를 최초로 쓴 사람은 그리스 신화에 나오는 페르세우스로서, '입문식과 마법'을 페르시아에 들여왔고 '불멸의 성화'를 수호하는 마니교의 신앙을 확립했다고 한다. 따라서 이 고대의 조각상에는 분명 엄청난 불가사의가 있다. 아마도 이것을 풀어낸다면 메디아의 마기와 쿠르디스탄 천사 숭배집단 뒤에 있는 기원을 밝힐 수 있을지 모른다.

　아무튼 예지드족 신앙의 역사가 매우 오래되었다는 점만은 분명하다. 이들이 인류의 역사를 계산하는 데 엄청나게 긴 시간을 단위로 사용하고 있다는 점만 봐도 그렇다.

이들은 아담이 한 사람이 아니라고 믿고 있다. 모두 72명의 아담들이 있었고, 그들 각각 1만 년씩 살았으며, 그 동안에는 지구상에 아무도 살지 않았다고 한다. 지금 살고 있는 우리들은 바로 그 72명의 아담들 가운데 마지막 아담의 자손이라고 한다. 이로 미루어 볼 때, 인류의 역사는 최고 1백44만 년이 된다.

물론 이런 식의 정확한 계산은 그 자체로서 아무런 의미가 없다. 그러나 이 숫자는 아무런 근거도 없이 마구잡이로 끌어낸 것이 아니다(제22장 참조). 오히려 매우 오래된 천문학적 시간 주기와 관련되며, 세계적으로 현존하는 모든 신화와 전설들의 우주적 숫자에 대한 지식을 나타내기 때문이다.

예지드족을 연구하면서, 나는 그들이 쿠르디스탄에 있었을 타락한 종족의 실재에 대한 중요한 단서를 간직하고 있다는 느낌을 강하게 받았다. 그 숨겨진 비밀은 아마도 쿠르드 신앙의 또다른 '천사 숭배집단'인 야례산족, 그리고 다른 지역의 신화와 전설에서 좀더 자세하게 밝혀질 것으로 기대하면서….

쿠르디스탄의 토착신앙은 고대 문명을 좇는 나에게 중요한 실마리를 제공, 메소포타미아의 고대 문명으로 눈길을 돌리게 했다. 사진은 이란 페르세폴리스에 있는 크세르크세스의 문. 높이는 12m. 인두수신상이 문을 지키고 있다.

제13장
마귀의 자식들

야레산족

　야레산족은 자존심이 강하고 사나운 부족문화를 유지하고 있다. 특유의 붉은 복장이 눈길을 끈다. 그러나 무슨 이유에서인지는 몰라도 이들은 예지드족보다 더욱 베일에 싸여 있다. 지금까지도 이들의 신앙을 알고 있는 사람은 극소수에 불과하다.

　초기 유럽인 탐험가들이 이들에게 신앙을 질문하면, 알리 하크, 즉 '우리는 진리의 숭배자들이다'라는 말로 답할 뿐이었다. 물론 그 대답이 틀린 것은 아니지만 다소 오해의 소지가 있는 말이다. '진리'를 뜻하는 하크 $haqq$라는 단어는 그들의 진정한 내면적인 믿음에 대한 동음이의어同音異義語로서, 하크 haq라는 단어가 우주의 창조자를 부르는 이름이며 우주의 신령이라는 뜻이기 때문이다.

　오늘날 야레산족은 예지드족처럼 고립된 공동체 생활을 꾸려가고 있다. 쿠르드 전체 인구의 10~15퍼센트를 차지하

케르만샤 이란 서부, 자그로스산맥 안의 고지(표고 1200m)에 위치한 지방. 이란고원과 메소포타미아 평원을 잇는 교통, 무역의 요지.

는데, 대부분이 자그로스 산맥 남부의 케르만샤 지역에 살고 있고 일부가 이란 엘부르즈 산맥과 이라크 북부의 아제르바이잔 고원에 흩어져 있다.

야레산족의 초기 경전은 구라니라고 알려진 언어로 쓰여져 있다. '구라니'란 쿠르디스탄의 가장 오래된 부족의 이름 '구란'에서 따온 것으로 보인다. 따라서 살아남은 구란의 상당수가 야레산족이겠지만 이들의 신앙에는 다른 부족들도 포함되고 있다.

야레산족 신앙의 기원은 예지드족 신앙보다 훨씬 모호하다. 얼마나 오래 되었는가에 대해서는 전혀 알려진 바가 없지만 그 신앙의 마지막 형태가 중세 말기에 형성되었다는 사실만이 확인되고 있다. 학자들 역시 야레산족 신앙과 관습이 쿠르디스탄에 현존하는 것 중 하나이며 이란 종교사의 가장 초기 단계까지 거슬러 올라간다고 보고 있다.

야레산족이 믿는 우주기원론은 예지드족과 대단히 흡사하다. 그들은 우주의 정령 하크가 하나의 진주로 상징되는 '영원 이전以前'에 살았고, 최고의 화신 카완다가르를 통해 나타났다고 믿고 있다.

이 현시顯示는 일곱 시기 중 첫 번째 시기에서 세상을 창조했고, 두 번째 시기에서 하프탄이라고 알려진 일곱 명의 천사 무리를 만든 것으로 되어 있다. 특이한 점은 이들 천사가 예지드족이 숭배하는 천사들과 대단히 비슷한 특징들을 지니고 있다는 점이다. 다음 세 번째 시기에 인류가 태어나고 물질세계가 창조되었는데, 이때 천사계급의 도움을 받았다고 한다. 그리고 네 번째 시기에 일곱 화신, 즉 육신을 입고 나타난 천사들이 연이어 등장하며, 그들 중 맨 끝 사람이 일곱 번째이자 마지막으로 현세에 나타났다고 한다. 바로 이

네 번째 시기의 인물이 야례산족의 우두머리 화신인 술탄 사하크라는 인물이라는 것이다.

술탄 사하크의 자취

술탄 사하크에 대한 야례산족의 숭배는 한 인간을 기념한다는 수준을 훨씬 뛰어넘는다. 11세기와 13세기 사이에 살았던 인물로 추정되는 그는 야례산족이 스스로 '술탄의 사람들'이란 이름이 그에게서 비롯된 것으로 믿을 정도이다. 쿠르드의 학자 메흐르다드 이자디는 그가 "수백 년을 살았고 신비한 능력을 지녔던 초인간, 우주 정령의 최고 화신이며 보호하는 산의 정령이 되어 높은 봉우리의 동굴 속에서 계속 살고 있다"고 야례산족이 믿고 있다고 밝히고 있다.

야례산족의 믿음대로라면 그는 분명 역사적 인물이 아닐 것이다. 영국의 전설적인 영웅 아서왕과 비슷한 사람이 아닐까 싶다. 그리고 아서왕에 대한 우리의 기억에 많은 왕과 전사들의 생애가 구현되어 있는 것과 마찬가지로 이 위대한 영웅의 이야기 뒤에도 훨씬 이전 시대의 인도-유럽의 신화와 전설들이 감추어져 있지 않을까.

우선 술탄 사하크가 누구인가부터 살펴보자.

그는 11세기경 피르다우시의 서사시 『샤나마』에 등장하는 악마 또는 뱀왕인 자하크라는 이름의 비밀스럽고 신화적인 폭군과 동일시되는 인물이다. 『샤나마』에서 이 폭군은 옘쉬드(혹은 이마)가 탐욕 때문에 고귀한 파르(신의 영광)를 잃은 이후, 즉 혼란과 무질서의 시대 이후 3백 년 동안 세상을 다스렸다고 되어 있다.

피르프리데에 따르면, 자하크는 앙그라 마이뉴의 속임수에 넘어가기 전까지만 해도 페르시아 신화적 왕조의 진정한

아서왕 서기 6세기경 영국의 전설적인 인물이며 켈트 민족에 속하는 영웅. 보검 엑스컬리버와 원탁의 기사로 유명하다.

영웅이었다고 한다. 그러나 세상을 지배하게 해준다는 꾐에 넘어가 앙그라 마이뉴와 사악한 계약을 맺었고, 그 계약에 따라 앙그라 마이뉴는 자하크의 몸 속에 들어갔다. 그러자 왕의 양 어깨에서 검은 뱀들이 자라기 시작했는데, 그 뱀들은 젊은 사람의 뇌를 바칠 것을 요구했다.

자하크는 처음 얼마동안 먼 곳에서 젊은이들을 납치하여 뇌를 바쳤다. 그러나 그 일이 오래 계속되자, 견디다 못한 자하크는 그 뱀을 죽이기로 했다. 하지만 소용이 없었다. 뱀은 또다시 자랐고, 이번에는 더 많은 제물을 요구했다.

마침내 페리둔이 나서서 이 악마의 왕 자하크를 사로잡아 데마벤드 산속에 가두어 버렸다. 자하크는 쇠사슬에 묶인 채 고문을 당하면서 천천히 고통스럽게 죽어가도록 내버려졌다. 그는 지금도 자기 심장의 피를 빨아먹으며 여전히 그곳에 남아있다고 한다. 사악한 폭군을 무찌른 페리둔이 왕위에 오르자, 페르시아와 온 세상은 5백 년 동안 평화와 번영을 누렸다고 한다.

피르다우시의 『샤나마』에 나오는 자하크에 관한 이 전설과 비슷한 이야기가 조로아스터교의 문헌에도 들어 있다. 두 이야기의 다른 점이라면, 조로아스터교 문헌에서는 왕의 이름이 아즈히 다하카이고, 최고의 다에바 중 한 사람으로 되어 있다는 점이다. 또 사람의 여인과 다에바 남자, 그리고 사람의 남자와 페리 여인을 짝지어 니그로 인종을 태어나게 했다고 되어 있어 아프리카 흑인들에 대해 교묘하게 비방하고 있다.

아즈히 다하카는 역사적인 실존 인물 아에스탸게스(BC 584~550년)의 피를 부분적으로 이어받았다고 알려진 인물이다. 그는 증손자이자 페르시아 제국의 첫 번째 왕인 키루스 왕에

니그로 흑색 인종. 사하라 이남의 아프리카와 오세아니아의 일부에 퍼져 있다.

의해 왕위에서 쫓겨났고 '르쉬티 베가 아즈히 다하크'라는 왕가의 호칭을 지녔다고 전하는데, 그리스 역사가 헤로도토스가 붙인 이름이라고도 전한다. 따라서 그가 페르시아와 『아베스타』 문헌에서 악마적 폭군으로 등장한 것은 근거 없이 주장된 사악함에 대한 퇴화된 기억 때문일 것으로 보여진다. 물론 이러한 추정은 하나의 가정에 불과하다.

내가 보건대, 아즈히 다하카의 특성과 상징은 꽤나 다양한 여러 문헌에서 끌어낸 것 같다. 우선 메디아의 왕들은 이웃 페르시아인들에게 마르라는 명칭으로 불리었는데, 마르란 페르시아어로 '뱀'을 의미한다. 그리고 아르메니아인들 사이에 생겨난 '메디아의 용龍vishap 왕조' 또는 '용의 자손들'이라 하여 아즈히 다하카의 신화적 자손들이라는 전설의 근원이 되었다고 생각된다.

아즈히 다하카의 줄임말인 아즈다하라는 단어가 지금은 단지 '뱀'을 뜻하는 페르시아어라는 게 기묘하다. 그러므로 아즈히 다하카는 앙그라 마이뉴의 뱀 형태일 뿐만 아니라 그의 지상의 화신을 의미하게 되었던 것 같다.

다음으로 아즈히 다하카의 어깨에서 자란 뱀에 대한 개념은 이웃 메소포타미아에서 빌려온 것 같다. 메소포타미아 전설을 보면 '좋은 나무의 주인'이란 지위를 가진 닌기스지다라는 뱀왕이 있는데, 어깨에서 뱀들이 솟구쳐 오르는 모습으로 묘사되고 있다.

닌기스지다의 역할 또한 여러 가지로 나타난다. 지하세계 악마들의 수호자로 등장하기도 하고 수메르의 천국 개념인 아누(혹은 안)의 문을 지키기도 한다. 말하자면 히브리 신화에 등장하는 에덴의 뱀 개념과 관련이 있다. 마찬가지로 '좋은 나무'란 선악을 알게 하는 나무나 생명의 나무 중 하나일 것이다. 아르메니아의 학자 코레나치 모세 역시 고대 민요에서 아즈히 다하카의 후손들이 적어도 하나의 '용 신전'에서 숭배되었다는 내용이 있다고 밝혔는데, 그것이야말로 나의 주장을 확실하게 뒷받침해주는 셈이다.

이밖에 아르메니아에는 선사시대의 거석이 많이 있다. 대부분 비샤프, 즉 용으로 알려진 뱀의 형상을 하고 있다는 점은 눈여겨 볼 대목이다. 이 숭배가 얼마나 오래된 것인지를 보여주는 하나의 증거이다.

여기서 나의 관심을 가장 끄는 것은 아르메니아의 학자 코레나치 모세가 비샤프에 대한 숭배를 수메르-바빌로니아의 뱀 숭배와 연관시키고 있다는 점이다. 생각해 보면, 아즈히 다하카와 메디아 왕의 연관성은 대단히 중요하다.

조로아스터교가 그렇게 빨리 페르시아 제국의 국교가 될 수 있었던 것도 뒤집어 보면, 비샤프 숭배의 몰락으로 인한 것이기 때문이다. 또 메디아의 마기들이 페르시아 종교의 부활 형태를 받아들이고 아즈히 다하카가 페르시아인들에게 악마적인 성격으로만 부각된 것도 이때쯤일 것이다. 이때부터 메디아의 마지막 왕은 페르시아 신화와 전설에서 반反영웅으로 받아들여졌고, 뱀을 숭배하는 마기들이 설파한 끔찍한 거짓의 화신이 되었을 것이다.

용왕의 후손

메디아 왕조를 섬겼던 다른 쿠르드족들은 어떠했을까. 그들은 아즈히 다하카를 정반대 입장에서 받아들였다. 즉, 그들에게는 아즈히 다하카가 영웅이었고 페리둔이 악인이었다. 따라서 그들은 자기 종족 전체가 그의 후손이라고 생각했고, 일부 이야기꾼들은 아즈히 다하카의 전설적인 역사를 그들 입맛에 맞게 개작하기도 했다.

예컨대, 쿠르드인의 기원을 보자. 원래 이야기는 아즈히 다하카의 양 어깨에 있는 뱀 두 마리가 요구한 것은 젊은이의 뇌였다. 그러나 이야기꾼들은 아즈히 다하카의 시종 두 사람이 사람의 뇌가 아닌 양의 뇌로 바꿔쳤다. 한 마리의 뱀에게는 제대로 사람의 뇌를 주고, 다른 한 마리의 뱀에게는 양의 뇌를 사람의 뇌라고 속여서 주었다. 그에 따라 매일 한 사람씩 살려낼 수 있었는데, 시종은 이들에게 염소와 양을 주고는 산으로 도망가도록 했고 그 젊은이들이 바로 쿠르드인의 시조라는 해석이다.

이 해석은 분명 생각해볼 여지가 있지만, 쿠드족 전체가 아즈히 다하카의 영리한 두 시종, 다시 말하면 그 왕 덕택에 존재할 수 있었다고 암시한다는 점은 눈여겨볼 대목이다. 그러나 독실한 천사 숭배자들인 야레산족에게는 달랐다. 이들은 이 엄청난 폭군을 다에바, 즉 악마로 여겼기 때문에 반영웅으로 받아들이고 있다. 이들의 신앙에서 뱀은 정욕과 육체적 쾌락의 상징이다. 이들이 아즈히 다하카를 술탄 사하크라는 이름의 화신으로 변형시킨 것과 같은 맥락에서 이루어진 것이 아닐까 생각된다.

오늘날 야레산족은 술탄 사하크의 진정한 기원을 모르는 것 같았다. 그의 어두운 반쪽인 아즈히 다하카와의 어떤 연관성도 부정하려 들었다. 이처럼 야레산족의 신앙에는 이상한 양분론이 있다. 이것은 나의 추론이지만, 이자디와 같은 쿠르드 학자들도 동의하는 가정이다.

술탄 사하크의 영향은 야레산족에만 있는 것이 아니다. 북부 자그로스 지역을 통틀어 다양한 모습으로 발견된다. 그는 술탄 이스하크, 즉 이삭이라는 이름으로도 알려져 있는데,

쿠르드인들의 부탁을 받고 비를 청하기 위해 하늘로 올라간 베루라는 이름의 예지드 코헥에 대한 이야기에 등장하는 승려와 동일한 인물이기도하다.

이제 아즈히 다하카의 진짜 기원에 대해 살펴보자. 어떤 이유에서 쿠르드족의 선조로 공인되었으며, 그에 대한 기억이 왜 그토록 오랫동안 남아있는지에 대해서도 함께 알아보자. 우선 그는 폭군으로 타락하기 이전에 이란의 신화적인 왕 가운데 하나로 여겨졌다는 점에 주목할 필요가 있다. 피르다우시에 따르면 아즈히 다하카, 즉 자하크의 후손 중 하나가 바로 아름다운 루다베였다.

루다베는 '낙원 그 자체'인 얼굴에다가 머리에서 발끝까지 '상아처럼 흰' 피부를 가졌고, 거인이었던 미래의 남편 잘보다 키가 '머리 하나만큼' 더 컸던 상아빛 공주였다.

이 특징은 『에녹서』와 사해문서들에 나타난 것들과 마찬가지로 주시자의 특성임이 뚜렷하다. 따라서 이들 신화적인 왕들은 주시자의 뚜렷한 특징을 지녔고, 아즈히 다하카 역시 인류의 어느 먼 시대에 살았던 타락한 종족(아르메니아에서는 비샤프 혹은 용의 후손들로 기억되는)의 혈통과 현존에 대한 희미한 모방을 나타낸 것이 아닐까 생각된다.

아르메니아인들이 자신들을 하이크가 이끄는 거인 종족의 후손이라고 주장한다는 것 역시 주목할 필요가 있다. 하이크라는 이름은 아르메니아어로 '거인 같은'이란 뜻이다.

아르메니아의 학자 코레나치의 모세는 저서 『아르메니아인의 역사』에서, 아즈히 다하카는 '님로드의 시대에 (살았다)'고 하면서 거인들, 즉 티탄들이 바벨탑의 파괴 혹은 몰락에 따라 종족들을 분열시킨 후에 지방의 영토들을 차지한 우두머리들 중의 하나였다고 적고 있다. 여기서 '몰락'은 단순히

아르메니아인 단두형短頭型으로 보통 체구, 검은 머리, 큰 눈과 코를 가지며 구약성서의 학개의 자손으로 자처하여 '학개족'이라 자칭한다. 이름 끝에 '얀'이 붙은 성은 대체로 이 지방 출신이다.

주시자들의 '타락'에 대한, 그리고 그들이 점차 쿠르디스탄 고원을 둘러싼 평원으로 퍼져나간 것에 대한 또 다른 왜곡된 기억일지 모른다.

티그라네스의 이상도시

코레나치의 모세의 저서에는 BC 95년부터 BC 55년까지 '왕 중의 왕'이라 불리던 티그라네스 1세의 업적이 적혀 있다. 그는 티그라네스의 조상이 쿠르디스탄에서 왔고 아즈히

티그라네스 아르메니아의 왕 (BC 140?~55?). 클레오파트라와의 결혼으로 유명하다.

시리아 사막 가운데에 있는 팔미라는 구약성서에서 솔로몬왕이 세운 도시로 알려져 있다. 티그라네스 1세 치하에서는 교통의 요충지였다. 사진은 팔미라의 유적 전경.

아르메니아의 학자 코레나치의 모세는 후대의 티그라네스 왕과 BC 6세기 사이프러스 대왕 시대에 아르메니아를 통치한 선대의 티그라네스 왕을 혼동하고 있다. 이로 인해 그는 자신의 저서에서 후자의 역사를 상당수 전자에 적용시키는 오류를 범하고 있다.

페니키아 시리아, 레바논 해안지대의 고대 지명. 해상무역이 성행했다.
폰투스 BC 337년 흑해 남안南岸에 미트리다테스 1세가 세운 왕국. BC 1세기 전반에 흥했으나 로마에 패망했다.
프리지아 소아시아의 중부에서 서부에 걸쳐 있던 고대 왕국(BC 1200~707). 왕국의 건설자 고르디오스의 아들 미다스 왕은 '그의 손에 닿는 것은 무엇이든지 황금으로 변한다'는 전설로 유명하다.

오른쪽 사진은 시리아 다마스커스 박물관의 현관. 히타이트 양식의 사자상은 시리아 북부 아인다라 출토.

다하카의 후손임을 주장한다고 밝히고 있다. 티그라네스 일족이 아즈히 다하카의 계속되는 폭정에 못 견뎌 고향을 떠나 아르메니아에 정착했고 그 곳에서 강대한 왕국을 건설했다는 이야기이다.

나는 처음에는 이 사실이 타락한 종족을 찾는 나의 연구에 별다른 도움을 줄 것이라고는 기대하지 않았다. 왜냐하면 많은 쿠르드인들이 스스로 아즈히 다하카의 후손이라고 믿고 있었기 때문이었다. 그러나 코레나치의 모세의 저서를 읽으면서, 나는 티그라네스 1세에 대해 결코 간과해서는 안 될 대목이 있음을 발견했다.

티그라네스 1세는 페르시아의 강력한 통치자 파르티아 왕조에게 빼앗긴 영토를 되찾은 후, 강력한 아르메니아 왕권을 세운 왕이었다. 페니키아와 시리아, 메소포타미아 북부(북부 이라크), 쿠르디스탄을 정복한 그는 BC 88년에 소아시아 동북부(오늘날의 터키)의 작은 왕국 폰투스의 미트리다테스 4세가 인근 카파도키아와 프리지아(소아시아에 속함)의 로마군을 물리치는 것을 도와줌으로써 급속하게 세력을 신장시켰다. 5년 후인 BC 83년에는 시리아의 셀레우시드 왕조가 몰락함에 따라 시리아 군주로 추대되어 18년간 다스렸는데, 당시 그는 서아시아 전체에서 가장 강력한 통치자였다.

전성기가 최고조에 달했을 무렵, 그는 오늘날의 시르트시市가 있는 쿠르디스탄의 핵심 지역에다가 새로운 도시 티그라노케루타를 건설했다. 그리고 이 수도를 중심으로 하여 티라누안 또는 티그라나반드라는 이름의 공국公國을 세웠다. 이곳은 그의 조상들(쿠르디)이 아르메니아로 떠나기 전에 다스렸던 곳이고, 에덴이 지리적으로 위치했다고 여겨지는 곳과도 가까웠다. 뿐 아니라 쿠르드 고원을 통과해야 하는

페르시아 원정길을 통제하고 방어하는 데에 전략적으로 중요한 지점이기도 했다.

여기서 한 가지 의문점이 생긴다. 왜 그는 아르메니아의 왕이면서 아르메니아 지역 밖에다가 도시를 건설했을까. 쿠르드 학자 메흐르다드 이자디의 지적처럼 '쿠르드에서의 과거에 많은 애정을 갖고 있다는 표시'로 해석될 수 있을까.

도시는 티그라네스 1세의 위세에 발맞추어 점점 번창해 갔다. 고대 그리스 세계의 곳곳에서 초빙 받은 학자들이 모여들어 그리스 학문의 중심지가 되었다.

그리스의 전기작가 플루타르코스는 이 도시를 가리켜 '보통 사람과 모든 신분의 사람들이 도시를 장식하는 것을 배우는 부유하고 아름다운 도시'라고 기술하고 있다. 오늘날로 말하자면 국제도시였다. 아시리아인, 카파도키아인, 메디아인, 지중해 실리시카의 그리스인, 그리고 플루타르코스의 기록에 따르면 티그라네스 군대가 전쟁에서 승리한 모든 도시에서 온 사람들로 북적거렸다.

그 결과, 여러 민족의 종교와 철학, 문화가 혼재되기 시작했다. 물론 이것은 티그라네스 1세가 계획적으로 의도한 것이 아닌가 싶기도 했다. 그러나 BC 69년 그가 로마의 장군 루쿨루스에게 패하고 수도를 빼앗기자 이 도시에 살던 여러 민족들과 그리스 학자들은 각기 고향으로 돌아갔다.

여기서 우리의 관심은 수도 티그라노케루타가 갖는 중요성에 쏠리지 않을 수 없다. 앞서 언급한 코레나치의 모세의 저서는 티그라네스 1세와 그의 후손들이 스스로 아즈히 다하카의 후손으로 여기고 있고, 아즈히 다하카를 인격화된 뱀의 형태로서 수메르의 뱀신 닌기스지다와 비슷한 식으로 숭배했다는 점을 암시하고 있다.

플루타르코스 고대 로마의 철학자, 저술가(46?~120?). '최후의 그리스인'으로 고전 그리스 세계에 통달했다. 『플루타크 영웅전』의 저자.

만일 이것이 사실이라면, 티그라네스 1세가 수도를 쿠르디스탄 지역의 중앙에 세운 것은 아즈히 다하카의 권좌를 재창조하고자 했기 때문이었다는 이야기가 된다. 더욱이 이 지역은 에덴과 아주 가까운 곳이다.

그렇다면 티그라네스 1세는 이 지역이 지난날 에덴의 뱀, 즉 좋은 나무의 주인과 연관이 있다는 것을 알고서 이상도시를 건설하려 했다는 말인가. 만일 주시자들의 후손들이 이란의 전설적인 왕들인 뱀 왕조를 유발시켰다면, 아즈히 다하카는 쿠르드 민족의 마음속에서 주시자들의 유산을 상징하는 셈이다.

야레산족의 창조 신화

야레산족의 창조 신화는 매우 독특하다. 특히 최초의 남녀가 아담과 이브 외에 또 다른 이름을 갖고 있다. 9세기의 문헌 『분다히쉰』에서는 마스야와 마스야나그로 알려져 있다. 그들의 신화에서 아자젤이 아담과 이브를 유혹하는 장면을 보자.

먼저 아자젤은 지상의 낙원에 들어가자마자 잘 생긴 천사의 모습으로 변장한다. 그리고 나서 이브에게, 다음으로 아담에게 금단의 열매가 아니라 금단의 밀(야레산에게는 명백하게 부의 상징인 물질)을 같이 먹도록 유혹한다. 그 결과, 이 최초의 남녀는 뱀이자 공작천사인 아자젤과 함께 낙원에서 쫓겨나고 만다.

여기서 우리는 쿠르드인들이 인류의 타락을 타락천사의 동물 형태로 여겨지는 뱀과 공작천사 모두와 연관시키고 있음을 알 수 있다. 다시 한번 강조하지만, 이들은 주시자들을 나타내는 가장 중요한 토템의 상징이다.

BC 1세기부터 1950년대에 이스라엘로 이주하기 전까지 티그라네스 1세가 세운 도시 근처에서 살았던 쿠르드 유대인들 역시 아담과 이브와 관한 독특한 창조 신화를 갖고 있다. 여기서도 에덴의 뱀은 앞서 이야기처럼 '젊고 잘 생긴 청년'으로 나타나는데, 다른 점이 있다면 뱀이 이브가 아닌 아담을 유혹하려 한다는 점이다.

이상의 두 이야기에서, 우리는 에덴의 뱀이 잘 생긴 천사였으며 유혹의 능력을 사용하여 인류가 타락하도록 꾀었다는 쿠르드인들의 믿음을 볼 수 있다. 내가 보건대, 이들의 이야기는 유대-기독교의 이야기보다 오히려 주시자의 타락에 대한 우화적 표현에 가까웠다. 그렇다면 쿠르드인들은 왜 인간의 타락 이야기를 다르게 왜곡시켰을까. 천사들의 타락에 대한 본래의 전설의 줄거리를 새롭게 고칠 이유가 있었던 것일까.

천사들에 대한 야레산족의 믿음은 거의 절대적이다. 그리고 천사들은 뚜렷한 인간적 자질을 지니고 있다. 모하마드 베그라는 한 천사는 이전의 현현顯現에서 최초의 인간인 마스야와 마스야나그의 조상이었을 뿐 아니라 유명한 새 안카였다고 한다. 안카는 시무르그의 아랍형인데, 아이르야나 바에자흐(『분다히쉰』에서는 에란베지)에 있는 이 새의 신화적 고향은 쿠르디스탄이다. 말하자면 쿠르디스탄 고원의 어딘가에서 인간이 전설적인 새와 동일시되는 천사에게서 태어났다는 것을 의미한다.

야레산족의 전설에 따르면, 술탄 사하크는 거대한 새와 관련되어 초자연적으로 태어났다고 되어 있다. 전설을 보자.

'고귀한 흰 매'로 알려진 어느 신성한 존재가 횃대에 내려

왼쪽 사진은 이집트 미라의 가슴 부분 붕대에 놓인 아마포의 뱀 그림.

앉았다. 그리고 그 새가 날아가려 하자 동정녀 다예라크가 치마를 펼쳤더니 '그 위에 그 매가 앉았(었)'다. 그 뒤, 동정녀는 치마를 다시 몸에 둘렀다가 펼쳤는데, 거기에 아이 셋이 있었다.

대단히 단순하고 간략한 전설이지만, 여기에는 어떤 성적 결합이 있고, 동정녀가 신성의 매개자를 상징하는 고귀한 흰 매의 씨로 수태했다. 내가 보건대, 고귀한 흰 매라는 새의 역할은 『아베스타』 문헌에서 왕이 다음 왕에게 고귀한 파르를 전해주는 바라그나의 역할과 동일하다. 그리고 횃대는 분명히 페르시아 신화의 시무르그가 깃드는 신성한 나무의 변형이다.

어쨌든 이 전설은 술탄 사하크가 신성한 혈통에서 태어났고 고귀한 흰 매의 씨에 의해 신의 영광을 입었다는 것을 나타내고자 하는 것 같다. 여기서 우리는 뱀들과 맹조들, 신성한 지혜와 왕의 영예 사이에 연관이 있다는 이야기의 발상지가 쿠르디스탄 토착 부족들에게 있다는 점에 주목하게 된다.

왜 이 특정한 상징물이 천사 숭배족들 사이에서 중요한 위치를 갖게 되었을까. 어쩌면 이 지방에 현존했던 주시자들의 기억을 간직한 조상들로부터 물려받은 것일까. 야레산족 원주민들과 쿠르디스탄의 유대 공동체에는 마귀로 알려진 종족에 대한 매우 기이한 전설을 갖고 있는데, 그 전설이 어느 정도 해답의 실마리를 제공하지 않을까 싶다.

마귀에게서 태어나다

13세기의 야레산 문헌 『아자예볼 마클루캇』에는 마귀가 몸과 외양을 바꿀 수 있는 '어떤 종류의 동물'로 기록되어 있다. 뱀의 모습으로 나타날 수도 있고 전갈, 심지어 사람으로

마귀에 대한 전설은 지역마다 다양하게 나타난다. 오른쪽 사진은 동서 교통로가 교차하는 요충지로서 시리아 사막 가운데 위치한 팔미라 유적에서 발굴된 영양羚羊과 괴수怪獸의 상. 3세기. 팔미라 박물관 소장.

도 나타날 수 있다고 한다.

이슬람교 신학에서는 마귀들이 아담보다 2천 년 전에 창조되었다고 말한다. 에블리스를 우두머리로 하는 그들은 천사들과 똑같은 지위에 있었는데, 아담 앞에 절하기를 거부하는 바람에 천국에서 쫓겨나 영원히 지상에서 배회하도록 내던져졌다는 것이다. 그러나 야레산족의 전승에서는 마귀들의 타락이 조금 다르게 진행된다.

마귀들은 원래 지상에서 왕이나 예언자 없이 살았다. 그러다가 어느 때인가 인간의 예언자들에게 반란을 일으켰고, 세상은 무법지대로 빠르게 타락하고 말았다. 땅에서 무슨 일이

괴상망측하게 생긴 마왕이 지옥의 불길 한가운데 앉아 사람들을 집어삼키는 장면. 그의 귀와 엉덩이에도 뱀이 살마들을 잡아먹고 있다. 주변에서는 다른 마귀들이 두리번거리고 있다. 13세기. 모자이크. 이탈리아 피렌체 세례자요한 성당.

일어나고 있는지를 지켜본 하느님은 반역마귀를 진압하도록 천사군대를 보냈다. 천국의 전사들은 그들이 육지 깊숙이 들어오지 못하도록 바다 쪽으로 몰아 많은 마귀들을 사로잡았는데, 그 중에는 어린 아자젤이 있었다. 그는 그후 하늘에서 길러졌다.

쿠르드 유대인들의 전설에는 우리가 잘 아는 솔로몬에 대한 이야기도 있었다. 그러나 내용은 달랐다.
 유명한 이스라엘의 왕 솔로몬은 세상에서 가장 현명한 사람이었다. 어느 날, 5백 명의 마귀들에게 세상에서 가장 아름다운 처녀 5백 명을 찾아오라고 명한다. 그리고 마지막 처녀 한 사람까지 다 모아들이기 전에는 절대로 돌아와서는 안 된다고 했다. 마귀들은 처녀들을 찾기 위해 유럽으로 떠났고, 이럭저럭해서 5백 명의 처녀를 다 모았다.
 마귀들이 예루살렘으로 돌아가려 하는 순간, 솔로몬이 세상을 떠났다는 소식이 들려왔다. 마귀들은 이제 어떻게 해야 할지 결정해야만 했다. 처녀들을 각자 집으로 돌려보낼 것인지, 아니면 자신들 곁에 그대로 둘 것인가. 젊은 처녀들은 '마귀들의 총애를 받았으므로, 마귀들은 그들을 아내로 맞아들였다. 그리고 아름다운 아이들을 많이 낳았고, 그 아이들이 더 많은 아이들을 낳았다. … 이렇게 하여 쿠르드 민족이 생겨난 것이다.'
 똑같은 이야기이지만 다른 식으로 전개되는 전설도 있다.
 솔로몬이 자신의 첩으로 삼을 1백 명의 아름다운 처녀를 찾아오라고 1백 명의 마귀들을 보냈다. 정해진 인원을 채웠을 때 솔로몬이 죽었고, 1백 명의 마귀들은 그 처녀들과 함께 사람들이 손쉽게 접근할 수 없는 쿠르디스탄 산속에 정착하기로 마음먹었다. 그리고 이 결혼의 결실이 쿠르드족의 토대가 되었다. 전설은 다음과 같이 끝맺고 있다.

그들은 교묘히 달아나는 점에서는 그들의 마귀 조상들을, 잘 생긴 점에서는 어머니 조상들을 닮았다. 쿠르드족의 이웃 종족들이 그들을 종종 마귀의 자식들이라고 부르는 것은 바로 이 이야기 때문이다.

나는 이 이야기를 들으면서 몇 가지 점이 궁금했다. 왜 쿠르디스탄의 유대인들은 이웃하고 있는 이방 종족에 대한 이야기를 간직하고 있을까. 또 쿠르드족을 가리켜 육신을 가졌다고 간주된 적이 전혀 없는 마귀의 자손들로 보는 이유는 무엇일까. 그리고 왜 쿠르드족들이 마귀들과 육체적으로 닮았다고 생각했을까.

어쩌면 그들은 마귀들이 이 산악지역에 정착했다고 믿었고, 그래서 쿠르드족의 조상들이 인류 역사의 초기 단계에 그 지방으로 이주해 왔다고 생각했을지 모른다. 전설로 보면, 쿠르드 유대인들은 마귀들이 예루살렘에서 왔고, 처녀들은 유럽에서 왔다고 생각하는 것 같다.

여러분은 그들이 왜 그렇게 생각했을지 궁금하지 않은가. 나 역시 그들이 쿠르드족의 어떤 면을 보고서 마귀 종족과 유사하다고 생각했는지 궁금하다. 특히 '마귀의 자식들'이 주시자의 특성과 하얀 '유럽인' 특징을 모두 가졌다는 것을 암시하는 것인지가 궁금했다.

쿠르디스탄에는 별개의 두 종족이 있다. 하나는 황갈색 피부에 중간 키, 검은 눈을 한 종족이고, 다른 하나는 훨씬 키가 크고 피부가 흰 데다가 대부분 푸른 눈을 가진 종족이다.

이 사실은 1940년 E. S. 드로워가 이라크 고원 구릉지대에 있는 예지드족의 마을 바아쉬카를 방문했을 때 알아낸 것이다. 그녀는 "우리가 본 마을 사람들 중 많은 사람들이 키가 크고 건장한 남자들이었는데, 그들의 얼굴은 스칸디나비아인형을 닮았다"고 기록하고 있다. 그리고 "아이들 중 어떤 아이들은 색슨족처럼 연한 황갈색 피부에 눈이 푸른색이었다"고 덧붙였다.

코카서스 백인의 특징을 지닌 이들의 인종적인 기원에 대해서는 알려진 것이 거의 없다. 그러나 이들의 면모로 보아 쿠르드 유대인들이 이들의 조상을 왜 유럽인으로 보게 되었는지는 쉽게 알 수 있는 일이다.

이제 나는 쿠르드족이 정말로 어떤 면에서 다르고, 그들의 기원이 주시자들의 현존 및 그들의 궁극적 운명에 중요한 실마리를 쥐고 있다는 점에 대해 진지하게 검토하기 시작했다. 나에게는 어떤 확신이 있었다. 그것은 단순히 쿠르드인들이 타락천사들의 특징과 닮은 모습으로 태어난다는 점만은 아니었다.

체인지링에 대한 두려움

예지드족은 보통 아이가 태어나서 1주일이 지날 때까지 극심한 공포심에 사로잡혀 있다. 아기가 라셰 셰베라고 알려진 '사악한 요정' 종족의 아이로 바꿔치기 당할 수도 있다고 믿기 때문이다. 산모는 일 주일 내내 침대에 머물러 있는 게 보통이다.

인간의 아기와 바꿔지는 '요정' 아기라는 개념은 유럽의 전승에서도 널리 퍼져 있다. 유럽에서는 데리고 가는 아기 대신 두는 아기를 체인지링 *changeling*이라고 한다. 왜 아기가 바뀐다는 두려움을 느끼는 것일까. 어떤 아기들은 '악마' 혹은 '요정'과 동일한 생리적 특징을 지니고 태어나기 때문에 태어날 때 바꿔치기 당했다고 추측하는 것이다.

그러나 근동 지방에서는 다르다. 유럽의 '요정' 같은 작은 개구쟁이의 소행이 아니라 타락하기 전에는 천사 아자젤이었던 에블리스의 자손인 마귀나 페리의 소행으로 여기고 있다. 따라서 예지드족 전설의 체인지링 아이들이 외관상으로는 노아, 루스탐, 잘의 탄생에 대한 논쟁을 불러일으키는 주시자의 특징을 지녔다는 것을 암시한다.

내가 보건대, 예지드족 여인들은 자기 아이가 마귀 혹은 타락천사와 비슷한 모습으로 클까 봐 두려워하고 그같은 나쁜 운명의 탄생을 막기 위한 하나의 예방책을 강구했을 가능성이 높다. 예지드족은 체인지링에 대해 왜 그토록 강한 두려움을 갖고 있는 것일까. 그에 대한 답은 오직 하나뿐이다.

쿠르드 가족들 사이에서 '악마' 아이는 흔히 있는 일이었는데, 그 아이들은 유전적 과거를 돌이킬 혼란스러운 가능성을 암시한다고 본다. 쉽게 말하면 별개의 두 종족이 결혼해서 양쪽 부모의 특징을 물려받은 자식을 낳았는데, 마귀와 처녀들의 자손들이 '교묘히 달아나는 점에서는 마귀 조상들을 닮고, 잘 생긴 점에서는 어머니 조상을 닮았음'을 설명해 준다. 그러다가 세월이 흐르면서 극단적인 특징을 발생시키는 유전자들은 사라졌지만, 공동체 안에서 종종 '악마'의 특징을 지닌 거인 아이가 곧잘 태어나곤 했다. 따라서 그들은 태어날 때 사악한 정령에 의해 바꿔치기된 체인지링으로 간주되었고, 이들이 바로 '마귀의 자식들'이었던 것이다.

체인지링에 대한 쿠르디인의 견해는 주시자 문화와 쿠르디스탄의 초기 토착민족들 사이에 이루어진 금지된 교통이라는 개념을 뒷받침하는 좋은 자료이다. 그러나 과연 믿을 수 있는 증거인지 아닌지 판단이 안 된다. 쿠르드의 민간전승, 신화, 전설들은 매우 왜곡되고 순진할 뿐더러 상당히 혼란스럽기에 확신을 갖기란 쉽지 않다. 더욱이 예지드족과 야레산의 문헌에는 성서에 나오는 에덴 이야기를 쿠르디스탄의 고원에 두는 전설이 빠져 있다.

아마도 그들은 이 수수께끼의 근원과 지리적으로 너무 가까이 있어서 그 중요성을 미처 깨닫지 못한 것일지 모른다. 아시리아(북부 이라크)의 네스토리우스 교회와 아르메니아 교회만이 낙원의 네 강의 원류에 자리한 에덴동산이라는 개념을 채택하고 있다.

나는 비로소 탐험의 시점을 지금보다 훨씬 이전 시대로 올라가야겠다고 생각했다. 쿠르디스탄의 토착신앙은 이 지역에 살았다고 하는 주시자들의 단편적인 이야기를 보존해온 수준이라는 느낌이 강하게 들었기 때문이다. 이제 눈길을 메소포타미아의 고대 문화로 돌려보자.

금지된 신의 문명 1

앤드류 콜린스 지음 | 오정학 옮김

펴낸곳 | 도서출판 사람과 사람
펴낸이 | 김성호

제1쇄 발행 | 2000년 6월 1일
제3쇄 발행 | 2000년 8월 10일

등록번호 | 제1-1224호
등록일자 | 1991년 5월 29일
주소 | 서울 마포구 대흥동 801-4 2F (우 121-080)
대표전화 | (02)702-1874~5 팩스 | (02)702-1876

값은 표지 뒷면에 있습니다.

ⓒ Andrew Collins, 2000, Printed in Korea
판권 본사소유/잘못된 책은 바꿔 드립니다.
ISBN 89-85541-56-0 03900
ISBN 89-85541-55-2 03900(전2권 세트)